KB187671

경희사이버대학교 학술총서

알 수 없었던, 그러나 꼭 알아야만 하는

일본인의 행동패턴

-일반 시민에서 아베 수상까지 -

박상현

박문사

일러두기

1 현행 외래어 표기법에 따르면 일본어의 우리말 표기는 여러모로 불편하고 불완전한 측면이 있다. 하지만 현행 표기법을 존중하고자 했다.

2 본문에서 일본의 시가집인 『만엽집』에 수록된 노래를 인용하는 경우가 적지 않다. 이연숙 교수가 번역한 『한국어역 만엽집』과 구정호 교수가 우리말로 옮긴 『읽고 싶은 만요슈』에서 주로 차용했다. 그럴 때는 그때그때 각주에서 인용 표시를 했다. 그렇지 않은 경우는 저자의 졸역이다.

3 인용문 가운데 현행 맞춤법 및 외래어 표기에 맞지 않은 경우도 종종 있지만 원문을 존중한다는 의미에서 그대로 인용한다. 다만, 본문을 손상시키지 않은 범위에서 독자의 편의를 위해 인용자가 한자를 추가한 곳도 더러 있다.

4 가독성을 높이기 위해 한자를 병기한다.

5 참고문헌은 각주에서 표기하기에 별도로 참고문헌 리스트는 두지 않는다.

6 한국어로 번역된 근대 이전의 일본 참고문헌을 각주에 표시할 때는 저자명은 생략하고 역자명만 적는다. 근대 이후는 저자명만 표기한다.

목
차
○
●

목
차

목
차
○
●

목
차
○
●

어떻게
살고 있는가

〈아버지를 생각하며〉
어떤 사람에게 아버지는
극복의 대상이지만
어떤 사람에게 아버지는
화해의 대상이지만
어떤 사람에게 아버지는
롤 모델role model이지만,
나에게 아버지는
어떻게 살 것인가를 고민하게 하는
반면교사였다.[1]

1 "이 도서는 2017년도 경희사이버대학교 연구비 지원에 의한 결과임."(KHCU
  2017-5)
  "This work was supported by the Kyung Hee Cyber University Research
  Fund in 2017"(KHCU 2017-5)

누구나 삶과 죽음을 생각한다. 사춘기에도 청년기에도 장년기에도 노년기에도 말이다. 죽음을 생각하고 실행에 옮기는 사람도 있지만, 대부분은 생각에 멈춘다. 그러면 남은 것은 삶이고, 이때 삶은 '어떻게 살고 있는가'의 동의어다.

어떤 사람이 '어떻게 살고 있는가'를 알 수 있는 간단한 방법이 있다. 바로 선택의 순간을 보면 된다. 이것을 택했는가, 아니면 저것을 택했는가를 보면 그 사람이 '어떻게 살고 있는가' 곧 삶의 자세를 알 수 있다. 명분과 실리 사이에서 어떤 사람은 명분을, 어떤 사람은 실리를 취한다. 사익과 공익 사이에서 어떤 사람은 사익을, 어떤 사람은 공익을 택한다. 이것으로 그가 가지고 있는 삶의 자세를 알 수 있다.

고故 법정 스님은 〈꾀꼬리 노래를 들으며〉에서 다음과 같이 적는다.

한 잔의 차가 우리 앞에 오기까지는 수많은 사람들의 숨은 공이 들어 있다.
- 차씨를 뿌려 차나무를 가꾼 사람의 공
- 한 잎 한 잎 찻잎을 따서 만든 사람의 공
- 그 차를 멀리서 보내준 사람의 공
- 다기를 만든 사람의 공
- 다포의 차 수건을 만든 사람의 공
- 차 숟갈이며 찻잔 받침대 등을 만든 사람의 공 그리고 물과 불의 은공

- 햇볕과 비와 이슬과 구름과 맑은 바람과 겨울에 내린 눈과 별빛과 달빛의 은공 등…….

이것저것 헤아리자면 자연과 수많은 사람들의 은혜가 한 잔의 차 속에 배어 있다. 그러니 차를 마실 때 건성으로 마시지 말고 이와 같은 은공과 은혜를 생각하면서 고마운 마음으로 음미해야 한다.[2]

스님이기에 예시로 든 것이 차茶일 뿐이지, 우리가 먹고 마시고 이동하는 일상생활에서 다른 사람의 도움 없이 가능한 것이 과연 얼마나 있을까? 그러기에 스님의 말씀대로 우리는 타인의 은공과 은혜를 생각하면서 상대방에게 고마운 마음을 가져야 하는 것이다.

김종철도 『땅의 옹호』에서 "농사는 사람이 짓는 일이지만, 사람의 힘만으로는 농사가 되지 않는다."고 적고 있다.[3] 농사가 잘 되기 위해서는 농민의 노력도 필요하지만 자연의 도움, 이웃의 힘 등이 필요하다는 말일 것이다.

톨스토이도 단편소설 〈사람은 무엇으로 사는가〉에서 사랑의 중요성을 언급하면서

제(죄를 지어 일시적으로 사람이 된 천사. 인용자)가 사람이 되어 살아갈 수 있었던 것은 제 힘으로 스스로를 보살필 수 있어서가 아니라 지나가던 사람(이 소설의 주인공인 구두장이 세몬. 인용자)과 그의 아내(세몬의 아내인 마트료나. 인용자)가 사랑과 온정을 베풀어주었기 때문입

2 법정, 『홀로 사는 즐거움』, 샘터, 2004년, pp.68-69.
3 김종철, 『땅의 옹호』, 녹색평론사, 2008년, p.49.

니다. 부모를 잃은 그 아이들이 살 수 있었던 것은 스스로를 보살필 수 있어서가 아니라 이웃집에 사는 한 여인의 따뜻한 마음으로 아이들을 가엾이 여기고 사랑했기 때문이었습니다. 이렇듯 사람은 누구나 자신에 대한 걱정과 보살핌으로 사는 것이 아니라 사람의 마음에 있는 사랑으로 사는 것입니다.[4]

라고 말한다. 그는 이 소설에서 사람이 살아가는 데는 이웃의 사랑과 보살핌이 필요하다고 강조하고 있다. 하지만 우리 주위에 법정 스님이나 김종철 그리고 톨스토이 같은 삶의 자세로 세상을 살아가는 사람이 과연 얼마나 있을까.[5]

일본 유학 시절에 H라는 대학원생이 있었다. 전공이 같았기에 그리고 나의 튜터tutor였기에 우리는 자주 점심을 같이 했다. 처음으로 점심을 함께했을 때다. 식사하기 전에 그가 합장을 하며 "잘 먹겠습니다いただきます"라고 했다. 내가 점심을 사기 때문에 "잘 먹겠습니다"라고 말했던 것이 아니었다. 일본인은 식사하기 전에 가볍게 두 손을 모으고 "잘 먹겠습니다"라고 말하는 것이 보통이다. 마치 기독교인이 식사 전에 기도하듯이 말이다. 그에게 물었다.

"왜 '잘 먹겠습니다'라고 말해요?"

너무 엉뚱한 질문이었던지, 그는 잠시 멍한 표정을 짓더니 이내 얼굴에 미소를 살짝 띠었다. 보조개가 보였다. 남자의 보조개가 매력적일 수 있다는 것을 이때 처음 알았다. 그는 말했다.

---

4 톨스토이, 『사람은 무엇으로 사는가』, 문예출판사, 2015년, p.43.
5 아니, 사실은 많은데 내가 잘 모를 수도 있다.

"내가 지금 먹고 있는 밥, 된장국, 생선 등을 만들어주고, 잡아주고, 요리해주고, 날라준 모든 이들에게 감사하다는 마음으로 '잘 먹겠습니다'라고 말한 것이에요."

H에게서 법정 스님과 김종철 그리고 톨스토이 같은 삶의 자세가 느껴졌다.

얼마 전의 일이다. 일본인 아내가 초등학교에 다니는 큰아이를 야단쳤다. 아침 식사 시간이었다. 엄마가 차려준 아침밥을 큰아이가 다 먹고 자리를 뜨려는 바로 그 순간이었다.

"밥을 먹을 때, '잘 먹겠습니다'라고 말하지 않았고, 식사 후에도 '잘 먹었습니다ごちそうさまでした'라고 말하지 않았어요? 왜 그랬어요?"

잠시 침묵이 흘렀다. 아이는 아이대로, 나는 나대로.

아이는 대수롭지 않은 듯 "그냥"하고 대답했다. 이 대답이 아내를 더욱 화나게 했는지, 아내는 얼굴을 붉히며 아이에게 분명하게 말했다.

"엄마가 아침 식사 준비하는 것을 당연하게 여기는 것은 좀 곤란해요!"

아내 말에 큰아이는 "미안해요"라고 말했고, 다음부터는 꼭 인사를 하겠다고 다짐했다. 나는 속으로 생각했다. '아이 훈육도 좋지만, 왜 굳이 아침부터……. 귀가 후에 해도 좋을 텐데. 일본에서는 아침에 화내도 되는 건가? 게다가 엄마가 아이에게 아침밥 차려주고 유세를 떠는 것도 아니고…….'

예전에 읽었던 조윤선의 『문화가 답이다』에 다음과 같은 내용이 나온다. 조윤선이 육아를 하면서 느낀 것을 적은 부분이다. 한·일 간에 보이는 육아 차이를 느낄 수 있어 흥미롭다.

늘 바쁜 직장 생활을 다녔던 엄마는, 다른 엄마처럼 좋은 학원,

좋은 선생님도 잘 모르고, 선행학습도 시키지 못하고, 숙제나 준비물도 챙겨준다는 것조차 못해서 미안하다. "엄마, 혹시 세탁기 돌릴 수 있어?", "엄마, 혹시 퇴근할 때 이거 사다줄 수 있어?" …… **심지어 일요일에 아침밥을 차려줘도 너희는 고맙다고 하지 않니? 다른 엄마들은 당연히 애들에게 해줘야 할 보살핌을 엄마는 딸들에게 "고맙다"라는 인사를 받으며 해주다니,** …… [6]

사실 아내가 큰딸에게 한 말이 틀렸다는 것은 아니다. 내가 어떤 것을 먹을 수 있거나 할 수 있는 것에는 타인의 도움이 적지 않게 필요하기 때문이다.

언제부터인가 내 삶에 큰 영향을 미치고 있는 것이 있다. 하루하루 살아갈 수 있다는 것은 다른 생명체의 생명을 먹고 산다는 것이다. 분명히 어떤 사상가나 책 영향을 받았을 텐데, 그 영향 관계가 잘 생각나지 않는다.

이번 원고는 평소 '어떻게 살고 있는가'를 고민하다가 나왔다. '어떻게 살고 있는가'는 좋은 삶이란 무엇인가? 바른 삶이란 무엇인가? 같은 큰 이야기를 담고 있지만, 여기서 말하고 싶었던 것은 그 정도는 못된다. 소박하다. 평소 나는 '어떻게 살고 있는가' 정도다. 달리 말하면 '대체 무엇이 나를 이렇게 행동하도록 하는 것일까'다. 이런 의문으로 일본인의 행동을 바라보고, 그들의 행동을 서술하고 설명해보고 싶었다.

이 책은 2부로 되어 있다. 제1부 신앙에서는 애니미즘, 영혼, 언령言靈, 불교, 유교, 천황에 대해, 제2부 주술과 금기에서는 주술, 금기에 대해

---

6 조윤선, 『문화가 답이다』, 시공사, 2011년, p.197. 강조 표시는 인용자. 이하 같음.

각각 설명할 것이다. 본서의 목적은 신앙과 주술 및 금기 그 자체를 논하는 것에 있지 않다. 이런 것이 일상생활에서 일본인에게 어떻게 체화体化 되어 있는가를 구체적으로 드러내는 데 있다. 그리고 일본인이 믿고 따르는 신앙, 주술과 금기가 그들의 행동을 어떻게 이끄는가를 보여주는 데 있다.

이마 도시마로는 『일본인은 왜 종교가 없다고 말하는가』에서 일상주의, 세속화라는 용어로 일본 종교를 설명하고 있는데, 이 용어는 본서에서 말하는 '일본인에게 체화'라는 말과 비슷하게 느껴진다. 이마 도시마로는

> 일상생활을 다른 무엇보다도 존중하는 이러한 사고방식을 일상주의日常主義라고 명명하겠다. …… '세속화'라는 것은 종교가 일상주의에 굴복해 가는 과정이며, '무종교'라는 정신은 이 세속화와 밀접한 관계를 맺고 있다. 그러므로 종교가 일상의 사고 범위 안에 안주하게 되는 경향이야말로 '무종교'의 토양이 된다. 일부러 종교를 내세우지 않아도 일상의 영위가 충족되기 때문에 '무종교'라고 해도 전혀 문제가 되지 않았던 것이다. …… 종교적 의례라고 하더라도 일상과 그다지 달라지지 않은 상태에서 이루어지게 됨으로써 특별히 종교로 의식하지 않게 된 것이다. 이러한 의식은 점차적으로 '무종교'를 자처하는 정신으로 이어지게 된다.[7]

---

7 이마 도시마로, 『일본인은 왜 종교가 없다고 말하는가』, 예림서원, 2000년, pp.156-163.

끝으로 심보선 시인의 〈다시 아버지를 생각하며〉를 소개한다. 시인과 나는 같은 직장에서 몇 년간이나 동고동락을 했지만 각자의 아버지에 대한 시詩를 나누지 못했다. 이것으로 대신할까 한다.

아버지는 생전에
사농공상土農工商을 다 거쳤다
산전수전山戰水戰까지는 아니고

아버지는 어린 내게 영국식 영어를 가르쳤다
낫[nat] 놓고 놋[not]이라 했다

아버지는 내가 신춘문예에 당선되자
KBS라디오국에 전화를 걸어 인터뷰 요청을 요청했다
아버지와 나는 한 번도 술잔을 나눈 적이 없다
둘 다에게 엄습할
둘 다 견딜 수 없을
어떤 적막함의 예감 때문이었으리라

아버지는 평생 아버지식으로 살았다

유학 시절 우울증 치료를 받을 때
상담사가 물었다

인생에서 가장 두려운 것이 무엇이냐고

나는 주저 없이 대답했다
아버지처럼 사는 거요

상담사가 말했다
아버지처럼 살 수도 있어요

그 자리에서 상담사를 죽여버리고 싶었다

아임 놋 마이 파더!
...... 8

8 심보선, 『오늘은 잘 모르겠어』, 문학과지성사, 2017년, pp.190-191.

일 본 인 의
행 동 패 턴

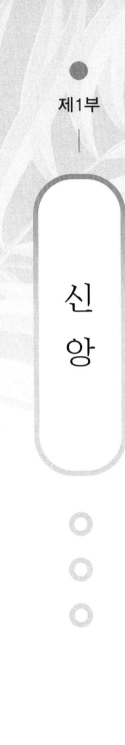

제1부

신
앙

제1장
———

애니미즘

제1절 왜 책을 밟으면 안 되나

일본에서 8년 가까운 유학생활을 마치고 K대학에서 강사로 강의를 하고 있을 때였다. 내가 맡은 과목은 전교생을 대상으로 하는 교양일본어였다. 출석부를 보다가 자연스럽게 눈이 가는 학과명이 있었다. 히브리어학과였다. 아무리 생각해도 특이했다. 이 대학의 창학 이념과 이 학과 사이에는 어떤 필연적인 연관 관계가 없어 보였기 때문이다. 호기심이 발동했다. 첫 수업이 끝난 후, 히브리어학과 학생을 잠시 불렀다. 그리고는 왜 이 수업을 들으려고 하는지, 수강 동기를 물어봤다.

"얼마 전에 일본여행을 다녀왔는데요. 일본에 가보니 잡신雜神이 많은 것 같았습니다. 왜 일본에는 잡신이 많은지, 그것을 알고 싶어서 교양 일본어 수업을 신청했습니다."

순간 나도 모르게 미소를 지었다. 유일신唯一神을 믿는 기독교 신자라면 충분히 그렇게 생각할 수 있기 때문이다. 또한 이와 비슷한 말을 예전부터 기독교 신자에게서 종종 들었기 때문이다.

"일본에는 역시 잡신이 많이 살고 있는 것일까?"

제1장 / 애니미즘 **19**

얼마 전의 일이다. 큰아이가 방금까지 읽고 있던 책을 아무렇지도 않게 깔고 앉았다. 이 광경을 지켜보던 일본인 아내가 깜짝 놀라며 큰딸을 훈계하기 시작했다.

"책을 깔고 앉으면 안 돼요!"

순간 '왜 안 되는 걸까?'하는 의구심이 들었다. '책이 귀한 시절에 있었던 관습이 아닐까?'하는 생각이 들었다. 아내에게 물었다.

"왜 책을 깔고 앉으면 안 돼?"

아내는 내 질문에 어이없다는 듯한 표정을 짓더니

"책에는 신神이 깃들어 있으니까요. 그래서 안 돼요!"

라고 단호하게 대답했다.

'책에 신이 깃들어 있다니……'

아내의 답변에 깜짝 놀라서 확인하듯 다시 물었다.

"책에 신이 있어?"

"그럼요! 책에는 책의 신이 있어요. 그러니 그 신을 엉덩이로 깔고 뭉개면 안 되는 거예요."

『왜 책을 밟으면 안 되는가』

저명한 교육학자인 사이토 다카시는 책에는 저자의 혼이 들어 있기에 함부로 책을 밟아서는 안 된다고 말한다. 책을 함부로 다루는 것은 저자의 인격을 무시하는 것이라고 한다.

사회심리학자인 미나미 히로시는 『일본인의 심리』에 수록되어 있는 '책을 밟으면 벌을 받는다'는 절節에서 다음과 같이 말한다. 좀 길지만 그대로 인용한다.

물신론은 물질에 대한 이분법에 기초한다. 즉 정신을 구비한 것과 구비하지 않은 것으로 물질을 양분하는 데서 출발한다. 가령 '정신적 노동의 산물'이라 생각되는 어떤 책이 있다면, 대부분의 일본인에게 그것은 정신이 깃들인[9] 존재이지 그저 종이와 활자로 구성된 단순한 물질이 아니다.

그렇기 때문에 책을 단순한 물체로 취급을 해서는 안 된다. 이를테면 책을 베개 삼아 낮잠을 잔다든지, 더군다나 책을 발판 대용으로 사용하는 것은 도저히 용납할 수 없는 일이라고 일본인들은 교육을 받아 왔다.

미국인이라면 별로 대수롭지 않게 책을 깔로 앉거나 발판으로 삼기도 하고, 책이 상하지만 않는다면 그 밖의 어떤 용도로도 사용할 수가 있다. 하지만 지금까지 일본에서는 그러한 행위들이 책에 대한 모독으로 인식되었던 것이다.[10]

위 인용문에 따르면 일본인은 책에는 정신이 깃들어 있다고 생각한다. 그런 의미에서 미나미 히로시는 일본인은 물신론物神論을 믿고 있다고 지적한다.

뇌과학자인 겐 모리도 『이키가이』[11]에서 생명이 없는 사물에 대한 일본인의 태도에 대해

생명이 없는 사물도 존중해주면 인간에게 호의를 베푼다고 믿는다. 물건을 함부로 다루거나 소홀하게 여길 경우 원함을 품고 반격을 가해올 수 있다고 생각한다. …… 일본의 공항에서 수화물을 운반해주는 짐꾼과 공항직원이 방금 날아오른 비행기를 향해 손을 흔들어 인사하는 모습.[12]

---

9 원문 그대로.
10 미나미 히로시, 『일본인의 심리』, 소화, 2000년, p.202.
11 일본어 '이키가이生きがい'는 삶의 보람이라는 뜻이다.
12 겐 모리, 『이키가이』, 밝은세상, 2018년, pp.151-152.

에서도 '8백만八百万(자세한 것은 후술)의 신神'의 철학이 느껴진다고 강조한다.

아내의 말과 사이토 다카시, 미나미 히로시와 겐 모리의 설명을 들으니 책에 대한 일본인의 생각을 조금은 알 것 같다. 나도 어릴 적에 이와 비슷한 말을 부모에게서 자주 들은 기억이 있기 때문이다.

"부엌에는 부엌을 관장하는 신이 있고, 부뚜막에는 부뚜막 신이 있다. 그리고……."

하지만 지금 현재를 살아가는 한국인 중에 부뚜막 신을 믿는 사람이 과연 얼마나 있을까? 지금이 어떤 시대인데……. 5G 시대 아닌가!

일본어에 야오요로즈노카미八百万神라는 말이 있다. 직역하면 '8백만의 신'이라는 말이다. 이때 '8백만의 신'은 신이 꼭 8백만이 있다는 뜻이 아니다. 여기서 8八은 많다는 의미다. 따라서 '8백만의 신'이라는 것은 '신이 많다'는 의미다.[13] 예를 들어 일본어에서 채소 가게를 '야오야やおや'라고 부르는데, 그 표기가 흥미롭다. '팔백옥八百屋'이기 때문이다. 많은 종류의 야채를 판다는 의미가 '팔八, 8'에 들어 있다고 볼 수 있다.

'8백만의 신'이 등장하는 일본 고전이 있다. 일본에서 가장 오래된 역사서라고 하는 『고사기古事記』가 그것이다. 712년에 오오노 야스마로 太安万侶가 편찬했다고 한다. 『고사기』는 상·중·하 3권으로 구성되어 있다. 상권은 신의 이야기를 다룬 신화시대가 주를 이루고 있고, 중·하는 천황[14]가天皇家의 이야기를 주로 다루고 있다. 따라서 역사서라고는

---

13 지상현은 일본인에게 '8백만의 신'이라는 세계관이 있는 것은 일본에 천재지변이 많았기 때문이라고 말한다. 타당한 지적이다.
지상현, 『한중일의 미의식』, 아트북스, 2015년, p.333.

14 본서에서는 '덴노天皇, てんのう'를 고유명사로 간주한다. 표기는 우리말 한자 읽기를 존중하여 '천황'이라고 적는다.

하지만 엄밀한 의미에서 『고사기』는 정사正史가 아니다. 오히려 문학서 같은 느낌을 준다.

『고사기』 상권에는 태양의 여신이고 천황가의 조상신祖神인 아마테라스오호미카미天照大御神가 난폭한 스사노오노미코토를 피해 동굴로 도망치는 내용이 들어 있다. 이로 인해 일시적으로 세상이 암흑세계가 된다. 그리고 이런 내용이 나오는 장면에 '8백만의 신' 곧 야오요로즈노카미라는 용어가 처음 등장한다. 자세한 내용은 아래와 같다.

그리하여 아마테라스오호미카미가 이를 보고 두려워하여, 아메노이와토天石屋戸라는 석굴의 문을 열고 그 속에 들어가 숨었다. 그러자 천상계高天原는 모두 어두워졌고, 아시하라노나카쯔쿠니葦原中国도 완전히 암흑의 세계가 되었다. 이로 말미암아 항상 밤만 계속 되었다. 그리하여, 많은 신들의 소리는 파리가 들끓듯이 가득 찼고, 갖가지 재앙 또한 일제히 생겨났다.

이와 같은 사정으로 말미암아 **모든 신들**八百万神은 아메노야스가와天安河라는 강가에 모여 타카미무스히노가미高御産巣日神의 아들인 오모히카네노가미思金神로 하여금 그에 대한 대책을 생각하게 했다. ……15

15 노성환 역, 『고사기』(상), 예전, 1987년, p.85.

아마테라스오호미카미 [16]

태양의 여신이자 천황가의 조상신이다. 그런데 여신과
모계제 사회는 연결점이 없는 것일까?

또한 야오요로즈노카미의 용례는 7~8세기에 성립됐다고 하는 일본에
서 가장 오래된 시가집詩歌集인 『만엽집万葉集』에도 보인다. 『만엽집』 권2·
167번 와카和歌[17]가 그것이다. 이 노래는 히나미시노미코토가 붕어崩御했

---

16 https://ja.wikipedia.org/wiki/%E5%A4%A9%E7%85%A7%E5%A4%A7%
E7%A5%9E

17 '와카和歌'라는 용어는 중국의 '한시漢詩'를 의식한 명명이다. 일본의 노래歌라는 뜻이
다. 그럼 '와카'란 무엇인가? 이에 대해 10세기 초의 시가집인 『고금화가집古今和歌集』
의 서문에는 "사람의 심정을 바탕으로 하여 그것을 각양각색의 말로 표현한 것이다.
이 세상에 살아가는 사람들은 여러 가지 일과 빈번히 접하고 살아가기에 그때그때의

을 때, 가인歌人인 가키노모토노 히토마로가 지은 노래다.

　　　권2·167
　　　하늘과 땅이
　　　처음 생겨났을 때
　　　(히사카타노)
　　　하늘 나라에서는
　　　팔백만八百万이나
　　　천만이라고 하는
　　　신들이 모여
　　　함께 모여 앉아서
　　　지배할 나라
　　　나라를 나눌 때에
　　　하늘 비추는
　　　히루메미코토日女尊
　　　천상세계
　　　지배한다 해서
　　　……18

이와 같이 야오요로즈노카미 곧 '8백만의 신'이라는 말에서 알 수 있듯이 고대 일본열도에 살았던 일본인은 국토, 산천, 자연물 등 모든

심정을 보는 것, 듣는 것에 의탁하여 표현해 낸다."라고 적혀 있다.
구정호 역, 『고킨와카슈』(상), 소명출판, 2010년, p.17.
18 이연숙 역, 『한국어역 만엽집』(1), 박이정, 2012년, p.227.

것에 신이 살고 있다고 믿었다. 경건한 기분으로 신에 접하면 신의 호의를 받을 수 있지만, 신의 뜻을 저버리면 재앙을 받는다는 생각을 가지고 있었다. 애니미즘Animism이다. 그런데 이런 신앙을 현대 일본인도 가지고 있는 것이 일반적이다. 아내처럼 말이다. 사이토 다카시처럼 말이다.[19] 이 애니미즘에 대해 민속학자인 김열규는 『한국인의 신화』에서 "애니미즘에서는 인간과 동물, 인간과 동식물을 차별하지 않는다. 인간중심적인 사고"는 없다고 지적한다.[20]

　고등종교에서, 유일신을 믿는 시각에서 바라보면 일본인이 믿는 애니미즘은 미신으로 그리고 잡신 숭배로 보일 수 있다.[21] 그렇다면 그들의 시각에서 유일신을 받드는 종교는 어떻게 보일까?[22]

---

19 일본의 산케이産経신문 기자인 구로다 가쓰히로도 일본인은 일초일목一草一木에 신이 있다는 애니미즘의 세계에 살고 있다고 말한다.
　구로다 가쓰히로, 『맛있는 수다: 보글보글 한일음식이야기』, 지식여행, 2009년, p.94.

20 김열규, 『한국인의 신화』, 일조각, 2005년, p.151.

21 일본 디자인은 참신하다. 일본에는 세계적인 디자이너도 적지 않다. 토스터와 가습기 및 선풍기 회사로 우리에게 알려져 있는 발뮤다의 창업자인 모리야마 히사코는 디자이너 에쿠안 겐지의 말을 인용하면서 애니미즘이 일본 산업 디자인에 커다란 영향을 준 것에 동의한다. 흥미로운 부분이다.
　모리야마 히사코, 『0.1mm 혁신』, 다산북스, p.246.

22 일본 지식인 중에 서양과 달리 일본에는 모든 종교를 수용하는 문화가 있기 때문에 종교전쟁이 일어나지 않는다고 생각하는 사람이 적지 않다. 한국도 종교전쟁은 일어나지 않는다. 최훈은 한국에 종교 갈등이 적은 것은 신자들이 종교생활을 마치 취미처럼 하기 때문이라고 말한다. 그럴 수 있을 것 같다. 덧붙여 일본이나 한국에 종교 갈등이 적은 것은 어느 쪽도 구복 신앙적 성격에서 종교를 믿고 있기 때문은 아닐까?
　최훈, 『변호사의 논증법』, 웅진지식하우스, 2010년, p.91.

제2절 신목神木이 도와줘서일까

새벽에 둘째 아이를 깨웠다. 시계는 4시 30분을 가리켰다. 이처럼 이른 시각에 일어난 것은 7시에 출발하는 동경행行 비행기를 타기 위해서였다. 울면서 잠에서 깬 아이는 일어나려다가는 넘어지고, 일어나려다가는 다시 넘어졌다. 일어나기와 넘어지기를 반복하던 아이는 결국에는 일어나기를 포기했다. 그리고는

"아파! 아파!"

라고 말하면서 오른쪽 발목을 가리켰다. 발목이 부어 있었다. 다리를 뻔 것 같았다. 걷기 힘들어 보였다. 마침 잠에서 깨어나 이 광경을 지켜보던 아내는 어쩔 줄 몰라 하면서, 일본 가기는 틀렸다고 울상이다. 아이 걱정과 함께 일본 여행에 대한 기대감이 한순간에 무너졌기 때문일 것이다. 나도 잠시 생각에 잠겼다. 일본 일정을 포기해야 하는지, 아니면 이대로 강행해야 하는지 판단이 서지 않았기 때문이다. 고심 끝에 일단 일본에 가기로 했다. 일본의 하네다공항에 병원이 있었던 것 같기 때문이다. 공항 병원에 들러 아이를 치료하는 방법을 택했다. 그 병원이 정형외과였는지, 내과였는지는 잘 기억나지 않는다. '가면 어떻게 되겠지'라고 생각했다.

그때 마침 내 휴대폰에 전화가 걸려왔다. 예약해 놓은 점보택시기사였다. 정확히 5시였다. 일본에 갈 때마다 신세를 지는 택시기사다. 예약을 주로 받는 기사여서 그런지 시간을 잘 지킨다. 문제는 본인도 시간을 잘 지키니, 손님도 시간을 잘 지켜야 한다는 주의主義다. 시간을 지키지 않으면 손님에게 화를 낸다. 우리 가족도 몇 번이나 혼난 적이 있다. 그의 성격을 잘 알기에 오늘은 더욱 조급해졌다. 걷지 못하는 둘째를

안고, 아직도 비몽사몽으로 멍하게 서 있는 첫째를 앞세우고 승강기를 탔다. 아내는 예전에 둘째가 탔던 간이용 유모차를 어깨에 멨다. 오늘따라 왜 이리도 승강기는 느린지 모르겠다. 아니나 다를까 오늘도 늦었다면서 그는 우리에게 핀잔을 줬다. 죄송하다고 짧게 사과하고는 점보택시에 올라탔다. 보통 이 시간에는 김포공항까지 30분 정도 걸린다. 30분내내 '과연 이렇게 일본에 가도 되는지, 지금이라도 되돌아가야 하는지'로 머리가 아팠다. 아내도 수심에 찬 얼굴이었다. 이런 우리와 달리 첫째와 둘째는 가끔 장난을 치면서 깔깔거리고 웃고 있었다. 부럽기도 하고 안심되기도 했다.

공항에 도착했다. 생각보다 한산했다. 이른 시간이라서 그런 것인지, 1월 말이라서 그런 것인지 잘 모르겠다. 탑승권을 받고, 짐을 붙이고, 출국심사를 마쳤다. 탑승까지는 좀 시간이 남아 있었다. 아내는 면세점에서 물건을 찾는다면서 휙 하니 자리를 벗어났다. 남겨진 우리는 소파에 앉아 기다리기로 했다. 그 사이에 둘째는 화장실에 가고 싶다고 했고, 한쪽 발을 쓰지도 못하는 아이를 안고 남자화장실에 들어가 아이의 볼일을 도와줬다. 만 세 살 치고는 체격이 좋아 조금만 안거나 업어도 힘들었는데 오늘따라 더 힘들었다. 아이에게

"힘들어 죽겠다!"

라고 푸념했더니 아이의 대답이 걸작이었다.

"나도 힘들어!"

걷지 못하는 것을 빼고는 아이는 별문제 없어 보였다. 먹성도 여전하여 기내식도 잘 먹었다. 하네다공항에 도착한 우리 부부는 곧바로 공항 내 병원을 찾았다. 있기는 있었다. 내과 전문이었다. 다리를 다친 아이를 내과에 데려간다고 뾰족한 수가 있어 보이지 않았다. 그때 아내가 묘안

을 생각해냈다. 시나가와品川에 있는 정형외과에 가자는 것이었다. 여기는 공항에서 그리 멀지않은 곳이다. 찬성했다. 하지만 정형외과까지 가는 길을 몰랐다. 택시를 타기로 했다. 택시비가 얼마 나올지 걱정됐다. 일본 택시비는 비싸기 때문이다. 한 20분을 달렸다. 역시나 비쌌다. 정형외과에 도착해서 접수를 하고 기다렸다. 당일 접수라서 그런지 약 1시간 정도 기다렸다. 일본은 초고령사회라고 하더니 정말 그랬다. 환자 대다수가 60대 이상처럼 보였다. 아이를 데리고 진찰실에 들어갔다 온 아내가

"역시 다리를 삐었다고 하네. 그런데 좀 심하대. 하지만 아이라서
  빨리 나을 거라고 하네."

라는 의사의 말을 담담하게 전했다. 좀 심하다는 말에 마음이 걸렸지만 발목 보호대와 삔 곳에 잘 듣는다는 습포제를 처방받았기에 처방대로 잘 치료하면 나을 것 같아 안심했다. 접수처에서 아이 이름을 불렀다. 치료비를 확인하고는 깜짝 놀랐다. 우리 돈으로 한 20만원이나 나왔다. 아이는 한국 국적과 더불어 일본 국적도 가지고 있기에 당연히 일본에서 사용할 수 있는 의료보험증을 가지고 있었다. 하지만 작년에 발급된 것이었다. 접수처 직원은 금년에 발급된 의료보험증이 아니니 의료보험 혜택을 적용받을 수 없다고 했다. 적용받고 싶으면 다음 예약한 날에 오늘 받은 영수증과 함께 금년에 발급된 보험증을 가지고 오면 된다고 말했다. 한국과는 너무 달랐다.

"일본은 왜 이렇게 불편해!"

라고 불만 섞인 투로 아내에게 말했더니,

"일본에는 한국과 같은 주민등록증과 주민등록번호가 없기 때문이야."

라는 대답이 돌아왔다.

처방전을 들고 병원 근처에 있는 약국에 갔다. 약국 풍경은 우리나라 약국과 달랐다. 약대 연구실 같았다. 아내는 처방전 전용 약국이라서 그렇다고 했다. 처방전을 건네고 몇 분을 기다렸다. 발목 보호대와 습포제를 가져온 약사는 사용법에 대해 친절하게 설명해줬다. 아이는 가능한 걷지 않게 하는 것이 좋고, 걸을 때는 반드시 보호대를 해야 하고, 습포제는 하루에 한 번 꼭 붙이라고 신신당부했다. 의료보험증이 없는 탓에 역시나 약값도 비쌌다. 8만 원 가까이 했다. 그리고는

"나중에 이 영수증과 올해 발급된 의료보험증을 가져오시면 보험료를 적용하여 다시 정산하겠습니다."

라는 말을 잊지 않았다.

서울에서 간이용 유모차를 가져왔지만 자기 몸에 비해 작아서인지 둘째는 좀처럼 타려고 하지 않았다. 무거운 것을 애써 가져왔는데, 나는 유모차를 메야 했고, 아이도 안아야 했다. 유모차는 짐에 불과했다. 게다가 아이는 불편해서인지 보호대도 하지 않으려 했고, 습포제도 붙이지 않으려고 했다. 이날처럼 둘째가 미워 보인 적이 없었다.

10박 11일의 일본 일정에서 우리는 4박을 시즈오카현靜岡県에 있는 아타미熱海라는 곳에서 묵기로 했다. 이곳은 조중환의 번안소설 『장한몽』 곧 이수일과 심순애가 나오는 소설의 원작인 오자키 고요의 『금색야차 金色夜叉』의 무대가 된 곳이기도 하다.

금색야차金色夜叉

남자 주인공이 여자 주인공을 발로 차는 그 유명한 장면.
원작에서는 이 장면이 해안가에서 벌어진다.

굳이 아타미를 여행하고자 했던 것은 이곳이 겨울에도 온난하기 때문
이었다. 1월 말에서 2월 초에는 아타미자쿠라熱海桜라고 해서 일본 본토
에서 가장 먼저 피는 벚꽃을 구경할 수 있다. 또한 기후가 좋아서 그런지
귤이 생산되기도 한다. 지금까지 일본 여행을 할 때는 보통 온천여관이
나 호텔을 이용했는데, 이번에는 경비를 절약하기 위해 일본식 맨션을
4일간 빌렸다. 일본에 오면 항상 그랬듯이 기차 예약과 호텔 찾기는
아내에게 맡긴다. 아내가 일본인이기에 잘 알고 있을 거라는 믿음 때문
이다. 하지만 항상 그렇듯이 아내는 자주 실수를 한다. 이번에도 걷지
못하는 둘째는 안고 10여 분을 걸었는데 숙박할 곳과 방향이 반대라면서
미안하다는 표정을 지으며 나를 쳐다봤다. 할 수 없이 또 택시를 탔다.
이번에는 기본요금만 냈다. 다행이었다. 하지만 일본택시는 기본요금도

비싸다. 씁쓸한 마음을 뒤로 하고 택시에서 내렸다.

　낡은 맨션이었지만 13층이라서 전망은 좋았다. 태평양에 면한 아타미 바다가 보였고, 해안가가 보였다. 해안가에는 관광객으로 보이는 몇몇 사람이 한가로이 거닐고 있었다. 고즈넉했다. 방에 들어온 아이들도 즐거운 듯이 깔깔대며 웃었다. 큰애는 다다미방을 뛰어다니면서 방안을 탐색하기 시작했다. 둘째는 다다미방을 기어 다니면서

　"언니, 언니, 같이 가!"

하면서 큰애를 쫓았다. 어제까지만 해도 아파트 층간 소음을 걱정할 정도로 토끼처럼 깡충깡충 뛰어다니던 둘째 아이가 오늘은 돌도 지나지 않은 아이처럼 방바닥을 엉금엉금 기어 다녔다. 안쓰러웠다. 약국에서 받은 보호대도 잘 하지 않고, 습포제도 잘 붙이지 않은 둘째에게 한 마디 했다.

　"보호대를 잘 하고, 습포제를 잘 붙여야 빨리 낫지. 이렇게 말을 안 들으면 계속 기어 다니게 된다!"

　그러자 아이도 질세라 되받아쳤다.

　"아빠, 싫어!"

　아내는 식탁에 앉아서 내일 일정을 짜고 있었다. 한참을 생각하더니 아타미 시내를 돌면서 주요 관광지를 구경하는 것을 제안했다. 모두 동의했다. 아타미 벚꽃과 매화가 함께 피어 있는 공원과 기노미야신사木宮神社, きのみやじんじゃ를 둘러보는 코스였다. 다음날 아침 일찍 숙소를 나왔다. 둘째는 여전히 걷지 못했다. 둘째를 안고 언덕을 10여 분 걷고 있는데, 등에서 땀이 났다. 아타미가 따뜻해서라기보다는 등에는 무거운 가방을 메고, 양팔로는 15kg에 가까운 아이를 안고 있었기 때문이었다. 쉬러 온 여행이 고생길이 됐다. 이런 내 심정을 아는지 모르는지

아내와 큰딸은 주변에 핀 꽃을 구경하느라 정신이 없었다.

"와! 벚꽃이 피었네! 매화도 피었고. 어쩌면 이렇게 동시에 필 수 있을까!"

관광버스안내원은 칠십에 가까워 보이는 할머니였다. 입심이 좋았다. 오늘은 날씨가 좋아서 잘하면 멀리 후지산이 보일 수도 있다고 했고, 아타미 벚꽃 역사에 대해 어려운 용어를 써가며 쉬지 않고 설명을 이어갔다. 그 사이에 첫 번째로 들를 공원에 도착했다. 여기서 20분 정차하니 공원에 들어가서 아타미 벚꽃과 매화를 보고 오라고 했다. 약속 시간을 지키지 못하면 그냥 출발한다는 말도 잊지 않았다. 평판대로 아타미 벚꽃과 매화는 장관이었다. 겨울 속의 봄이었다. 타임 슬립time slip을 한 것 같은 착각마저 들었다. 허겁지겁 꽃구경을 하고 버스로 돌아왔다. 같은 버스에 타고 있는 일본 관광객들이 아이를 안고 땀을 흘리고 있는 나를 안쓰럽다는 듯이 쳐다봤다. 아무 말 없이.

다음에 정차한 곳은 기노미야신사였다. 신사神社는 신을 모시고 있는 곳이다. 일본인은 보통 새해에 신사에 들러 가정의 건강과 행복 등을 빈다.[23] 그런 의미에서 일본인의 종교는 기복 신앙에 가깝다. 우리 가족을 포함한 관광객들은 참배를 위해 신사를 상징하는 도리이鳥居, とりい[24]를 지나서 좌측에 있는 쵸즈야手水舍[25]에 다가갔다. 거기서 히샤쿠柄杓라는

---

23 물론 절에 가는 사람도 있기는 하다.

24 신이 살고 있는 곳을 표시하는 문이다. 신의 영역과 인간의 영역을 나누고 있다. 박규태는 도리이가 붉은색인 것은 그것이 대지의 정령을 일깨우는 색깔로 간주됐기 때문이라고 한다.
박규태, 『애니메이션으로 보는 일본』, 산림, 2005년, p.24.

25 흐르는 물이 있다. 여기서 물을 받아 손과 입을 헹군다. 몸과 마음을 정화하기 위해서다.

대나무로 만든 국자로 물을 떠서 손과 입을 깨끗이 씻어냈다.[26]

기노미야신사의 도리이

항상 모델이 되어 주고 있는 큰딸에게 이 자리를 빌려
고마움을 표한다.

이 신사의 자랑거리는 수령樹齡이 2000년이 넘는다는 신목神木이었다.
이 신목은 국가가 지정한 천연기념물로 높이가 26m, 둘레가 23.9m나
되는 거수巨樹였다. 관광버스 안내원은 관광객들에게

　　"바라는 것을 기원하면서 이 고목 주위를 한 번 돌면, 소원도 이루어지
　　고 수명도 한 살 길어진다."

고 설명해줬다. 관광객들과 아내는 이 말을 어떻게 들었는지 모르겠지

26　절대로 물을 마셔서는 안 된다!

만, 나는 한 귀로 듣고 한 귀로 흘렸다. 우리 가족은 이 고목 주위를 한 번 돌았다. 나는 특별히 무엇을 바라지 않고, 아무 생각도 없이 나무 주위를 돌았다. 이 고목에게 둘째 아이의 다리가 빨리 좋아지기를 바라기보다는 어떻게 하면 아이가 보호대와 습포제를 기분 좋게 사용할까를 궁리하는 것이 더 현실적이고 과학적이라고 생각했기 때문이다.

신목 포스터

신목 앞에서 기원하는 사람들

둘째를 안은 채 신사 경내를 대충 둘러보고 버스로 돌아왔다. 아이를 안고 땀을 흘리면서 버스 안으로 들어온 나를 다른 관광객들은 역시나 아무 말 없이 안쓰럽다는 듯 쳐다봤다. 이윽고 지칠 대로 지친 채, 숙소에 돌아온 나는 다다미방에 쓰러졌다. 어깨가 저리고 아팠다. 둘째 아이는 오른쪽 발을 질질 끌며 다다미방을 기어 다녔다. 아내와 큰애는 TV에 나오는 연애프로그램을 즐겁게 시청하고 있었다.

다음날 아침 아내의 비명에 가까운 감탄 소리에 잠에서 깼다.

"이럴 수가! 둘째가 걸을 수 있게 됐어! 뛰기도 해!"

둘째 딸이 걷기 시작했다. 뛰기 시작했다. '모세의 기적이라는 것이 이런 것일까'하고 생각했다. 어제까지 제대로 걷지도 못한 아이가 뛰어다니다니. 믿을 수 없었다. 그런데 나를 더욱 믿을 수 없게 한 것은 아내의 말이었다.

"둘째 오른발이 빨리 나은 것은 기노미야신사의 신神들이 도와줬기 때문이야. 감사의 마음을 전하기 위해 오늘 다시 기노미야신사에 들르자."

그랬다. 아내는 둘째 아이의 발이 좋아진 것은 기노미야신사의 신과 신목이 고쳐줬기 때문이라고 철썩 같이 믿었다. 물어봤다.

"그럼 어제 기노미야신사에 갔을 때 그 신사의 신과 신목에게 둘째 아이 오른 발목을 빨리 낫게 해달라고 빌었어?"

라고. 그러자

"그럼, 그래서 아이 발목이 좋아진 거야."

라고 아내가 당당하게 대답했다. 그러면서 말을 이었다.

"더욱이 이 신사는 야마토타게루노미코토日本武尊를 모시고 있는 신사야. 그러니 얼마나 영험이 있겠어."

야마토타게루노미코토는 일본 고대사의 전설적인 영웅으로 12대 천왕의 아들이다. 아내의 설명은 믿기 힘들었다. 하지만 믿지 않을 수 없었다. 둘째가 보호대를 제대로 찬 것도 아니었고, 습포제도 잘 붙이지도 않았기 때문이다. 나는 꿀 먹은 벙어리처럼 아내의 자신에 찬 말을 듣고 있을 수밖에 없었다.

기노미야신사로 가는 버스를 탔다. 둘째가 걸을 수 있게 되어 편했다. 처음 갔을 때보다 신사를 찾은 사람이 더 많아 보였다. 신목 주위를

도는 사람도 더 많아 보였다. '모두 신사의 신과 신목의 영험을 경험했기 때문인가?'하고 생각했다. 아내는 신사와 신목에게 정성스럽게 합장을 했다. 그리고 경건하게 감사의 말을 전하는 것 같았다. 그 옆에 아내와 아이들 그리고 내가 서 있었다. 아이들도 뭔가를 열심히 기원했다. 여기를 처음 왔을 때와 달리 이번에는 나도 신사의 신에게 빌었다. 그리고 신목을 두 번이나 돌았다. 혹시 아는가? 신사의 신과 신목 덕분에 소원이 이루어지고, 수명도 두 살 더 늘지.

제2장
___

영 혼

제1절 이원론과 물질주의

〈영혼에 대하여〉

1.

순수한 영혼과 타락한 현실간의 대립이

환멸, 이라는 책을 읽었다.

그것이 뭐가 환멸이야? 자랑이지.

타락한 영혼과 순수한 현실, 의 대립. 이야말로.

하긴 순수한 영혼아, 네가 어찌 환멸을 알겠니?

2.

영혼이라는 게 몸 안에서

불덩이처럼 굴러다니고 있다고 생각하면

멀미가 난다.

속이 울렁거려.

토할 것 같아. 영혼이든 뭐든.

나는 영혼이
나뭇가지를 샅샅이 훑고 다니는
바람이라면 좋겠다.[1]

황인숙 시인의 〈영혼에 대하여〉라는 작품이다. 시인은 "영혼이라는
게 몸 안에서 불덩이처럼 굴러다니고 있다고 생각하면"하고 말한다.
영혼의 존재를 믿고 있다. 영혼과 몸을 나누어서 생각하는 것이다. 이원
론二元論에 가깝다.

영혼과 몸의 관계는 시각에 따라 크게 두 가지로 나눌 수 있을 것
같다. 이원론과 물질주의. 이원론은 영혼의 존재를 믿는다. 따라서 죽음
이란 몸에서 영혼이 빠져나간 상태를 말한다. 어떤 사람이 죽었다고
해서 영혼까지 사라진 것이 아니라는 것이다.

몇 년 전에 한국에서 크게 흥행했던 영화가 있다. 〈신과 함께: 죄와
벌〉이다. 이 영화의 첫 장면이 인상적이다. 화재 사고 현장에서 여자아
이를 구한 소방관 자홍(차태현)은 자신이 죽었다는 것을 알지 못한다.
죽음과 동시에 몸 밖으로 나온 자홍의 영혼은 자신의 시신을 보고서야,
그리고 저승사자의 말을 듣고서야 자신이 사망했다는 것을 알게 된다.
어리둥절해 하는 자홍의 표정이 압권이었다.

몸에서 영혼이 빠나간다는 설정은 할리우드Hollywood 영화에서도 볼
수 있다 〈사랑과 영혼〉이 그것이다. 1990년에 개봉된 이 영화는 패트릭

---

1 황인숙, 『나의 침울한, 소중한 이여』, 문학과지성사, 1998년, p.11.

스웨이지와 데미 무어의 연기로, 그리고 영화 주제가로 큰 인기를 끌었다. 어느 날 샘(패트릭 스웨이지)은 노상강도를 만나 죽게 된다. 몸은 죽었지만 천국으로 향하지 못하는 그의 영혼은 연인인 몰리(데미 무어) 곁을 맴돈다.

감각적이었던 포스터[2]

〈사랑과 영혼〉이라고 하면 바로 이 장면. 명장면이다.

〈신과 함께: 죄와 벌〉과 〈사랑과 영혼〉 같이 영혼이 있다고 생각하면 마음이 포근해진다. 비록 몸은 이 세상에 없지만 사랑하는 사람의 영혼은 내 주위에 있을 수 있기 때문이다.

그런데 영혼의 존재에 대한 믿음은 오래 전부터 있었던 것 같다. 7~8세기에 성립됐다고 하는 일본에서 가장 오래된 시가집인 『만엽집』에

---

2 https://movie.daum.net/moviedb/main?movieId=2720

는 고대 일본인이 영혼을 믿었다는 사실이 잘 나타나 있다. 권12·3000번과 권15·3767번 와카를 보면 그렇다.

권12·3000

내 혼과 당신 혼이 만났다면魂合はば

동침도 해버렸을 것을
사슴과 멧돼지가 자주 출몰하는
벼 베기 전의 산 속 작은 논을 감시하듯이
우리 엄마는 나를 감시하고 있어요

권15·3767

그대의 **혼**魂, たましひ은

아침도 저녁에도
받고 있지만
내 가슴 아프네요
그리움이 심해서

이연숙은 『한국어역 만엽집』(10)에서 권12·3000번 와카에 대해

두 사람의 혼이 만나면 함께 잘 수 있는데도 남성과 만나지 못하도록 여성의 어머니는 쓸데없이 감시를 하고 있다는 뜻이다.[3]

고 해설한다. 또한 권15·3767번 와카는 상대의 혼은 만날 수 있지만 몸은 만날 수 없기에 그리움이 더욱 깊어진다고 읊고 있다.

다시 말하지만 이와 같이 영혼의 존재를 믿게 되면 그것으로 조금이나마 위안을 받을 수 있을 것 같다. 사랑하는 사람이 죽어도 죽은 것이 아니기 때문이다. 몸은 만날 수 없지만 영혼은 교감할 수 있기 때문이다.

물질주의는 다르다. 영혼의 존재를 믿지 않는다. 사람이 죽으면 그것으로 모든 것이 사라지는 것이다. 예컨대 셸리 케이건은

> 인간은 육체 이상의 존재다. 살과 뼈로만 이뤄진 존재가 아니다. 인간을 이루고 있는 일부, 특히 본질적인 일부는 육체를 초월한 영적·비물질적 존재다. …… 그런 존재가 바로 영혼이다.[4]

라는 영혼에 대한 일반적인 견해에 대해, 『죽음이란 무엇인가』의 프롤로그에서 영혼이란 것은 없다고 주장한다.

죽음을 처음 경험한 것은 중학교 때였다. 중3 겨울방학에 증조할아버지가 돌아가셨다. 요즘은 주로 병원에 설치된 장례식장에서 장례를 치루지만 예전에는 집에서 했다. 부모님과 함께 증조할아버지가 사시던 집에 갔더니, 방 한 곳에 병풍이 쳐져 있었다. 어른들의 말을 들어보니 그 병풍 뒤에 시신을 모신 관棺이 있다고 했다. 빈소殯所였다. 병풍을 사이에

---

4 셸리 케이건, 『죽음이란 무엇인가』, 엘도라도, 2012년 11월, p.1-10.

주고 이승과 저승이 놓여 있다는 생각이 들었다. 무서웠다. 얼마 전까지만 해도 온기가 느껴지는 증조할아버지의 품에 안겨 행복해 하며 재롱도 떨고 턱수염도 뽑고 했는데 말이다. 당시 나에게 죽음이란 모든 것이 끝나는 것이었다. 시신이란 무서운 것이었다. 별 하나 보이지 않는 칠흑 같은 어두운 밤하늘을 산 속에서 홀로 쳐다보는 것 같은 느낌이었다.

고대 일본인도 시신이 무서웠던 것은 마찬가지였다. 『만엽집』에는 죽은 사람을 애도하며 부른 노래가 많이 남아 있다. 특히 객사한 사람을 보게 되면 노래를 지어 그의 죽음을 위로하는 풍습이 있었다. 객사를 자연스런 죽음으로 보지 않았기 때문이다.[5] 객사한 사람을 애도하는 노래를 학술용어로 행로사인가行路死人歌라고 한다. 권3·415번 와카가 그렇다.

권3·415
집家에 있다면은
아내 팔을 벨 것을
풀 베개 베는
여행旅하다 쓰러진
이 여행객이여 아아[6]

이 노래는 쇼토쿠聖德태자[7]가 다쓰다산竜田山에서 객사한 사람을 보고

---

5 우치다 치즈코, 『화려한 싱글·돌아온 싱글·언젠가 싱글』, 이덴슬리벨, 2008년, p.196.
6 이연숙 역, 『한국어역 만엽집』(2), 박이정, 2012년, p.209.
7 6~7세기에 생존했던 인물. 중앙집권적 국가 체제 확립에 전력했다. 대륙 문화를 적극적으로 수용하려고 했다.

슬퍼하며 지은 작품이라고 한다. 이 와카에는 '집家'과 '여행旅'이 대비되어 있다. 다시 말하면 집에 있었다면 아내 팔베개를 하며 자고 있을 사람이 여행을 떠나 객사를 하여 산에 쓰러져 있다는 말이다. 쇼토쿠태자가 객사한 사람을 위로하는 노래를 지은 것은 그가 사람이 좋아서가 아니다. 고대 일본에서는 길에 죽은 사람을 위로하지 않으면 그가 원귀가 되어 여행객의 안전을 위협한다는 믿음이 있었기 때문이다.

　증조할아버지가 돌아가신 지 30여 년이 흘렀다. 그렇게 애지중지하던 자신의 증손자가 당신의 시신을 두려워하고 무서워했다는 것을 아셨다면 얼마나 서운해 하셨을까! 너무 늦었기는 하지만 아래와 같은 와카로 죄송했다는 마음을 전하고 싶다. 이 노래는 덴무天武, てんむ천황[8]이 유명을 달리했을 때, 지토持統천황이 지은 노래다.

　　권2·159
　　(야스미시시)
　　우리들의 천황[9]이
　　저녁이 되면
　　보고 계신 듯하네
　　날이 밝으면
　　말을 걸 것만 같네
　　카무오카神丘의
　　산의 단풍잎들에

8　7세기에 살았던 인물로 천황제 안정화에 힘썼고, 율령체제도 강화했다.
9　이연숙은 '대왕'으로 번역했지만 본서에서는 표기의 일관성을 위해 '천황'으로 적는다.

오늘도 역시
말을 걸어 주세요
내일도 다시
보아주길 바래요
그 산 모습을
멀리서 바라보며
저녁이 되면
이상하게 슬프고
날이 밝아도
외롭게 생활하며
(아라타헤노)
상복의 옷소매는
마를 때가 없네요[10]

제2절 할아버지의 혼이 고양이에게 옮겨간 것일까

아내는 친정에 가면 맨 먼저 찾는 것이 있다. 부모님이 아니다. M이라
는 이름을 갖고 있는 고양이다. 처가는 고양이를 세 마리 키우고 있었다.
K, M, S다. 이 가운데 M에 대한 아내의 애정은 유별나다. 내가 보기에는
검정색 바탕에 흰줄무늬가 있는 평범한 고양이에 불과한데 말이다.

---

10 이연숙 역, 『한국어역 만엽집』(1), 박이정, 2012년, p.217.

M은 가끔 내 근처에 와서 배를 드러내기도 하고, 눕기도 하고, 내 발목 근처에 자기 몸을 비비기도 한다. 이런 M의 행동을 처음 겪었을 때,

"M이 왜 이러는 거야?"

하고 아내에게 물었다. 아내는 빙긋 웃으면서

"당신에게 친근감을 느껴서 그래. 쓰다듬어 달라고 하는 거야. 한 번 해줘!"

하지만 나는 꼼짝 않고 가만히 서 있을 뿐이었다. 그러자 아내는

"왜 그래?"

하고 물었다.

"예전에도 말했잖아. 나 동물을 별로 좋아하지 않아서. 개나 고양이처럼 털 달린 동물은 다 싫어!"

나는 개와 고양이 같은 동물을 좋아하지 않는다. 어떤 사람은 내가 어렸을 때 개에게 물렸던 경험이 있었기 때문이라고 했다. 트라우마라는 것이다. 그럴지도 모른다. 나는 과일을 무척 좋아하지만 먹지 않는 것이 있다. 감이다. 철들었을 때부터 어머니는 가끔 나에게 말했다.

"과일이 있으면 그것이 떨어질 때까지 학교에 가지도 않는 네가 감을 싫어하는 것은 어렸을 때 감을 먹고 한번 크게 체한 적이 있기 때문이야."

내가 개나 고양이를 싫어하는 것은 역시 어렸을 때 개에 물렸던 경험이 있었기 때문인 것 같다.

아내에게 물었다.

"왜 고양이를 좋아해?"

아내가 대답했다.

"귀엽잖아!"

그리고 보니 M을 포함하여 처갓집에서 기르고 있는 고양이뿐만이

아니라 일본에서 흔히 볼 수 있는 도둑고양이도 한국의 그것보다 얼굴이 귀엽게 생긴 것 같다. 그래서

"귀엽게 생긴 것 같기는 하네."

라고 말했더니, 아내가 곧바로 나에게 질문을 했다.

"왜 일본 도둑고양이가 한국 도둑고양이보다 귀여운지 알아?"

"글쎄?"

"일본사람은 도둑고양이도 귀엽다고 말하면서 쓰다듬어 주고 사랑해 주는 게 일반적이야. 그런데 한국 사람은 보통 도둑고양이에게 그렇게 하지 않잖아. 그래서 그네들의 얼굴에서 귀염성이 점점 더 없어지는 거야."

아내의 설명에 굳이 토를 달기 싫어서

"음, 그럴 듯하네."

하고 웃어넘겼다. 고양이 때문에 부부싸움을 하고 싶지 않았기 때문이다. 백보 양보해서 일본 고양이가 한국 고양이보다 귀엽게 생겼다고 하더라도 아내가 M을 유달리 좋아하는 이유는 잘 모르겠다. 아내에게 다시 물었다.

"왜 M을 좋아해?"

아내가 대답했다.

"돌아가신 할아버지 같아서."

아내 고향은 군마현群馬県이다. 아내는 자기 고향에 큰 자부심을 가지고 있다. 군마현이 일본 열도의 배꼽에 해당하는 위치에 있다고도 했고, 자기 집 근처가 도쿠가와德川 가문의 발상지라고도 했다. 내가 보기에는 한적한 지방의 반농반공의 지역으로밖에 보이지 않는데 말이다. 장인 집안은 원래 하급무사였다고 한다. 지금은 주로 논농사와 딸기농사로

생계를 꾸리고 있다. 옛날 농가가 그러하듯 아내 집안도 대가족이었다. 부모님과 더불어 조부모와 함께 3대가 생활했다고 한다. 아내 말에 따르면 아내는 가족 가운데 조부에게 가장 사랑을 많이 받은 것 같다. 그래서 그런지 작고한 할아버지에 대한 감정이 남다르다. 그런데 작고한 할아버지와 M이 어떻게 연결되기에 M이 돌아가신 할아버지 같다는 것일까?

120년이 넘은 고가古家

지금은 철거됐다. 이 자리에 2층집이 새로 지워졌다. 새 집은 멋졌다. 하지만 새집에는 옛집의 흔적이 전혀 남아 있지 않다.

할아버지가 유명을 달리한 순간을 목도한 가족은 아무도 없었다고 한다. 아내가 고등학생 때였다. 치매가 있던 조부가 갑자기 집에서 사라졌고, 몇 달이 지난 후 집에서 좀 떨어진 강가에서 할아버지 시체가 발견됐다. 객사客死인 셈이다. 향년 80세였다고 한다. 우리도 그렇지만 일본도 옛날부터 객사를 좋은 죽음이라고 생각하지 않았다. 일본에 현존하는 가장 오래된 시가집인 『만엽집』은 '행로사인行路死人' 곧 객사를 당한 사람의 영혼을 달래는 노래가 많이 남아 있다. 앞서 한번 인용한 적이 있지만, 권3·415번 노래가 대표적이다.

권3·415
집家에 있으면은
아내 팔을 벨 것을
풀 베개 베는
여행旅하다 쓰러진
이 여행객이여 아아[11]

이 노래에는 '집'과 '여행'이 대조를 이루고 있다. 집에 있었다면 사랑하는 아내의 팔베개를 하며 단잠을 잤을 텐데 고향을 떠나 고생하다가 객사를 했다는 것이다. 그리고 고대 일본에서는 이렇게 객사한 사람을 만나게 되면 그냥 지나치지 않았다. 노래를 지었다. 노래로 그를 위로하지 않으면 죽은 자가 원령이 되어 자신을 괴롭힐 것이라는 믿음이 있었기 때문이다.

그런데 할아버지의 죽음을 확인한 그날, 바로 그날 장인이 M을 데리고 왔다고 한다. M은 태어난 지 얼마 되지 않아 버려진 도둑고양이였다. 며칠 간 음식을 먹지 못했던지 몹시 야위어 있었다고 한다. 아내는 그 새끼고양이를 한손에 올려놓았을 때 느꼈던 심장 소리와 체온을 지금도 잊지 못한다고 했다.

---

11 이연숙 역, 『한국어역 만엽집』(2), 박이정, 2012년, p.209.

아내에게 다시 물었다.

"M이 돌아가신 할아버지 같다니, 그게 무슨 말이야?"

"할아버지의 죽음을 확인한 바로 그때, M이 우리 집에 왔잖아. 그건 할아버지 영혼이 M에 빙의憑依한 거야. 그게 아니면 어떻게 이렇게 타이밍이 절묘할 수 있겠어!"

영혼靈魂신앙이 뿌리 깊은 일본문화에서 빙의는 있을 수 있는 일이다. 『만엽집』 권3·406번 노래를 보면 그렇다.

권3·406
내가 섬기는
신神은 아니랍니다
멋진 당신께
붙어 있는 신이니
잘 섬겨 보시지요

위 노래는

나에게는 사랑하는 사람이 없어요. 아마 당신에게 붙어 있는 신이겠지요. 그러니 자꾸 나에게 연인이 따로 있다고 말하지 말고 당신의 사랑하는 사람이나 잘 생각하세요.[12]

라는 내용이다.

---

12 이연숙 역, 『한국어역 만엽집』(2), 박이정, 2012년, p.201.

아내 말을 종합해보면 M은 단순한 고양이가 아니다. 할아버지 영혼이 빙의한 고양이, 곧 할아버지의 재림이라고도 말할 수 있다. 이렇게 생각해보니 아내가 왜 M에게 그토록 특별한 감정을 가지고 대하는지 알 수 있을 것 같았다. 하지만 그렇다고 내가 빙의를 믿고 받아들인 것은 아니다. 영혼신앙을 가지고 있는 아내를 머리로는 이해할 수는 있다는 정도다.

한편 K에게 특별한 감정을 갖고 있는 사람은 장모다. 장모는 M과 S는 좋아했지만 K는 별로 좋아하지 않는 것 같았다. 신기했다. 고양이를 좋아하는 장모가 왜 K는 싫어하는 것일까? 언젠가 아내에게

"고양이를 좋아하시는 어머님은 왜 K를 싫어해?"

라고 물은 적이 있다. 그때 아내는

"돌아가신 할머니가 빙의한 것이 K라고 엄마가 생각하고 있기 때문이야."

라고 말해주었다. 다시 물었다.

"그런데 왜 싫어하셔?"

"고부 갈등이 심했어. 어머니가 할머니에게 자주 괴롭힘을 당했거든."

K가 아내 집에 들어온 것은 할머니의 영혼을 불단(佛壇)에 모신 직후였다고 한다. 일본에서는 죽은 조상의 위패를 모시는 불단을 차려 놓는 집이 많은데, 할머니를 불단에 모신 직후, 어디선가 K가 나타나 불단 밑에 와서 웅크리고 앉더라는 것이다. 그 이후 유족은 할머니가 K에 빙의하여 다시 나타났다고 믿었다고 한다. 당시 장모가 얼마나 놀랐는지는 상상하고도 남는다.

사실 죽은 사람의 영혼이 동물로 변한다는 이야기는 드문 일이 아니다. 예를 들어 영혼이 새로 변하는 신화는 중국에서 자주 보이는데, 이에 대해 김선자는 『변신이야기』에서 다음과 같이 말한다.

죽은 사람의 영혼이 새로 변한다는 것은 한족뿐 아니라 비한족非漢族 신화에도 자주 보인다. 죽은 사람의 영혼이 새로 변한다는 모티브는 일찍이 전국戰国시대 초나라의 문학작품인 『초사楚辞』, 「초혼招魂」에서도 나타난다.[13]

불단

이 불단에는 3대가 모셔져 있다.

이번 겨울에도 처가에 갔다. 언제나처럼 고양이 두 마리가 나를 반겨줬고, 여느 때처럼 나는 아무런 반응도 보이지 않았다. 그런데 이상했다. M이 보이지 않았다. 장인에게

"M이 보이지 않네요?"

라고 했더니,

"얼마 전에 병들어 죽었다."

---

13 김선자, 『변신이야기』, 살림, 2003년, p.36.

는 말이 돌아왔다. 그러면서

"사람 나이로는 80세 정도였으니, 천수를 누렸다고 할 수 있지."
라고 덧붙였다.

"아내는 알고 있나요?"

"아직 이야기하지 않았네."

"M은 어디 있어요? M? M?"

아내가 M을 찾는 목소리가 들렸다. 나는 아내에게 아무 말도 하지
않았다. 내가 끼어들 일이 아니라고 생각했기 때문이다. 장인이 아내에
게 다음과 같이 M의 죽음을 전했다.

"M은 얼마 전에 죽었어. 사람 나이로 80세니까, 장수했지. 죽기 전날
밤에는 아무 것도 먹지 못했어. 다음날 M 집에 가보니, 죽어 있더라고."

장인의 말에 따르면 M의 죽음을 지켜본 사람은 아무도 없었다. 작고
한 아내의 할아버지처럼 말이다.

장인 집 앞마당에 M의 무덤이 있다. 그 묘지 앞에서 아내는 지금
두 손을 모으고, 고개를 숙이고, 눈물을 흘리고 있다. 하지만 아내의
얼굴에는 안도의 모습도 엿보였다. M이 객사하지 않은 것에 대한 감사였
을까? 나는 그 옆에서 숙연히 서 있을 뿐이었다. 정말로 M은 할아버지가
빙의한 것이었을까?

한 달간 처가에 머문 후 서울 집으로 돌아왔다. 귀국 후 며칠이 지났다.
아내의 컴퓨터 배경 화면이 변해 있었다. 고양이 한 마리가 보였다.
M의 생전 사진이었다. M은 컴퓨터의 배경 화면에 다시 빙의해 있었다.

제3장

언 령

제1절 말의 힘

〈말의 힘〉

기분 좋은 말을 생각해 보자.

파랗다. 하얗다. 깨끗하다. 싱그럽다.

신선하다. 짜릿하다. 후련하다.

기분 좋은 말을 소리 내 보자.

시원하다. 달콤하다. 아늑하다. 아이스크림.

얼음. 바람. 아아아. 사랑하는. 소중한. 달린다.

비!

머릿속에 가득 기분 좋은

느낌표를 밟아 보자.

느낌표들을 밟아 보자. 만져보자. 핥아보자.

깨물어보자. 맞아보자. 터뜨려보자![1]

---

1 황인숙, 『나의 침울한, 소중한 이여』, 문학과지성사, 1998년, p.46.

위 시詩는 황인숙 시인의 〈말의 힘〉이다. 기분 좋은 말을 생각하고 소리 내면 그 힘으로 기분 좋은 느낌이 머릿속에 가득하게 된다는 것이다. 맞는 말이다.[2]

사실 나는 '말의 힘'에 많은 관심을 가지고 있다. 일본에서 유학할 때, 힘이 되어 준 말이 있기 때문이다.

"버리는 신이 있으면 도와주는 신도 있다捨てる神あれば拾う神あり."

라는 경구다.

8년 가까운 유학생활을 하면서 일본의 대학교수와 학생 그리고 일반 인과 많은 교류를 했다. 그 가운데 특히 기억에 남는 분이 신원보증인이 되어줬던 T 할머니. 지금은 어떤지 잘 모르지만 1990년대만 하더라도 사비로 일본 대학원으로 유학 가는 것은 쉽지 않았다. 돈만 있다고, 열정만 있다고 되는 것이 아니었다. 국비 유학은 일본 정부가 신원보증을 해주니 별문제 없었지만 사비 유학은 달랐다. 유학 가는 그 지역에 살고 있는 일본인이 유학생의 신원을 보증해줘야 했다. 신원보증인은 말 그대로 유학생에게 무슨 문제가 생기면 그 책임을 져야 했다. 따라서 웬만하면 신원보증을 해주려고 하지 않았고, 신원보증인을 구하지 못해서 사비 유학을 떠날 수 없게 된 경우도 있었다.

---

2 열반하신 법정 스님도 『산에는 꽃이 피네』에서 "어떤 명상서적을 읽어보면, 우주의 기운은 자력과 같아서 우리가 어두운 마음을 지니고 있으면 어두운 기운이 몰려온다고 적혀 있다. 우리가 밝은 마음을 지니고 긍정적이고 낙관적으로 살면 밝은 기운이 밀려 온다는 것이다. 일리가 있는 말이다."고 말한다. 이 문장은 '마음의 힘', '생각의 힘'을 말하고 있지만, '말의 힘'과 통하는 바가 있다.
법정, 『산에는 꽃이 피네』, 1998년, p.45.

T 할머니를 만나게 된 것은 큰 행운이었고, 축복이었다. 대학원 진학 시험에 떨어졌을 때도, 경제적 어려움에 처했을 때도, 연애 문제로 고민이 많았을 때도 항상 상담 역할을 도맡아준 것은 T 할머니였다. 지금도 기억에 남는 말이 있다. 박사과정 입학시험에 떨어졌을 때였다. 우울해하고 있었는데, T 할머니는 나에게 이런 말을 해주었다.

"버리는 신이 있으면 도와주는 신도 있다."

이 말은 버림받는 상황에 처하더라도 반드시 도와주는 사람이 나타날 것이니, 설령 좋지 않은 일이 있더라도 너무 비관하지 말라는 뜻이다. 이후 살아가면서 어려울 일이 생길 때마다 이 경구를 주문처럼 되뇌었다.

"버리는 신이 있으면 도와주는 신도 있다."

"버리는 신이 있으면 도와주는 신도 있다."

T 할머니

사진 오른쪽은 T 할머니의 부군이다. 영문과 교수였다. 전공은 셰익스피어. 이 두 부부는 다른 사람의 말을 들을 때, 항상 몸을 상대방 쪽으로 가까이 가져갔다. 경청하고 있다는 모습을 상대에게 보이고 싶어서다.

생각해보면 우리 주변에는 말에 관한 경구가 적지 않다. '가는 말이 고와야 오는 말이 곱다', '한마디 말로 천 냥 빚을 갚는다', '말이 씨가 된다' 등이 대표적이다. 이렇다 보니 덕담으로 애용하는 표현이 생겼고, 상황에 따라 의도적으로 피하는 표현도 생겼다. 예컨대 새해에 주고받는 '복 많이 받으세요'와 '올 한해도 건강하세요' 같은 말은 대표적인 덕담이다.[3] 한편 수험생 사이에는 '떨어지다', '미끄러지다' 같은 말은 입에 담아서는 안 되는 기피忌避의 대상이다.

'말의 힘'에 관한 역사는 인류사와 함께한다. 성경의 창세기 12장 3절에는 하나님이 아브람을 불러서는

> 너를 축복하는 자에게는 내가 복을 내리고 너를 저주하는 자에게는 내가 저주하리라.[4]

라고 말씀하신 구절이 나오고, 마태복음 4장 4절에는 예수님이

> 사람이 떡으로만 살 것이 아니요 하나님의 입으로 나오는 모든 말씀으로 살 것이라 하였느니라.[5]

라고 설교하신 구절이 나온다. 모두 '말의 힘'과 관련되어 있다.

---

3 철학 교수인 김형석은 '새해 복 많이 받으세요'에 대해 "그때의 복은 행운을 뜻하는 말이다. 선택과 노력의 대가로서 복이라기보다는 공짜로 주어지는 복운福運이다. 복권이라도 당첨되었으면 하는 마음과 통한다."고 말한다.
김형석, 『백년을 살다보니』, 알피코프, 2016년, p.13.
4 한영성경협회, 『한·영성경전서』, 생명의말씀사, 2001년, p.13.
5 한영성경협회, 『한·영성경전서』, 생명의말씀사, 2001년, p.4.

그런데 '말의 힘'을 생각할 때 일본인의 언어생활은 주목할 만하다. 그들은 고대古代부터 말에는 영력靈力이 깃들어 있다고 강하게 믿고 있었다.[6] 그리고 그것을 '언령言靈' 곧 '고토다마ことだま'라고 불렀다. 수필가인 요네하라 마리는 언령을

> '이름은 모양을 만든다'는 말이 있다. '이름값도 못한다'는 말도 있다. 인간의 본질은 이름대로 가는 것이 당연하다는 생각이 있기 때문이리라.[7]

고 받아들인다. 그리고 이런 언령신앙을 고종석은 언어신비주의의 극단적 예라고 말한다.[8]

일본 고대 시가집인 『만엽집』에는 언령에 관한 노래가 남아 있다. 권5·894번과 권13·3254번 와카가 대표적이다.

권5·894
신대神代 이후로
전해져 내려오길
(소라미츠)
일본이란 나라는
통치하는 신
위엄 있는 나라고

---

6 스기모토 쓰토무, 『일본어 문화사』, 소화, 1997년, pp.54-57.
7 요네하라 마리, 『마녀의 한 다스』, 마음산책, 2009년, p.65.
8 고종석, 『고종석의 한국어 산책』, 개마고원, 2007년, p.362.

언령言靈, こ**とだま**의 신이

돌보는 나라라고

계속 말하며

이야기해 왔지요[9]

......

권13·3254

(시키시마노)

일본의 나라는요

말의 혼言靈**이요**

도와주는 나라네

무사하기를 바라네[10]

이연숙은 『한국어역 만엽집』(11)에서 권13·3254번 와카에 대해 다음과 같이 적는다.

시키磯城 섬의 일본 나라는 말의 영적인 힘이 도와주는 나라이네, 무사하기를 바라네라는 내용이다. 말에 신비한 힘이 있어서 인간에게 영향을 미친다는 언령신앙에 대한 언급이 나타나 있는 노래이다.[11]

이와 같이 일본인은 고대부터 '말의 힘' 곧 언령을 깊게 믿어 왔다는

---

9 이연숙 역, 『한국어역 만엽집』(4), 박이정, 2013년, p.157.

10 이연숙 역, 『한국어역 만엽집』(11), 박이정, 2017년, p.59.

11 이연숙 역, 『한국어역 만엽집』(11), 박이정, 2017년, p.59.

것을 알 수 있다. 그래서 그런지 일본인은 일제강점기에 당시 식민지 조선인에게 창씨개명創氏改名을 강요했다. 대의명분은 종주국 일본인과 동등하게 대우하기 위함이라고 하지만 사실 여기에는 언령신앙이 깊이 관련되어 있다고 생각된다. 조선인이 일본식으로 성姓을 만들고 이름名을 고치면, 조선인이 충군애국忠君愛国의 일본 신민臣民이 될 것이라는 믿음이 있었다.[12]

일제강점기에 만들어진 일본식 지명도 언령신앙의 연장선상에 있다고 볼 수 있다. 대표적인 것이 서울의 지명으로 사용했던 경성京城이다. 또한 논란의 소지는 있지만 경기도 의왕시의 '의왕'이라는 지명도 주목할 만하다.

몇 년 전에 경기도 의왕시가 의왕의 한자인 '의왕儀旺'을 '의왕義王'이라고 고쳤다. 그리고 그 이유를 일제 잔재를 청산하기 위해서라고 했다. 의왕은 애초 조선시대 행정구역인 광주부 의곡義谷면과 왕륜王倫면의 머리글자를 딴 것인데, 1914년 조선총독부가 행정구역을 개편하면서 의곡면과 왕륜면을 합쳐 '수원군 의왕면'으로 바꿨다고 한다. 이때 총독부는 의롭다는 뜻의 '의義'자를 거동 '의儀'자로 바꾸고, 왕王자 옆에 일본을 상징하는 '일日'자를 붙여 민족정기를 훼손하려 했다는 것이 의왕시의 설명이다.[13]

그런데 이 기사가 나간 후, 은평두레생협 이사장인 홍기원은 「의왕시 한자표기 변경 중단해야」라는 글을 같은 신문사에 발표했다. 그의 결론

---

12 이광수李光洙는 1940년에 가야마 미츠로香山光郎로 창씨개명을 한다. 그는 일본의 초대 천황인 진무神武천황이 가구야마香久山라는 산에서 즉위했기에 거기서 가야마香山를 차용했다고 한다. 이광수가 어느 정도로 일본에 경사되어 있었는지가 잘 드러난다. 김윤식, 『이광수와 그의 시대』, 한길사, 1986년, p.232.

13 한겨레신문(2007.1.24.)

은 본래 '의왕義王'이었는데 일제가 이것을 왜곡했다는 주장은 역사적 근거도 없으며, 그렇게 주장하는 것은 애국주의가 아니라 역사적 근거를 무시한 국수주의에 지나지 않다는 것이다. 좀 길지만 그가 근거로 내세우는 부분을 인용한다.[14]

김정호 선생이 〈대동여지도〉를 목각하는 데 기초가 된 필사본 〈동여도〉에 보면 광주부 의곡義谷면과 왕륜旺倫면으로 표기되어 있다. 그리고 대동여지도 자매편인 '대동지지'에 보면 '의곡義谷: 서남쪽으로 처음이 40리, 끝이 60리에 있다', '왕륜旺倫: 서남쪽으로 처음이 60리, 끝이 70리에 있다'고 설명되어 있다. …… 김정호 선생의 〈동여도〉와 〈대동지지〉에는 의義와 왕旺으로 표기되어 있다. 동여도와 대동지지만으로 볼 때 '의義'자에 대한 표기는 의왕시 주장이 맞지만, '왕旺'에 대한 주장은 틀린다. 일제가 '왕王'에 일본을 상징하는 '일日'을 넣어 '왕旺'자를 만들었다는 주장은 허구임이 동여도와 대동지지만 보아도 증명된다. 또한 '1872년 지방지도' 중 '경기도 편 광주전도'에는 광주부 의곡儀谷으로 표기되어 있다. 의왕시가 주장하는 '의義'자 주장도 역사적 근거가 미약하게 된 셈이다. 김정호 선생은 옳을 의義자로 썼는데 왜 '1872년 지방지도'에서는 예의 의儀자로 썼는지에 대한 문제는 역사적으로 해명이 되어야 할 부분이다.[15]

14 박상현, 『한국인의 일본관』, 박문사, 2015년, pp.40-41.
15 한겨레신문(2007.2.6.)

'의왕'이라는 지명 논란에는 결국 일본의 언령신앙이 자리 잡고 있고, 거기에 대한 우리의 의심이 있다고 볼 수 있다.[16]

여하튼 언령신앙은 현재를 살아가는 일본인에게도 뿌리 깊다. 일본 달력에는 '도모비키友引, ともびき'와 '부쓰메쓰仏滅, ぶつめつ' 그리고 '다이안大安, たいあん'이라는 것이 있다. '도모비키'의 날에 장례식을 행하면 다른 사람의 죽음을 초래한다고 한다. '부쓰메쓰'는 흉凶한 날로 이 날에 결혼식을 절대로 올리지 않는다고 한다. 도모비키와 부쓰메쓰는 불길한 날인 것이다. 반면에 다이안에는 여행을 떠나도 좋고, 이사나 개업 그리고 결혼을 해도 좋다고 한다. 길일吉日인 셈이다.

도모비키, 부쓰메쓰, 다이안 등이 기재된 달력[17]

---

16 최근에 경상북도 칠곡군에서는 '왜관역'이라는 역명을 '칠곡역'으로 바꾸자는 운동이 일어나고 있다. 또한 전주시는 덕진구 행정동인 '동산동'을 '여의동'으로 변경했다. '동산東山'이 전쟁 범죄 기업인 미쓰비시 창업자의 호이기 때문이라고 한다.
한겨레신문(2019.7.31.)
한겨레신문(2019.8.16.)

17 https://search.yahoo.co.jp/image/search?p=%E5%A4%A7%E5%AE%89&ei=UTF-8&aq=-1&oq=%E5%A4%A7%E5%AE%89&ai=0LI7E9uqQQCdIhr_7kk1TA&ts=519&fr=top_ga1_sa#mode%3Ddetail%26index%3D14%26st%3D132

지금까지 몇 권의 책을 냈다. 베스트셀러나 스테디셀러가 된 책은 없었다. 이번에는 다이안에 출간해야겠다. 혹 아는가? 베스트셀러는 아니더라도, 스테디셀러는 되지 못한다고 하더라도, 지금까지보다는 판매 부수가 더 많을지?

제2절 너의 췌장을 먹고 싶어

얼마 전에 〈너의 췌장을 먹고 싶어君の膵臓がたべたい〉라는 일본 애니메이션을 봤다. 제목이 좀 엽기적이기는 했지만 왠지 모르게 끌렸다. 주인공은 사쿠라桜良라는 여학생이다. 그는 췌장이 좋지 않아서 여생이 얼마 남지 않은 인물로 설정되어 있었다. 사쿠라와 함께 등장하는 주요 인물은 화자話者인 '나'다. '나'의 이름은 하루키春樹였다. '나'는 사쿠라가 췌장 때문에 곧 죽게 된다는 것을 알고 있는 유일한 반 친구다.

항상 그렇듯 일본 애니메이션은 개봉관이 많지 않았다. 게다가 늘 그렇듯 상영 기간도 짧았다. 모처럼 보는 애니메이션이기에 재직하고 있는 학과 학생들에게 같이 가자고 권유했다. 몇몇 학생이 동참했다. 〈너의 췌장을 먹고 싶어〉를 감상한 후, 우리들은 상영관 근처 한 카페에서 방금 보고 온 애니메이션에 대해 서로 이야기를 나누었다. 참석자는 괜찮은 애니메이션이었다는 데에 동의했다.

관람 후 기념사진

사진 촬영에 응해준 졸업생과 재학생에게 감사함을 전한다.

어떤 학생은

"소설에 등장한 다양한 소재를 한 편의 애니메이션으로 표현하기 위해 어떻게 각색했을지 궁금했었다. 또한 일본의 사회 현실을 담은 묻지마 살인 사건도 담겨 있고, 타인에게 다가가지 못하던 남자 주인공 모습이 여자 주인공의 유언으로 변해가는 것도 무척 인상적이었다."

고 말했다. 또 어떤 학생은

"무엇을 선택했을 때, 그것이 직접적이든 간접적이든 선택이 쌓여 내 것이 됐다는 메시지를 애니메이션에서 느꼈다. 인생은 수동적이 아니라 능동적이라는 생각을 하게 됐다."

고 말을 이었다. 두 평가 모두 2시간 가까운 애니메이션을 적절하게 지적한 촌철살인과 같은 것이었다.

〈너의 췌장을 먹고 싶어〉[18]

포스터는 일본의 봄을 잘 나타내고 있다. 일본인은 한순
간 지나가 버리고 마는 계절을 만끽한다는 감각이 있다.
이런 계절 감각은 지진, 해일, 태풍 등과 같이 인간으로서
는 어쩔 수 없는 자연의 힘을 느끼기 쉬운 환경에서 온
듯하다.

한참 이야기를 듣다가 웃으면서 학생들에게 질문했다.
"이 애니메이션에는 여자 주인공이 일찍 죽게 된다는 암시가 있었는
데, 그것이 뭘까요?"
아무도 대답하지 못했다. 이럴 때는 힌트를 줘야 한다.
"이름에 힌트가 있는데."
역시 묵묵부답이다.
"사쿠라야."

---

18 https://movie.daum.net/moviedb/photoviewer?id=122274#1272630

아직도 눈치를 채지 못한 것 같았다.

"고대 일본에서는 꽃 이름을 사람에게 붙이면 그 사람은 일찍 죽는다는 속신俗信이 있어요. 사쿠라는 벚꽃이잖아. 그것도 아름답게 피다가 한순간에 져버리는."

일본의 정사正史는 아니지만 712년에 편찬됐다는『고사기』에는 천황의 수명이 길지 않은 것은 그가 벚꽃을 상징하는 '고노하나노사쿠야히메'와 결혼했기 때문이라는 내용이 나온다. 좀 길지만 흥미로운 부분이기에 그 대목을 인용한다.[19]

'아마쯔히코히코호노니니기노미꼬토(이하, 니니기노미꼬토. 인용자)'가 카사사 곳에서 어여쁜 여인을 만났다. 그리하여 그 여인에게

"너는 누구의 딸이냐?"

라고 묻자, 그 여인이 대답하기를,

"저는 '오호야마쯔미'의 신의 딸로서, 이름은 '카무아타쯔히메'라고 하옵는데, 다른 이름은 '코노하나노사쿠야히메木花之佐久夜毘売'라고도 합니다."

라고 하였다.

그러자 '니니기노미꼬토'가 다시,

---

19 인용문에는 현행 외래어 표기법에 맞지 않는 곳이 있다. 예컨대 '고노하나노사쿠야히메'를 '코노하나노사쿠야히메'로 표기한 것처럼 말이다. 하지만 여기서는 원문을 존중하여 그대로 인용한다.

"너의 형제는 있느냐?"

하고 물었다.

그러자 그 여인은

"'이와나가히메石長比売'라는 저의 언니가 있사옵니다."

라고 대답하였다.

그러자 다시 '니니기노미꼬토'가

"나는 너와 혼인하고 싶구나. 너의 의견은 어떠하냐?"

라고 물어본즉, 그 여인은

"저는 대답을 드릴 수가 없읍[20]니다. 이에 대해 저의 아버지인 '오호야마쯔미'의 신이 대답하실 것입니다."

라고 대답하였다.

그리하여 그녀의 아버지인 '오호야마쯔미'의 신에게 사자使者를 보내어 물어보게 하였다.

그는 매우 기뻐하여, 그녀의 언니인 '이와나가히메'와 더불어, 많은 폐물을 함께 바쳤다. 그러나 그녀의 언니는 매우 못생겼기 때문에 '니니기노미꼬토'는 이를 보기를 꺼려하여 집으로 되돌려 보내고, 다만 그녀의 동생인 '코노하나노사쿠야히메'만을 남게 하여, 하룻밤 같이 정을 나누었다. 한편, '오호야마쯔미'의 신은 '이와나가히메'를 돌려보낸 것에 대해 매우 치욕감을 느낀 나머지, "나의 두 딸을 모두 천손天孫에 바친 연유는 '이와나가히메'를 거느리시면, 천신天神의 자손의 목숨은 눈이 내리고 바람이 불어도 언제나 바위처럼 항상 굳건하게 움직이지 않도록 하기 위함이고, 또 '코노하나노사쿠

---

20 원문 그대로.

야히메'를 거느리시면, 나무의 꽃이 활짝 피어나듯이 번영을 이루시기를 기원하며 바쳤던 것입니다. 그러나 **이와 같이 '이와나가히메'를 돌려보내고, '코노하나노사쿠야히메'만을 머물게 하시었기 때문에 천신의 자손의 수명은 나무의 꽃처럼 그다지 길지 않을 것입니다."라고 말하였다.**

이리하여 오늘에 이르기까지 천황들의 수명은 길지 않은 것이다.[21]

고노하나노사쿠야히메[22]

절세 미녀이자 벚꽃이 아름답게 핀 듯한 여신이라고 소개되어 있다.

---

21 번역서에는 없지만 시각적으로 알기 쉽도록 하기 위해 신神 이름은 ' '로 표기한다.
노성환 역,『고사기』(상), 예전사, 1987년, pp.178-179.

22 https://shinto-cocoro.jp/shinkaku_app/%E6%9C%A8%E8%8A%B1%E4%
B9%8B%E4%BD%90%E4%B9%85%E5%A4%9C%E6%AF%98%E5%A3%B2%
E3%81%A8%E7%9F%B3%E9%95%B7%E6%AF%94%E5%A3%B2/

이와나가히메[23]

바위의 신이라고 소개되어 있다.

언령신앙이라는 것이 있다. 일본어로 말하면 고토다마ことだま다. 언령은 '말의 힘'을 믿는 것이다. 곧 말에는 영험한 힘이 깃들어 있어서 그 말을 하면 그 의미대로 일이 벌어진다는 것이다. 앞서 인용한 적이 있지만 『만엽집』에 수록되어 있는 권13·3254번과 권5·894번 노래가 그렇다.

권13·3254
(시키시마노)
일본의 나라는요
말의 혼言靈이요
도와주는 나라네

23 위 사이트.

무사하기를 바라네[24]

　위 와카에서 '말의 혼'은 '언령言靈'의 우리말 번역이다. 이것에 대해
이연숙은

　　시키磯城 섬의 일본 나라는 말의 영적인 힘이 도와주는 나라이네,
　　무사하기를 바라네라는 내용이다. 말에 신비한 힘이 있어서 인간에게
　　영향을 미친다는 언령신앙에 대한 언급이 나타나 있는 노래이다.[25]

라고 해설한다.
　권5·894번 노래는 아래와 같다. 여기서 일본은 언령의 신이 보호하는
나라라고 불려진다.

　　권5·894
　　신대神代 이후로
　　전해져 내려오길
　　(소라미츠)
　　일본이라는 나라는
　　통치하는 신
　　위엄 있는 나라고
　　언령言靈의 신이

24　이연숙 역, 『한국어역 만엽집』(11), 박이정, 2017년, p.59.
25　이연숙 역, 『한국어역 만엽집』(11), 박이정, 2017년, p.59.

돌보는 나라라고
계속 말하며
이야기해 왔지만
...... 26

딸아이가 두 명 있다. 첫째는 하나고, 둘째는 하루다. 아이들에게는 한자漢字가 없다. 순우리말이다. 그렇다고 애국심으로, 한글을 유난히 사랑해서 아이들에게 하나와 하루라는 이름을 붙인 것은 아니다. 내 지론에 불과하지만 모름지기 이름은 부르기 쉽고, 기억하기 쉬워야 한다고 생각한다. 다행히도 내 의도대로 주변 사람들은 아이들의 이름을 한번 들으면 곧바로 기억해준다. 더 나아가 어떤 사람은 첫째 이름만 듣고도 둘째 이름을 추정하기고 한다.27 그리고 그 추정에 추호의 의심도 갖지 않는다.

며칠 전에 아이들을 데리고 집 근처 대형마트에 갔다. 그날도 성격 좋아 보이는 점원 아주머니가 우리들을 반갑게 맞이하며 이렇게 말했다.

"하나 왔어. 많이 컸네! 어머, 오늘은 두리도 왔네!"

그렇다. 몇 년 전에 그 아주머니에게 첫째 이름을 알려준 적이 있었다. 그랬더니 그 아주머니는 둘째 이름은 '두리'라고 지레짐작했고, 그 이후 둘째인 '하루'에게 늘 '두리, 왔어!'하고 말을 건넨다. 축구 선수였던

26 이연숙 역, 『한국어역 만엽집』(4), 박이정, 2013년, p.157.
27 아, 이럴 수가! 전혀 예측하지 못했던 부분이다!

차두리 때문일 것이다. 하지만 굳이 정정해주지 않았다. 어차피 이름은
기호에 불과하니까.

제3절 이름에 담긴 혼

"이름이 뭐예요?"
"○○○라고 해요!"

　몇 년 전에 개봉된 일본 애니메이션에 신카이 마코토 감독의 〈너의
이름은君の名は〉이 있다. 이 애니메이션은 꿈을 중요한 모티브로 하고
있다. 신카이 마코토 감독에게 영감을 준 것은 『고금화가집古今和歌集,
こきんわかしゅう』이라는 칙찬집勅撰集[28]에 수록되어 있는 오노 고마치의 다음
과 같은 와카다. 『고금화가집』은 10세기 초에 천황의 명으로 편찬된
시가집詩歌集이다.

　552
　그리워하며
　잠들었기에

---

28 '칙찬'이란 천황의 명령을 받아 만든다는 뜻이다.

임이 보이셨는가

꿈夢인 줄 알았다면

깨지 않았을 텐데[29]

이 와카에 대해 『고금화가집』을 우리말로 번역한 구정호는 다음과
같이 해설한다.

꿈에서의 만남을 주제로 하는 연작의 정취를 띤다. 꿈이란 예부터
신비스러운 것으로 여겨졌다. 꿈을 통하여 계시를 받기도 하고
잠재의식이 꿈으로 발현되기도 한다. 위 노래는 후자에 속하는
것으로 잠에서 깬 직후의 마음을 노래하였다. 그 사람을 마음속으로
생각하면서 잤기 때문에 꿈에 보였으리라. 그것이 꿈인 줄 알았다면
깨지 않았을 것이라고 노래하고 있다. 『만요슈万葉集』[30]의 '당신 생각
만 하며 잠들어서일까(우바타마노) 밤잠 이루지 못하고 매일 꿈에
서 보네'(권15·3738번)와도 비슷한 노래이다.[31]

여기서 연작聯作이라는 것은 552번 와카 외에 비슷한 모티브를 가진
노래가 2개 더 있다는 말이다. 다음과 같은 작품이다.

29 구정호 역, 『고킨와카슈』(하), 소명출판, 2010년, p.51.

30 『만요슈』는 '万葉集まんようしゅう'의 일본어 발음을 우리말로 적은 것이다. 본서에서는 우
   리말 한자음 발음을 존중하여 『만엽집』으로 적는다.

31 구정호 역, 『고킨와카슈』(하), 소명출판, 2010년, p.51.

553

선잠 속에서

그리워하는 임을

보고난 후에

꿈이라 하는 것을

의지하게 되었네[32]

554

견디기 어렵게

임 그리워질 때면

(우바타마노)

밤에 잘 때 입는 옷을

뒤집어 입고 자네[33]

　또한 구정호는 552번 노래와 비슷한 것이『만엽집』권15·3738번에 이미 보인다고 지적한다. 사실『만엽집』에는 현실에서 만날 수 없는 상대를 꿈에서나마 만나게 해달라고 읊은 노래가 다수 있다. 예컨대 권13·3280번 와카가 여기에 들어간다.

　권13·3280

　사랑스런 남편은 기다려도 오시지 않습니다

32　구정호 역,『고킨와카슈』(하), 소명출판, 2010년, p.52.
33　구정호 역,『고킨와카슈』(하), 소명출판, 2010년, p.52.

하늘을 저 멀리 바라보니

밤도 많이 깊었습니다

밤늦게 폭풍이 부니

멈춰 서서 기다리는 저의 소매에

내리는 눈은 얼어붙고 말았습니다

이제 새삼스럽게 당신이 오실까

나중에 만나자고

달래는 마음을 지니고

양 소매로 마루를 털고 닦아

현실에서는 당신을 만나지 못하지만

꿈에서나마 만나게 모습을 보여주세요

며칠 밤이나 계속

신카이 마코토 감독이 일본의 고전에서 창작 모티브를 찾을 수 있었던 것은 그가 대학에서 일본문학을 전공했기 때문일 것이다.

사실 〈너의 이름은〉은 제목부터가 고전적이고, 와카和歌적이다. 학생들이 가끔 묻곤 한다.

"〈너의 이름은〉의 원제목이 '기미노나마에와君の名前は, きみのなまえは'가 아니라 왜 '기미노나와君の名は, きみのなは'인가요?"

좋은 질문이다. '기미노나마에와'라고 하면 7음절이 된다. 이러면 안 된다. 5음절이어야 한다. 와카가 5음절로 시작하듯이 말이다. 와카는 5음·7음·5음·7음·7음으로 구성되기 때문이다. 그래서 '기미노나와'라고 해야 한다. 그래서 그런지 〈너의 이름은〉에는 와카와 일본의 언령신 앙이 많이 나와 있다.

먼저 와카부터 보자. 〈너의 이름은〉에는 일본어国語 수업 장면이 나온다.

애니메이션에 나왔던 와카[34]

황혼이라는 말이 나온다. 낮과 밤의 경계를 말하고 싶어서다. 이 애니메이션에는 삶과 죽음, 영혼과 육체 등의 경계가 잘 묘사되어 있다.

이 작품은 이슬을 맞으면서 임을 기다리고 있는 나에게 당신은 누구냐고 묻지 말라는 것이다. 『만엽집』 권10·2240번 와카다.

권10·2240

누구냐고요

나에 대해 묻지 마세요

34 https://search.yahoo.co.jp/image/search?ei=UTF-8&p=%E8%AA%B0%E3%81%9D%E5%BD%BC%E3%81%A8+%2F+%E3%82%8F%E3%82%8C%E3%82%92%E3%81%AA%E5%95%8F%E3%81%B2%E3%81%9D+%2F#mode%3Ddetail%26index%3D1%26st%3D0

9월의 이슬에 젖으면서
사랑하는 님을
기다리고 있는 나를

　다음으로 일본 고전에 보이는 언령신앙도 잘 나타나 있다. 그것은
애니메이션의 제목에서 이미 잘 드러난다. 왜냐하면 고대 일본에서 이름
은 단순한 이름이 아니라 그 사람의 영혼이었기 때문이다. 따라서 웬만
해서는 상대방에게 자신의 이름을 알려주지 않았다. 한편 남자가 여자에
게 이름을 묻는 것은 구혼을 의미했고, 이에 대해 상대에게 자신의 이름
을 알려주는 것은 청혼을 수락한다는 것을 뜻했다.
　『만엽집』 권1·1번 노래는 유랴쿠천황의 와카다. 여기서 그는 봄 언덕
에서 나물 캐는 호족 처녀에게 이름을 묻는 형태로 청혼한다.

　권1·1
　바구니도 좋은 바구니 가지고
　호미도 좋은 호미 가지고
　이 언덕에서 나물 캐시는 처녀여
　집안을 밝히시오 **이름을 일러주시오**
　야마토大和라는 나라는
　모두 다 빠짐없이
　내가 다스리는 나라다
　내가 먼저 고할까
　신분도 이름도

아마도 아래와 같은 처녀였을 것이다.

가스카들의 처녀

2018년 7월 9일~13일까지 주한일본대사관 공보문화원에서 전시한 「만엽 예술로 고대 일본의 로맨스를 엿보다 : 만엽전」에서 촬영한 것이다. 화가는 스즈키 야스마사鈴木靖将이고, 제목은 〈가스카들의 처녀〉다.

한편 권12·3101번에서 화자話者인 남자는 여자에게 이름을 묻고, 이에 대해 권12·3102번에서 여자는 대답을 주저하고 있다. 잘 모르는 사람에게 자신의 이름을 함부로 말하면 안 되기 때문이다. 이름은 혼魂이기에.

권12·3101
쓰바시장의
번화한 거리에서
지금

만나고 있는
그대의 이름은 무엇입니까

권12·3102
어머니가 날 부르는 이름을
가르쳐 드리고 싶습니다만
아무런 연고도 없는
길 가는 사람인 그대를
누군지 모른 채 뭐라 말씀드리면 좋겠습니까

아내를 처음 만났을 때다. 곧바로 이름을 물어봤다.
"이름이 뭐예요?"
라고.
다니엘 롱과 오하시 리에는 『일본어로 찾아가는 일본문화탐방』에서
이름을 묻는 것은 '커뮤니케이션'[35]이라고 하지만, 나의 의도는 사실
단순한 커뮤니케이션이 아니었다. 그러자 아내도 지체 없이, 그리고
기다렸다는 듯이[36] 대답했다.
"ㅇㅇㅇ라고 해요!"

---

35 다니엘 롱·오하시 리에, 『일본어로 찾아가는 일본문화탐방』, 지식의날개, 2012년,
   p.32.
36 여기에는 기억과 표현의 차이가 존재한다. 나는 '기다렸다는 듯이'라고 기억하고 표현
   하지만, 아내는 그 정도는 아니었다고 항변한다!

아내는 일본에서 '일본문학国文学' 관련 학과를 졸업했다.

역시!

교양 있는 여성이다!

제4절 신 연호年号 레이와

　2019년 4월 30일에 아키히토明仁가 천황 자리에서 퇴위했고, 5월 1일 나루히토德仁가 새로운 천황으로 즉위했다. 이것은 일본의 연호年号가 변한다는 것을 의미한다. 곧 1989년 1월 7일부터 시작된 헤이세이平成 시대가 2019년 4월 30일로 끝났다는 것이다.

아베 수상의 연호 발표 모습[37]

아베 수상이 지향하는 '보통 국가'는 아시아의 주변국, 특히
한국의 이해와 협조 없이는 실현이 어렵다고 생각한다.

4월 1일에 스가 요시히데 일본 관방官房장관은 동경의 관저에서 기자회견을 열어 새로운 연호를 발표했다. '레이와令和, れいわ'였다. 아베 신조 총리는 이날 정오 담화에서 '레이와'의 의미에 대해 아름답게 마음을 맞대어 모으는 중에 문화가 태어나고 자란다는 뜻이라고 말했다. 그리고 혹독한 추위 뒤에 봄이 오는 것을 알리며 멋지게 피어나는 매화처럼 '레이와'에 일본 국민 한 사람 한 사람 모두가 저마다의 꽃을 크게 피울 수 있는 일본이라는 바람을 담았다고 강조했다.[38]

아베 수상의 바람대로 레이와의 시대는 희망찬 시대가 될까? 이 시대에 한·일 관계는 구체적으로 어떤 양상을 보일까?

새 연호인 '레이와'는 발표되자마자 세간의 주목을 끌었다. 새 연호에 관한 신문 호외가 등장하기도 하고, 황궁皇居에 군중이 모이기도 했다. '레이와'라는 새 연호가 일본에서 열풍을 불러일으킨 것은 아베 수상이 설명한 '레이와'의 의미 때문이 아니었다. '레이와'의 출전出典때문이었다. '레이와'의 출전이 중국 고전이 아니라 일본 고전인『만엽집』이기 때문이었다.

지금까지 일본의 연호는『시경』이나『서경』같은 중국 고전에서 차용하는 것이 관례였다. 하지만 이번에는『만엽집』에서 '레이와'를 따왔다. 7~8세기에 성립됐다는『만엽집』은 일본에 현존하는 가장 오래된 시가집

37 https://www.sankei.com/premium/news/190405/prm1904050008-n1.html
38 한겨레신문(2019. 4. 2.)

이다. 편찬자는 오토모노 야카모치大伴家持로 알려져 있다.

그런데 한국의 주요 언론은 아베 수상이 이번 새 연호를 일본 고전인 『만엽집』에서 차용했다는 것과 '레이와'의 '레이令'라는 한자가 '명령하다'는 의미를 갖고 있다는 것을 근거로, '레이와'라는 연호에서 아베 수상의 국수주의国粹主義적 가치관을 읽고 있다. 아베 수상이 평화헌법이라 불리는 현재의 일본헌법을 개정하려고 하고, 또한 헌법에 자위대의 존립 근거를 명확히 하려고 한다는 것을 생각한다면, 주요 일간지의 해석에 일면 타당해 보이는 측면도 있다.

그러나 일본의 고전 시가집인 『만엽집』에서 용어를 차용했다는 것과 아베 수상의 국수주의적 가치관을 곧바로 연결시킬 수 있을까? 또한 새 연호 발표 직후부터 '레이와'라는 용어가 사실은 중국 고전에 이미 나온다는 지적이 제기됐다. 과연 '레이와'는 중국 고전에서 온 것일까? 그리고 아베 수상에게서 국수주의적 가치관을 읽을 수 있다면 어떤 측면에서 읽을 수 있는 것일까?

북한의 주체력[39]을 제외한다면 세계에서 연호를 쓰는 국가는 일본이 유일하다. 일본이 연호를 처음 사용하기 시작한 것은 645년 고토쿠孝德천황이 사용한 '다이카大化'부터였다. 이로써 일본은 중국과 다른 독자적인 시간관을 갖게 된다. 하지만 태평양전쟁 패전으로 일본에서 연호 사용이 금지됐다. 연합국최고사령부GHQ가 군국주의 색채가 강하다고 연호 사용을 금지했기 때문이다. 당시 사회분위기는 1950년에 나온 아사히朝日신문 칼럼 '천성인언天声人言'에 게재된 「연호 폐지와 그 기원」에는 느낄 수 있다.

---

39 북한도 김일성의 출생 연도인 1912년을 '주체1년'으로 하여 계산하는 북한식 연도 표기법 곧 '주체력'을 사용하고 있다.

천황과 함께 연대를 기산하는 것은 도요토미 시대, 도쿠가와 시대 등 지배자의 이름에 따라 역사를 분류하는 것과 마찬가지로 이젠 그만두어도 좋을 것이다. …… 서력은 지금 세계적으로 통용되고 있는 것이니 일본을 포함해서 세계사를 이해하기 위해서는 이것을 이용하는 것이 합리적이고 편리하다.[40]

하지만 연호는 1979년에 부활됐고, '헤이세이'라는 연호부터 천황이 아닌 일본 정부가 직접 연호를 정하게 됐다. 선정 기준은 한자漢字 두 글자일 것, 국민적 이상理想에 부합할 것, 쓰기 쉽고 읽기 쉬울 것 등이었다.

2019년 4월 1일자 머니투데이는 이번에 발표된 연호의 선정 작업에 대해 다음과 같이 자세히 전하고 있다. 30년 만의 연호 결정은 추천 → 정리 → 압축 → 결정의 4단계로 진행됐다고 한다. 우선 2018년 2월에 스가 관방장관이 연호 관련 회의를 개최하여 교수 등의 전문가에게 2~5개씩 연호가 될 만한 후보를 제출하도록 했다. 이후 추천된 복수의 연호 후보가 아베 총리에게 보고 됐고, 최종 6개의 후보가 남게 됐다. 이후 2019년 4월 1일 오전에 전문가 회의가 열렸고, 최종 후보를 가지고 스가 장관이 중의원과 참의원 의장 및 부의장에게 의견을 물었다고 한다. 그리고 아베 총리가 주재하는 각료회의에서 마지막까지 남은 후보 가운데 최종안이 선택됐고, 새 연호 발표 전에 당시의 아키히토 천황과 나루히토 왕태자에게 보고됐다고 한다.[41] 이런 과정을 거쳐 '레이와'가 선정됐다.

---

40 아사히신문논설위원실, 『천성인어』, 시사일본어사, 2002년, p.63.
41 머니투데이(2019.4.1.)

그렇다면 새 연호 '레이와'는 『만엽집』의 어디에서 나오고, 그 용어가 보이는 작품은 누구의 어떤 작품일까?

『만엽집』 권5의 815번~846번 와카는 매화를 소재로 한 작품으로 이루어져 있다. 매화를 소재로 했다는 것 자체가 사실은 중국 시가詩歌의 영향을 받았다는 것을 의미한다. 이 작품은 오토모노 다비토大伴旅人[42]가 머물던 규슈九州 다자이후大宰府의 덴만구天満宮에서 개최됐던 연회를 배경으로 한다. 작품군群은 서문序과 와카 32수首로 구성되어 있는데, 서문만 인용하면 다음과 같다. 아래 서문에서 강조 표시한 부분에 '령슈'과 '화和'라는 한자가 보인다.

매화가 32수와 서문

천평天平 2년(서기 730년. 인용자) 정월 13일에 장관 다비토旅人 집에 모여 연회를 열었다. 때는 초봄의 **좋은** 시절슈月[43]로, 공기는 맑고 바람은 **부드럽다**風和. 매화는 거울 앞의 흰 분처럼 희게 피어 있고, 난초는 향주머니처럼 향기를 풍기고 있다. 그 뿐만이 아니라 새벽녘의 산봉우리에는 구름이 떠가고 있고, 소나무는 비단 같은 구름을 쓰고 마치 우산을 쓰고 있는 것처럼 보이며, 저녁 산봉우리에는 안개가 끼어 새는 안개에 갇혀 숲 속을 헤매고 있다. 정원에는 다시 나비가 춤을 추고, 하늘에는 작년의 기러기가 돌아간다. 이에 하늘을 우산으로 하고 땅을 자리로 하여, 무릎을 가까이 하여 술잔이 오고 간다. 이미 자리에는 말을 잊었고, 대자연을 대하여 마음을

---

42 오토모노 다비토는 『만엽집』 편찬자로 알려져 있는 오토모노 야카모치의 부친이다.

43 이연숙은 '월月'을 '달'로 번역했지만, '시절, 때'의 의미다. 여기서는 '시절'로 옮긴다.

열고 있다. 기분대로 각자 행동하며 완전히 즐거워하고 있다. 만약 붓에 의존하지 않는다면 어떻게 마음을 표현할 수 있겠는가. 중국에는 낙매落梅의 시들이 있다. 예나 지금이나 다른 것이 없으니, 정원의 매화에 의지해 약간의 노래를 지어보지 않겠는가.[44]

『원력교본만엽집元曆校本万葉集』[45]

『만엽집』 원본은 현재 남아 있지 않다. 여러 사본写本이 있을 뿐이다. 위 사본은 11세기경의 것이다.

신 연호인 '레이와'가 공표되자마자 한국의 주요 언론에서는 이 연호에 아베 수상의 국수주의적 가치관이 반영된 것이 아닌가 하는 우려의 목소리를 냈다. 아베 수상이 한국에 보여 왔던 지금까지의 여러 행보를 생각해보면 충분히 그럴 수 있다. 그렇다면 한국의 주요 언론은 무엇을 근거로 '레이와'에서 아베 수상의 국수주의적 가치관을 읽어내고 있는

44 이연숙 역, 『한국어역 만엽집』(4), 박이정, 2013년, p.63.
45 https://ja.wikipedia.org/wiki/%E4%B8%87%E8%91%89%E9%9B%86

것일까?

첫째, 명령할 '령令'이라는 글자이다. 한겨레신문 등은 '령화令和' 곧 '레이와'를 '평화를 명한다'고 풀이한다. 그 동안 일본 연호에서 조화로울 '화和'는 19번 사용됐지만 명령할 '령'은 처음이라고 하면서 말이다.[46]

또한 일본과 해외에서도 의심의 눈초리로 '레이와'를 보고 있다. 시사 저널에 따르면 논픽션 작가인 구보타 마사키는

> 아베 정부는 그 같은 의도는 없을지 모르지만 그러나 명령, 사령의 령令이라는 글자를 연호에 사용하는 것이 어떤 연상을 불러일으킬 지 일본 정부는 사전에 상상했을 것 아닌가.

라고 말했다. 재미 언론인 이이쓰카 마키코도

> 질서나 조화는 일본이 옛날부터 변치 않고 중시하는, 세계로부터도 평가받아 왔던 일본인들의 자부심인 가치관이다. 이 때문에 새 연호에서 새로움이나 차세대 감각은 전혀 느껴지지 않는다. 혹시 아베 정부가 일본이 자부심을 가져왔던 가치관을, 세계의 질서와 조화가 상실되어 있는 작금의 상황에서 세계로 넓혀보겠다는 염원 이 응축되어 있는 것은 아닐까?

라고 비판했다. 영국 텔레그래프지도 4월 1일자 기사에서

---

46 한겨레신문(2019.4.2.) 등.

아키히토 천황의 퇴위는 평화의 시대를 마무리한다는 의미를 지닌
다. …… 일본의 새 시대 연호를 정하는 데 전통을 깨고 중국 고전이
아닌 일본의 고전을 쓴다는 판단은 아베 보수정권의 국수주의적
경향과 결합되어 있는 것처럼 보인다.

고 분석했다.[43]

　새 연호인 '레이와'에 대한 한국 주요 언론과 일본 및 해외의 우려는
십분 이해할 수 있다. 하지만 과연 새 연호인 '레이와'의 '레이슈'를 '명한
다'고 해석할 수 있을까?

　한자의 사전적 의미에서 볼 때, '레이'라는 글자에는 명한다는 뜻이
들어 있다. 예컨대 '명령命令' 같은 용례가 대표적이다. 하지만 이밖에도
'레이'에는 '영부인슈夫人', '영애슈愛', '영식슈息' 같이 높임말로 쓰이는 용례
도 있고, '착하다', '좋다', '아름답다'라는 의미로 사용되는 용례도 있다.
'영문광예시어신슈聞広誉施於身' 곧 '좋은 명성과 넓은 명예가 몸에 감추어져
있으니' 같은 용례에 보이는 '령'이 그렇다.[44]

　주요 언론의 지적대로 '레이와'의 '레이'를 '명한다'로 해석하기 위해서
는 앞서 예시했던 매화가의 서문에서 '레이'가 '명한다'로 사용됐어야
한다. 서문에서 '레이'는 '초춘령월初春令月'로 쓰이고 있다. 여기서 '레이'
는 '좋다'의 의미이지, '명한다'는 아니다. 새 연호의 제안자로 알려져
있는 나카니시 스스무中西進 오사카여자대학교 명예교수도 '레이'에 대해
서, '레이'는 '선善이라는 뜻이다'고 말하고, 일본어에서 이 말과 가장

---

43 시사저널(2019.4.11.)
44 https://dic.daum.net

가까운 말은 곱고 아름답다는 의미를 갖고 있는 '우루와시이うるわしい'라고 강조한다.[45]

또한 중앙일보 등은 나카니시 스스무 교수가 지한파로 유명하다고 전한다. 그는 『만엽집』에 등장하는 주요 가인歌人인 야마노우에노 오쿠라 山上憶良가 백제에서 온 도래인渡来人이라는 학설을 제기했다고 한다.[46] 또한 나카니시는 '레이와'가 나오는 매화가 32수의 서문이 중국 고전인 왕희지의 난정집서문蘭亭集序의 영향을 받았다는 것을 인정하는 학자다.[47] 이런 그가 국수주의적 가치관을 가지고 '레이와'라는 새 연호를 아베 수상에게 추천했다는 것은 이해하기 어렵다.

둘째, 한겨레신문 등은 아베 수상이 새 연호 출전을 일본 고전도 포함하여 검토하라고 했다는 것을 근거로 여기에는 아베 총리의 국수주의적 가치관이 반영되어 있다고 해석한다.[48] 아베 수상은 연호 발표 직후 기자회견에서 '사상 처음으로 일본 고전에서 연호를 고른 이유'에 대한 질문에

우리나라(일본, 인용자)는 역사의 큰 전환점을 맞고 있다. 어떤 시대로 이행하든 일본에는 결코 빛이 바래지 않을 가치가 있다고 생각한다. 그런 마음으로 처음으로 일본의 책을 전거로 한 연호를 정했다.

고 전했는데, 한국의 주요 언론은 이 발언에 아베 수상의 국수주의적

---

45 연합뉴스(2019.4.21.)
46 중앙일보(2019.4.4.)
47 中西進, 『万葉集の比較文学的研究』, 桜楓社, 1963年, p.396.
48 한겨레신문(2019.4.2.)

가치관이 반영됐다고 지적한다.[49] 한마디로 말하면 '레이와'의 출전이 일본에서 가장 오래된 시가집인『만엽집』에서 나왔으니, 여기에 아베 수상의 국수주의적 가치관이 드러난다는 것이다. 그런데 추후 자세히 서술하겠지만 '레이와'의 초출이 일본 고전인『만엽집』이 아니라 중국 고전인『문선文選』이라는 지적이 있다. 이 말이 사실이라면 아베 수상에게서 국수주의적 가치관을 읽기 어렵게 된다.

경향신문 등의 주요 일간지는 4월 2일자 기사에서 일본 언론사의 기사를 인용하면서 매화를 소재로 읊은 와카 32수의 서문에 나오는 '레이와'는 아베 수상이 말한 것처럼 그 출전이 일본 고전이 아니라 사실은 중국 고전이라고 전한다. '레이와'는 중국 시문집인『문선』에 나오는 '중춘령월시화기청仲春令月時和気淸'의 영향을 받았다는 것이다.[50]

매화가 32수의 서문이 어구語句와 구성 측면에서 왕희지의 난정집서 그리고 중국 당나라 초기의 시漢詩를 참조했다는 지적은『일본고전문학전집: 만엽집2』등을 비롯하여『만엽집』관련 여러 주석서에 이미 나와 있다.[51]

그럼 지금부터 중국 고전과『만엽집』에 나오는 '레이와'를 구체적으로 살펴보자. 우선 주목하고 싶은 것은『문선』이다.

『문선』은 530년경에 성립됐다. 모두 30권이다. 중국 양대梁代의 소통이 진·한 이후 제齊·양梁대의 대표적 작가 130여 명이 읊은 약 800편의 작품을 시詩·부賦·사辭·논論(논설)·서書(서한) 등으로 구분한 현존하는

---

49 한겨레신문(2019.4.3.)

50 경향신문(2019.4.2.)

51 小島憲之·木下正俊·佐竹昭広,『日本古典文学全集: 万葉集二』, 小学館, 1972年, p.67.
   井村哲夫,『万葉集全注』, 有斐閣, 1984年, p.92.

가장 오래된 시문詩文 선집이다. 이 가운데 '부'는 『초사』를 모태로 하여
발달한 운문체 서사 장편을 말한다.

　일본 언론이 지적하듯이 『문선』 권15에 수록된 장형張衡의 시문 '귀전부
歸田賦'에는 "중춘령월, 시화기청仲春令月, 時和氣淸"이라는 표현이 나온다.[52]
'귀전부'는 장형이 고향으로 돌아가려는 마음을 가지고 인생에 대한
깨달음을 표현한 작품[53]으로 알려져 있다. 그리고 "중춘령월, 시화기청"
이 포함된 문장은,

> 내가 오래도록 경사京師에서 돌아다녔건만 고명한 지략이 없어 황제
> 를 보좌할 수 없었다. 헛되이 흐르는 강물을 바라보며 물고기를
> 부러워하였으니 정치가 맑아지기를 기다렸으나 기약할 수 없구나.
> 채택蔡沢이 쓰임을 받지 못하는 것에 강개한 마음을 품고 당거唐擧를
> 만나 관상을 묻고 수명을 물어서 의심스러운 마음을 없앤 일에
> 감탄한다. 진실로 하늘의 도가 숨어서 헤아리기 어려울 때에는
> 어부漁父를 좇아가 즐거움을 함께 할 일이다. 더러운 세상을 멀리
> 떠나가 세상사와 영원히 이별하고자 한다.[54]

와 같은 혼탁한 정치 세계를 떠나는 그의 심정이 나온 이후에 아래와
같이 등장한다.

　때는 바야흐로 중춘仲春의 **좋은** 시절, 기후는 **온화하고** 대기는 맑

52　김영문·김영식·양중석·염정삼·김민호, 『문선역주』(3), 소명출판, 2010년, p.43.
53　김영문·김영식·양중석·염정삼·김민호, 『문선역주』(3), 소명출판, 2010년, p.41.
54　김영문·김영식·양중석·염정삼·김민호, 『문선역주』(3), 소명출판, 2010년, p.43.

다.[55] 높고 낮은 평원에 수풀이 무성하고 온갖 풀들이 가득히 꽃망울을 터뜨린다. 큰 물수리가 날개를 펼치고 꾀꼬리가 애달프게 운다. 새들은 고개를 교차하고 짝을 이루어 날아오르고 내리며 꾸욱꾸욱, 애앵애앵 울어댄다. 이럴 때 한가롭게 거닐며 아름다운 풍경을 즐기고자 한다. ……[56]

위 인용문에서 알 수 있듯이 '중춘령월, 시화기청'은 '좋은 시절, 기후는 온화하고 대기는 맑다'는 의미다. 여기서 '령슈'을 '좋다'라고 해석하는 것이 타당한 것은 『문선』의 주석에도 잘 나와 있다. 『문선』의 주석에는 "의례왈령월길일, 정현왈령선야儀礼曰令月吉日, 鄭玄曰令善也"로 되어 있다. '령슈'은 '선善' 곧 '좋다'라는 의미다.[57]

한편 앞서 인용했듯이 '레이와'라는 한자는 『만엽집』 권5의 815번~846번의 매화를 소재로 한 작품군의 한문으로 된 서문에 나온다.

천평天平 2년(서기 730년. 인용자) 정월 13일에 장관 다비토旅人 집에 모여 연회를 열었다. 때는 초봄의 **좋은** 시절슈月로, 공기는 맑고 바람은 **부드럽다**風和. 매화는 거울 앞의 흰 분처럼 희게 피어 있고, 난초는 향주머니처럼 향기를 풍기고 있다.[58]

---

55 '때는 바야흐로 중춘仲春의 좋은 시절, 기후는 온화하고 대기는 맑다'에 해당하는 원문은 '어시중춘령월, 시화기청於是仲春令月, 時和気清'이다.
　김영문·김영식·양중석·염정삼·김민호, 『문선역주』(3), 소명출판, 2010년, p.43.
56 김영문·김영식·양중석·염정삼·김민호, 『문선역주』(3), 소명출판, 2010년, p.44.
57 芸文印書館(影印), 『文選』, 芸文印書館, 1991年, p.743.
58 이연숙 역, 『한국어역 만엽집』(4), 박이정, 2013년, pp.63-94.

여기서 『문선』과 『만엽집』에 보이는 표현을 비교해보면 다음과 같다.

〈표 1〉『문선』과 『만엽집』의 표현 비교

『문선』	『만엽집』
仲春**令月** 중춘의 좋은 시절	初春**令月** 초봄의 좋은 시절
時和気清 기후는 온화하고 대기는 맑다	気淑**風和** 공기는 맑고 바람은 부드럽다

〈표 1〉에서 『문선』에 나오는 '기청気清'의 '청清'과 『만엽집』에 나오는 '기숙気淑'의 '숙淑'은 모두 '맑다'라는 의미다.

이와 같이 어구와 문장 구성을 생각해보면 『만엽집』에 나오는 표현이 『문선』의 영향을 받은 것은 명확하다. '레이와'라는 표현이 처음 보이는 것은 『만엽집』이 아니라 중국 고전이다.

또한 왕희지의 난정집서문에는 '시일야, 천랑**기청**, 혜풍**화창**是日也, 天朗**気清**, 恵風**和暢**'[59] 곧 '오늘은 하늘은 맑고 **공기는 청명하며** 따사로운 **바람 화창하다**' 같은 표현이 나온다. 이것도 방금 살펴본 『만엽집』의 표현과 무관하지는 않다.

앞에서 자세히 언급했듯이 중국 고전 『문선』과 일본 고전 『만엽집』의 용례를 고려할 때, '레이와'의 '레이' 곧 '령令'은 '명한다'가 아니라 '좋다'는 의미다. 또한 '레이와'를 일본의 고전 시가집인 『만엽집』에서 차용했다는 것과 아베 수상의 국수주의적 가치관을 곧바로 연결시키는 데에는 다소 무리가 있었다. 게다가 '레이와'라는 용어의 초출은 『만엽집』이 아니라

---

59 嚴可均 校輯, 『全上古三代秦漢六朝文·全晉文』, 中華書局, 1972年, p.1609.

『문선』이었다.

하지만 아베 수상에게서 국수주의적 가치관이 보이지 않는 것은 아니다. 사실 그것은 그가 『만엽집』을 어떻게 보는가, 곧 『만엽집』관觀에 잘 드러난다. 중국 고전과의 관련성에서 『만엽집』관은 크게 세 가지로 나눠 볼 수 있다. 첫째, 『만엽집』은 중국 고전과 관련성이 적거나 혹은 없다는 관점. 아베 수상의 『만엽집』관은 여기에 포함된다. 둘째, 중국 고전과의 관련성은 일부 인정되지만 그것은 그다지 중요한 것이 아니라는 관점. 셋째, 중국 고전과의 관련성을 적극적으로 인정하는 관점. 특히 이 관점에는 『만엽집』이 고대 한국의 향가와도 관련되어 있다는 시점이 포함된다. 신 연호 '레이와'를 제안했다고 알려지는 나카니시 스스무 교수가 세 번째에 해당한다.

아베 수상은 『만엽집』이 일본에서 가장 오래된 고대 시가집이기에 거기에 담겨 있는 것은 모두 일본 고유의 것이라고 생각하고 있는 것 같다. 그러기에 그는 신 연호 관련 수상 담화에서 '레이와'라는 용어가 『만엽집』에 나온다고 강조했던 것이다. 또한 그는 '레이와' 공표 이후, 그것의 초출이 『만엽집』이 아니라 『문선』이라는 것을 알게 됐을 것이다. 하지만 그는 그 사실을 공식적으로 인정하고 있지 않다. 여기에는 사실 여부와 관계없이 『만엽집』은 일본 고유의 것'이라는 그의 종교적인 신념에 가까운 『만엽집』관이 있기 때문이다. 그리고 바로 여기에 아베 수상의 국수주의적 가치관이 반영되어 있다고 볼 수 있다.[60]

그런데 여기서 우리가 특히 주목해야 할 것은 아베 수상이 '레이와'에 대해 아름답게 마음을 맞대어 모으는 중에 문화가 태어나고 자란다는

---

60 물론 사실fact을 사실로 받아들이지 못하는 그의 태도에는 그가 수상 곧 정치가라는 측면도 있을 수 있다.

의미라고 말하면서, 혹독한 추위 뒤에 봄이 오는 것을 알리며 멋지게 피어나는 매화처럼 '레이와'에 일본 국민 한 사람 한 사람 모두가 저마다의 꽃을 크게 피울 수 있는 일본이라는 바람을 담았다고 강조[61]한 대목이다. 그리고 '레이와'를 '아름다운 조화Beautiful Harmony'라고 풀이하면서 새로운 시대를 열어가자고 역설力說한 점이다.

한편 '레이와'가 공표됐을 때, 일반 국민뿐만이 아니라 일본 경제계가 어떤 심정으로 신 연호인 '레이와'를 환영하고 있는가도 눈여겨 볼 필요가 있다. 예컨대 일본 경제단체연합회 회장은 일본이 새로운 시대를 걷는다는 것이 새 연호의 의미라고 하면서, 일본 국민이 미래에 대한 꿈과 희망을 품고, 그것을 실현하는 시대를 만들어 나가기를 바란다고 힘주어 말했다. 경제동우회의 대표 간사도 '헤이세이'를 세계정세의 급변, 금융 위기, 천재지변 등 갖가지 고난에 휩쓸리면서도 모두가 힘을 합쳐 극복한 시대였다고 평하면서, 새로운 연호 아래 일본 국민이 일체가 되어 새로운 시대를 만들어 나가길 바란다고 말했다.[62]

아베 수상과 일본 경제계 인사의 언급에서 느낄 수 있는 것은 그들이 '말의 힘' 곧 언령신앙을 신봉하고 있다는 점이다. 옛 연호인 쇼와昭和는 '평화를 밝히다'는 의미였고, 헤이세이平成는 '평화를 이룬다'는 뜻이었다고 한다. 그러나 말에 담은 희망과 달리 일본에게 쇼와는 전쟁과 패전의 시기였다. 헤이세이는 불황의 시대였고, 일본은 안전한 국가라는 신화가 붕괴된 시대였다.[63]

---

61 한겨레신문(2019.4.2.)
62 머니투데이(2019.4.1.)
63 이 글은 「일본의 새 연호 '레이와슈和' 연구-아베 수상과 관련하여」(『비교일본학』 제45집, 한양대 일본학국제비교연구소, 2019년 6월, pp.31-46)를 토대로 하여 일반 대중

'레이와'의 시대에 아베 정부는 한국에 경제 제재를 시작했다. 한국에 대한 뿌리 깊은 무시와 멸시가 있었기에 가능했던 조치였다고 생각한다. 2019년 현재까지도 한국에 대한 일본의 식민주의는 이어지고 있다. 식민주의는 끝나지 않았다.

제5절 말로 예축予祝하다

대학에서 일어교육학과를 다녔다. 일본어 관련 수업을 들었을 때다. 일본 유학을 막 마치고 부임한 일본어학 전공 교수님이 수업 시간에 이렇게 말했다.

"일본에서 새해 인사말을 어떻게 말하는지 알아요? '아케마시테 오메데토고자이마스あけましておめでとうございます'라고 해요. 그런데 표현이 좀 이상하지 않나요? 직역하면 '해가 바뀌어서 축하합니다'가 되는데, 해가 바뀐 것과 축하한다는 것이 어떻게 연관되는지 통 알 수 없어요. 이상한 인사말이에요."

일본어교육을 전공했다고는 하지만 당시 일본에 간 적도 없었고, 일본어에는 그다지 관심도 없었다. 당연한 말이지만 일본어도 잘하지 못했다. 그런 나에게 일본에서 박사학위를 받고 막 귀국한 전임 교수님의

을 독자로 한다는 본서의 취지에 맞춰 다시 작성한 것이다.

말씀은 절대적이었다. '우리는 새해 인사말로 "복 많이 받으세요"라는 덕담을 하는데, 일본에서는 새해 인사말로 이상한 말을 쓰는구나!'하고 생각했을 뿐이다.

우여곡절 끝에 나는 일본 유학을 가게 됐고, 일본에서 첫 연말을 맞이했다. 마침 그날은 12월 31일이었다. 연구실에서 귀가 준비를 하고 있었는데, 지도 교수님이 이렇게 말했다.

"오늘이 12월 31일이네요. 금년에는 박상朴さん[64]을 더 이상 볼 수 없네요. 요이오토시오よいお年を."

라고 말씀하시면서 연구실을 나가셨다. 순간 나는 아무 말도 할 수 없었다. 뭐라고 인사말을 해야 할지 몰랐다. 내가 알고 있던 새해 인사말이 아니었기 때문이다. 한국에서 배웠을 때는 분명히 '아케마시테 오메데토고자이마스'였는데, 하고 기억을 더듬을 뿐이었다.

한국에서 대학을 다녔을 때, 일본의 새해 인사말은 이상하다는 이야기를 들었는데, 일본에 와서 보니 더 이상하다고 느껴졌다. 새해 관련 인사말이 두 가지였기 때문이다. 연말年末 인사말과 연시年始 인사말이 각각 있었다. 우리는 연말에도 연시에도 '복 많이 받으세요'인데 말이다.[65]

---

64 일본에서 쓰는 가장 일반적인 경칭은 성姓에다 상さん을 붙여 부르는 것이다. 성이 박이라면 박상さん, 김이라면 김상さん처럼 말이다.

65 '복 많이 받으세요'라는 인사말 대신에 '건강하세요'라는 말도 쓴다. 연장자가 자기보다 나이 적은 사람에게 '복 많이 받으세요'라고 말하면, 이에 대해 연소자가 연장자에게 '건강하세요'라고 답한다고 말하는 사람도 있다. 하지만 실제 사용례를 보면 나이에 관계없이 모두 '복 많이 받으세요'라고 서로 말한다.

연말 풍경

일본에서는 12월 31일에 '도시코시소바年越しそば' 곧 메밀
국수를 먹는 풍습이 있다. 지하철역에서 메밀국수를 파는
풍경이다.

일본에서 연말에 사용하는 인사말은 '요이오토시오'이고, 연시에 쓰는
인사말은 '아케마시테 오메데토고자이마스'다. '요이오토시오'는 '요이
오토시오 무카에테 쿠다사이よいお年を向かえてください' 곧 '좋은 새해를 맞이
하시길 바랍니다'를 줄여서 쓴 말이다. 그리고 '아케마시테 오메데토고
자이마스'는 앞서 언급했듯이 '해가 바뀌어서 축하합니다'라는 의미다.
다시 말하면 일본에서는 연말에 상대방에게 '좋은 새해를 맞이하시길
바랍니다'라는 덕담을 하고, 해가 밝으면 '해가 바뀌어서 축하합니다'라
고 덕담을 한다. 덕담이라는 면에서는 우리의 새해 인사말인 '복 많이
받으세요'와 다르지 않다. '복福'이란 말이 행운 혹은 행복의 의미이기
때문이다. 또한 영어의 'Happy New Year!'나 중국어의 '신년쾌악新年快樂'
도 결국 새해에 즐거운 일이 많이 생기길 바란다는 의미에서 덕담이라고
볼 수 있다. 이들의 공통점은 말에 희망을 담고 있다는 것이다. 말의

힘을 믿고 있다고 말할 수 있다.

새해 풍경

일본에서는 새해가 되면 집 앞에 소나무와 대마무로 된 장식을 해둔다. 가도마쓰門松 かどまつ라고 한다. 행운을 바라는 마음에서다.

　일본어에 '마에이와이前祝い'라는 말이 있다. 말 그대로 좋은 결과가 있기를 바라는 심정에서 결과가 나오기 전에 좋은 결과를 얻었다고 가정하고 미리 축하하는 것이다. 예축予祝이라고 말할 수 있다. 이와 같은 '마에이와이' 곧 '예축'은 일본사회의 여러 장면에서 볼 수 있다. 예를 들어 일본은 하나미花見 곧 벚꽃놀이로 유명하다. 우에노공원의 벚꽃놀이가 특히 유명한데, 전날 밤부터 밤을 새가며 좋은 자리를 차지하려고 줄을 서기도 한다. 우리의 벚꽃놀이와 크게 다른 점은 일본인은 벚나무[66] 아래에서 술 마시고, 노래 부르고, 게임도 한다는 것이다. 여하

---

66 '왜놈 나무'라고 불렸던 때도 있었다. 민족 감정이 느껴진다. 역사학자 전우용도 한겨

튼 벚꽃놀이는 농경사회의 흔적이 남아 있는 의식이다. 농경사회에서는 그해 풍작을 미리 축하함으로써 곧 예축하여 풍작이 되기를 기원했는데, 그것이 하나미 곧 벚꽃놀이의 시작이다.

아내가 박사논문을 막 쓰기 시작했을 때의 일이다. 어느 날 아내는 큰 글씨로 '박사논문을 무사히 완성했습니다. 감사합니다!'라고 쓴 종이를 컴퓨터에 붙여 놓았다.

아내에게

"아직 박사논문을 쓰지도 않았는데 무슨 소리야!"

라고 말했더니,

"예축이야!"

라는 대답이 돌아왔다.

다시 물었다.

"예축이라니?"

아내는 웃으면서 다음과 같이 말했다.

"말 그대로 미리 축하하는 거야! 이렇게 해야 일이 잘 풀리는 거야!"

레신문에 게재한 「다다미」라는 칼럼에서 "한국인들은 전통양식의 가옥을 한옥, 유럽식 가옥을 양옥이라 부르면서도 다다미방을 갖춘 집은 일옥이라고 부르지 않았다. 왜식 가옥 또는 일식 가옥이라는 이름으로 차별 의식을 표현했다."고 말한다. 이런 의식은 주영하가 지적하듯이 조선간장과 구별하기 위해 왜간장이라는 표현을 썼다는 것에서도 드러난다. 역사학자 강만길도 일식집이 왜식집으로 불렸던 때가 있었다고 한다.
이근후, 『나는 죽을 때까지 재미있게 살고 싶다』, 갤리온, 2013년, p.187.
한겨레신문(2019.8.21.)
주영하, 『음식 전쟁, 문화 전쟁』, 사계절, 2000년, p.109.
강만길, 『역사가의 시간』, 창비, 2010년, p.44.

일본에서는 말의 힘을 믿고, 말로 '예축'하는 전통이 뿌리 깊다. 일본에서 가장 오래된 시가집인 『만엽집』 권1·2번 와카는 죠메천황舒明天皇이 가구야마香具山라는 산에 올라가 부른 노래라고 한다.

권1·2
야마토大和에는
많은 산이 있지만
특별히 멋진
하늘 가구야마香具山에
올라가 서서
구니미国見, くにみ를 하면은
육지에서는
연기 계속 오르고
바다에서는
갈매기鷗들 나네
멋진 나라구나
(아키즈시마)
야마토大和의 나라는[67]

67 이연숙 역, 『한국어역 만엽집』(1), 박이정, 2012년, p.27.

가구야마[68]

이광수李光洙는 1940년에 가야마 미츠로香山光郎로 창씨
개명을 했는데, 이때 '가야마'를 가구야마香久山에서 차용
했다고 한다. 이 산에서 일본의 초대 천황인 진무천황이
즉위했다고 한다.

위 노래에서 '구니미国見'라는 말이 나온다. '구니미'는 고대일본에서
천황이 산에 올라가서 국토를 바라보며 풍작을 기원하는 의식이었다.
이 노래에 대해 이연숙은 다음과 같이 해설한다.

　이 작품은 쿠니미望国·国見[69]행사 때의 것이다. 쿠니미国見는 봄에,
한해의 풍요를 기원하기 위해 천황[70]이 높은 곳에 올라가 국토를

68　https://search.yahoo.co.jp/image/search?rkf=2&ei=UTF-8&p=%E9%A6%
　　99%E5%85%B7%E5%B1%B1#mode%3Ddetail%26index%3D0%26st%3D0
69　현행 외래어 표기법에 따르면, '구니미'이지만 원문 그대로 인용한다.
70　이연숙은 '왕'이라고 적고 있지만, 본서에서는 용어의 일관성을 위해 '천황'이라고 표시
　　한다.

둘러보는 의식이었다. **국토를 둘러보며 정말 살기 좋은 나라라고 말함으로써 실제로 그런 결과를 가져와 그 해에도 풍년이 들게 된다는 언령주술적 믿음에서 행해진 예축행사였다.**[71]

이 밖에도 구니미라는 표현이 보이는 노래로는 아래와 같은 것이 있다.

권10·1971
비가 개어서요
토지国見 볼 수 있지만
고향에 가도
홍귤나무 꽃은
저버렸을 것인가[72]

아내는 무사히 박사학위를 받았다. 아내는 학위논문을 쓰기 전에 컴퓨터 앞에 붙였던 '박사논문을 무사히 완성했습니다. 감사합니다!'라는 말 때문에, 곧 예축이자 언령으로 자신이 박사학위를 받았다고 힘주어 말했다. 나도 아내의 박사학위 취득을 기쁜 마음으로 축하해줬다. 겉으로는 그녀의 말에 동의하면서. 하지만 속으로 이렇게 중얼거리고

71 이연숙 역, 『한국어역 만엽집』(1), 박이정, 2012년, p.27.
72 이연숙 역, 『한국어역 만엽집』(8), 박이정, 2015년, p.147.

있는 나를 발견했다. 그것을 〈당신이 박사논문 쓸 때〉라는 습작시로
표현하고 싶다!

〈당신이 박사논문 쓸 때〉
당신은 언령으로 박사학위를 받았다고 하지만
당신의 박사논문을 누가 꼼꼼히 읽어줬나요?
당신의 박사논문에 있는 오탈자를 누가 잡아줬나요?

당신은 언령으로 박사학위를 받았다고 하지만
당신의 박사논문 색인을 누가 만들었나요?
아기 분유를 탄 사람은 누구인가요?
지저귀를 빤 사람은 누구인가요?

당신은 언령으로 박사학위를 받았다고 하지만
집안 청소를 한 사람은 누구인가요?
아이 목욕을 시켜준 사람은 누구인가요?
우는 아이를 집밖으로 데리고 나가서 재운 사람은 누구인가요?

당신은 언령으로 박사학위를 받았다고 하지만
당신이 박사논문 쓸 때, ……
당신이 박사논문 쓸 때, ……

제6절 희망을 말에 담다

초등학교 때 공부를 못했다. 못해도 너무 못했다. 공부는 못했지만 그렇다고 공부를 잘하고 싶은 생각이 없었던 것은 아니다. 하지만 성적을 위해 시험 시간에 커닝을 하고 싶지는 않았다. 그럴 마음이 없었다기보다는 용기가 없었다. 그래서 어린 마음에 생각해냈던 것은 시험 당일 팔뚝에 볼펜으로 희망 사항을 크게 적어 놓는 것이었다. '국어 100점! 산수 100점!' 이렇게 바라는 바를 문신文身처럼 적어 놓으면 꼭 이루어질 것 같았다. 뭔가를 써서 주술을 건다는 발상이었다. 지금 생각해도 절실함이 느껴진다. 그런데 이런 주술을 누군가에게 배운 것 같지는 않다. 아마도 자신의 바람을 눈에 보이는 형태로 해두면 안심된다는 본능에 가까운 그 무엇이었다고 생각한다.

고등학교 때도 글과 숫자로 주술을 건 적이 있다. 대학 입시 직전이었다. 공부한 만큼 성적이 잘 나오지 않았다. 성적으로 고민하고 있던 어느 날이었다. 고등학교 근처에서 어떤 사람이 알 수 없는 복장을 하고 마이크로 뭔가를 열심히 말하고 있었다. 호기심에 가까이 다가갔다. 그는 자신에 찬 목소리로 단정하듯이 말하고 있었다.

"이 부적에 원하는 바를 적으면 모두 이루어집니다! 몸에 소중히 지니고 다니면 소원이 반드시 이루어집니다."

고등학생에게는 큰 비용이었던 것으로 기억하는데, 기꺼이 지불하고 부적을 샀다. 원하는 대학과 학과를 적어 대학 입시가 끝날 때까지 몸에 지니고 다녔다.

초등학교 때 팔뚝에 꾹꾹 새겨 넣은 '국어 100점, 산수 100점'도, 고등학교 때 대입을 위해 구입한 부적도 결국 아무런 효력을 발휘하지 못했다. 글과 숫자로 표현한 나의 주술은 실패로 끝났다. 적어도 이때까지는 말이다.

일본 설 풍경전 포스터

중앙에 배가 그려져 있고, 거기에 7명의 신神이 타고 있다. 모두 복福을 주는 신이라고 한다. 새해 포스터로 잘 어울린다고 생각했다.

재직하고 있는 학과의 재학생 및 졸업생과 함께 몇 해 전부터 '국내일본문화탐방'을 진행하고 있다. 우리 주변에 남아 있는 일제강점기에 지어진 근대건축물을 돌아보거나 그때그때 소개되는 일본 애니메이션과 영화 그리고 공연 등을 관람하면서 일본문화를 이해하기 위해 기획한 행사다. 2019년 초에는 주한일본대사관 공보문화원에서 진행하는 〈일본 설 풍경전 & 전통문화전)에 다녀왔다.

이 행사에서는 일본의 설풍경과 더불어 설에 즐길 수 있는 전통문화도 체험할 수 있었다. 예를 들면 고타쓰こたつ, 겐다마けん玉, 핫피はっぴ, 가키조메書き初め 등의 다채로운 체험을 할 수 있었다. 체험 중심의 행사여서 좋았다.

고타쓰는 일본의 전통적인 난방기로 온돌이 없는 일본에서 겨울을 나는데 꼭 필요한 열기구다. 밥상 모양의 상 밑에 전열기가 있어 일본인은 고타쓰에서 간단한 식사와 간식을 먹으며 겨울을 따뜻하게 보낸다. 이와 같은 고타쓰의 쓰임에 대해 언어문화학자인 마키노 세이치는 고타쓰가 우치内의식 곧 우리의식을 만들어 내는데 결정적 역할을 한다는 흥미로운 지적을 했다.[73]

겐다마는 나무로 생긴 뾰족한 막대기 위에 구멍이 난 나무공을 올리며 노는 놀이다. 세계적으로 널리 보급된 놀이의 하나라고 한다. 하지만 생각보다 쉽지는 않다.

핫피는 주로 일본 전통 축제이자 신도神道 의례[74]인 마쓰리祭り에서 입는 간편한 옷이다. 또한 장인匠人의 작업복으로도 쓰인다.

그런데 이날 행사에서 가장 눈에 띄는 것은 가키조메였다. 가키조메란 새해를 맞이하여 자신의 포부나 희망을 글로 적는 것을 말한다. 그것도 붓으로! 그리고 이 가키조메는 요즘도 흔히 볼 수 있는 일본문화이기도 하다. 결국 가키조메란 말의 힘을 믿는 언령신앙이다.

---

73 마키노 세이치, 『공간의 언어문화학』, 제이앤씨, 2001년, p.47.
74 박규태, 『애니메이션으로 보는 일본』, 산림, 2005년, p.56.

고타쓰 체험

겐다마 체험

핫피 체험

가키조메 체험

핫피はっぴ를 입고 하피ハッピー, happy한 포즈를 취해준 둘째에게 고마움을 표한다.

이번 행사에 참여한 학생들이 붓으로 새해 소망을 적고 있다.

비약[75]

비약이라고 쓴 가키조메. 소원이 성취됐기를 바란다.

이날 행사에 참가한 학생 가운데 몇몇도 가키조메 체험에 참가했다. 모처럼만에 붓글씨로 각자의 포부와 희망을 담았다. 그들의 포부와 희망은 이루어졌을까?

초등학생 때와 고등학생 때의 아픈 경험 탓인지, 한동안 나에게는 말의 힘을 믿는 언령신앙이 없었다. 그런데 결혼을 계기로 다시 언령신앙에 관심을 갖게 됐다. 결혼 전에 이런 사람과 결혼하고 싶다는 것을

75 https://search.yahoo.co.jp/image/search?p=%E3%81%8B%E3%81%8D%E
3%81%9E%E3%82%81&ei=UTF-8&aq=-1&oq=%E3%81%8B%E3%81%8D%E
3%81%9E&ai=RyewB8itR.mfrZJP3bc7JA&ts=1961&fr=top_ga1_sa#mode%3
Ddetail%26index%3D37%26st%3D1056

적어 두었는데, 천우신조로 지금의 아내를 만났기 때문이다. 말의 힘은 잘 이루어지지 않지만 가끔은 정말 가끔은 이루어지는 것 같다.

그런데 말의 힘에는 또 다른 큰 특징이 있는 것 같다. 그 힘이 풀리는데 그리 오랜 시간이 걸리지 않는다는 것이다.

한때는 '완전한 만남'이라고 생각했는데 말이다.[76]

제7절 흐르는 별은 살아 있네

〈흐르는 별은 살아 있네〉
내 가슴 속에 피어 있는
그대가 심어 놓은 장미꽃
오늘 밤도 보아 주세요.
홀로 기다리는 이 창가에
별빛만 빛나고 있는데,

---

76 한국인은 '미운정情 고운정'으로 산다고 한다. 예를 들어 문화심리학자인 김정운도 "가슴이 뛰고 호르몬의 변화가 유발되는 사랑은 길어야 3년이다. 이 3년이 지나면 그저 오래된 친구처럼 정情으로 사는 것이다."고 말한다. 그럼 일본인은? 오히라 겐은 일본인은 '기즈나絆, きずな'를 중시한다고 한다. 줄 반絆자인 '기즈나'는 우리말로 옮기기 쉽지 않다. '결속'의 의미지만 동지애, 연대라고 생각하면 될 것 같다.
김정운, 『노는 만큼 성공한다』, 21세기북스, 2005년, p.175.
오히라 겐, 『새로운 배려』, 소화, 2003년, p.77.

내 가슴 속에 울리는
당신이 부르던 그 노래
오늘 밤도 보아 주세요.
둘이서 맹세한 그 언덕
별은 조용히 흐르고 있는데.

내 가슴 속에 살아 있는
그대가 떠나간 북녘 하늘
오늘 밤도 보아 주세요.
울며 보낸 그 하늘에
흐르는 별은 살아 있네.[77]

　일본문학작품에 '귀환引き揚げ 문학', '귀환 서사'라고 불리는 일군一群의 작품이 있다. 이들 작품은 일본의 패전, 한국의 광복과 관련된 작품이다. 제국일본은 식민지와 점령지 경영을 위해 적지 않은 일본인을 만주, 조선, 대만, 사할린, 동남아 등에 이주시켰다. 이주자들은 지배자로서 그리고 수혜자로서 각각의 지역에서 생활했다. 군인과 군속軍属 그리고 민간인 등을 포함하여 약 700만에 달했다고 한다.
　그런데 만주, 조선, 대만 등과 같은 제국일본의 외지外地에 살던 사람들은 패전과 함께 큰 위기를 맞게 됐다. 하루아침에 패전국의 국민이

77 후지와라 데이, 『흐르는 별은 살아 있다』, 청미래, 2003년, pp.58-59.

된 것이다. 그들에게 남겨진 선택지는 외지에 남아 있거나 아니면 일본으로 귀국하는 것이었다. 그리고 귀환 도중에 적지 않은 일본인은 생명을 잃게 됐고, 무사히 귀국한 사람 중에 자신이 겪은 귀환 체험을 수기手記 혹은 소설 등의 형식으로 세상에 내놓기도 했다.[78]

우리에게 널리 알려져 있는 귀환 서사 가운데 2005년 4월에 번역·출간된 요코 가와시마 왓킨스Yoko Kawashima Watkins의 『요코이야기』[79]가 있다. 이것은 1986년에 미국에서 『So Far from the Bamboo Grove』로 출간된 것이다. 이 책은 번역과 동시에 한국사회에 큰 논란을 일으켰고, 결국에는 출판금지까지 당했다. 내용 때문이었다. 『요코이야기』는 일제강점기에 북한에 거주하던 열두 살 난 요코가 일본 패전 후 38도선을 넘어 한국을 거쳐 일본으로 돌아가는 여정에서 목격하고 체험했던 것을 기록한 것이다. 이 작품은 귀환의 고초와 어려움, 그 과정에서도 빛나는 일본인의 인정, 반면에 아비규환 속에서 벌어지는 일본인 귀환자에 대한 조선인의 성폭력과 같은 세 가지 이야기로 구성되어 있다. 그리고 이와 같은 이야기 속에서 식민지 조선에 거주하면서 수혜자와 가해자로 군림했던 일본인은 피해자로, 한편 차별 받고 피해를 입었던 조선인은 가해자로 뒤바뀌어 있었다.[80]

---

78 귀환 관련 이야기는 일본인에게만 한정된 것은 아니다. 당시 중국이나 만주, 시베리아 혹은 일본 등지에 거주하던 조선인의 이야기도 있다. 김열규는 조선인 귀환 모습에 대해 "돌아오는 그들의 모습은 말이 아니었다. 처참했다. 걸인乞人 같은 형색은 그나마 나은 편이었다. 초라한 몰골에는 지침과 굶주림의 빛이 역력했다. 제대로 발을 옮겨 놓지 못하는 사람도 적지 않았다. 병에 찌들대로 찌든 중환자도 끼어 있었다."고 말한다. 김열규, 『김열규의 휴먼 드라마』, 한울, 2011년, p.95.

79 요코 가와시마 왓킨스, 『요코이야기』, 문학동네, 2005년, pp.15-294.

80 박상현·미네자키 도모코, 「진명인 번역본 「38도선」의 저본 연구-저본 확정의 의미-」 『일본근대연구』 제64집, 한국일본근대학회, 2019년 5월, pp.147-148.

그런데 일본인의 귀환 서사가 한국에 알려진 것은 『요코이야기』가 처음이 아니다. 시기적으로 가장 빠른 것은 1949년 8월에 진명인이 우리말로 옮겨 잡지 『민성民声』 8월호에 소개한 〈38도선〉이다. 이 작품은 귀환 서사의 효시라고 말할 수 있는 후지와라 데이藤原てい 의 수기 소설인 『흐르는 별은 살아 있다流れる星は生きている』의 일부를 번역한 것이다. 이후 후지와라의 작품은 몇 번에 걸쳐, 몇몇 번역자에 의해 수차례나 소개됐다. 1949년에 정광현은 일본어 원서를 『내가 넘은 38선』(수도문화사)이라는 서명으로 출간했고, 한국전쟁 이후인 1964년에는 같은 서명으로 같은 출판사에서 다시 출판했다. 최금숙은 1965년에 일본어 원서를 『흐르는 별은 살아 있다』라는 제목으로 번역하여 『세계베스트셀러 선집 5』(휘문출판사)에 실었고, 이것을 1970년에는 『20세기 고발문학선집 6』(휘문출판사)에 재차 수록했다. 권웅은 1971년에 일본어 원서를 『국경선은 셋이나 있었다』라는 제목으로 옮겨 『대동아전쟁비사 한국편 8』(노벨문화사)에서 냈고, 위귀정은 2003년에 일본어 원서를 원서의 서명을 살려 『흐르는 별은 살아 있다』(청미래)로 번역하여 세상에 내놓았다.[81] 이처럼 몇 번에 걸쳐 같은 작품이 재번역 됐다는 것은 거기에 우리가 공감할 부분이 적지 않았다는 것을 의미한다.

특히 38도선을 넘나들었던 한국전쟁 곧 6·25를 몸소 체험했던 많은 한국인 독자에게 후지와라 데이가 경험했던 고난은 공감하기 쉬운 체험이었다고 생각된다.[82]

---

81 박상현·미네자키 도모코, 「후지와라 데이 연구의 문제점」, 『일본근대학연구』 제60집, 한국일본근대학회, 2018년 5월, pp.165-166.

82 최일남은 〈가거라 삼팔선〉, 〈굳세어라 금순아〉, 〈이별의 부산 정거장〉 같은 디아스포라의 비극을 달래는 노래와 후지와라의 소설은 잘 맞아떨어졌다고 말한다. 최일남, 『풍경의 깊이, 사람의 깊이』, 동화출판사, 2010년, pp.273-274.

1949년 4월에 단행본으로 출간된 후지와라의 『흐르는 별은 살아 있다』
는 패전 후 일본에서 나온 귀환 서사의 전범이라는 평가를 받고 있다.
남편[83]과 이별 후 후지와라는 어린 아이 세 명을 데리고 만주의 신경新京
곧 지금의 중국 장춘長春을 출발하여 안동安東, 선천宣川, 평양, 신막新幕을
거쳐 개성에 도착한다. 이후 부산에 이르렀고, 드디어 규슈九州의 하카타
博多항을 통해 귀국하게 된다.

하카타 항구

실제로 가보니 항구가 생각보다 컸다. 수심도 깊어 보였다.

---

83 남편은 후지와라 히로토藤原寬人였다. 후에 닛타 지로新田次郎라는 필명으로 작가 활동
을 했다. 아내가 작가로 성공한 것을 보고 그 정도로 작가가 된다면 자신도 작가로 일가
一家를 이룰 수 있겠다고 말했다고 한다. 간 큰 남자였다. 그런데 결국 일가를 이루었
다. 자신감이 넘치는 남자였다.

하카타 항 귀환 기념비

귀환 직후의 실의, 생에 대한 희망을 영원히 기념하기 위해
세웠다고 한다.

『흐르는 별은 살아 있다』에는 귀환 중에 후지와라가 체험한 상상을
초월한 고초, 그것을 이겨낸 모성애, 그리고 귀환 중에 체험하고 목격한
일본인의 비인간성과 더불어 몇몇 조선인의 따뜻한 인정이 탁월하게
묘사되어 있다.[84] 하지만 안타깝게도 여기에는 제국주의의 혜택을 입은
가해자로서 그리고 지배자로서의 일본인은 전혀 그려져 있지 않다. 이에
대해서 나리타 류이치도

식민자로서의 자신의 위상에 대한 검토와 언급은 보이지 않는다.

84 박상현·미네자키 도모코, 「진명인 번역본 「38도선」의 저본 연구-저본 확정의 의미-」
『일본근대학연구』제64집, 한국일본근대학회, 2019년 5월, p.149.

고 담담하게 말한다.[85]

　패전 후 일본에는 여전히 재일교포와 식민지 조선인에 대한 차별과 멸시가 뿌리 깊게 남아 있었다. 이런 상황에서 피해자인 조선인이 가해자인 후지와라 가족에게 온정을 베푸는 장면이 곳곳에 드러나 있는 『흐르는 별은 살아 있다』가 출간됐다는 것도 기적에 가까울지 모른다. 이런 조선인 묘사가 사실 『요코이야기』에 그려진 조선인과 근본적으로 다르다. 아래에 조선인의 따뜻함이 그려진 두 곳을 인용한다.

　　박 노인의 소개로, 나는 양말을 짜는 일거리를 얻게 되었다. 한 켤레를 짜는 데에 10원이었다. 해가 저물면 어두운 전등 밑에서 매일 밤 1시경까지 짰는데, 완성하는 데에 사흘이 걸렸다. 사흘에 10원의 수입이 생기는 것이다. 하지만 잠이 모자라서인지 한낮에 뜨거운 햇볕 아래 서 있으면 비틀거려 쓰러질 것 같았다. 그러나 하루에 25원을 벌지 못하면 우리 식구는 굶어 죽는다.[86]

　　시변리를 떠나던 날 밤에 또 지독한 소나기를 만났다. 대여섯 채의 농가 지붕이 번갯불에 비치었다. 목 언저리로 스며든 빗물은 등을 타고 허리에 물줄기를 이루며 흘러내렸다. 마침내 달구지마저도 멈춰 버렸다. 할 수 없이, 근처의 농가에 하룻밤 묵게 해 달라고 부탁해 보았다. 맨 처음 집은 좁아서 안 된다며 거절했다. 두 번째 집에서는 하얀 머릿수건을 쓴 노파가 양초 불빛으로 내 꼴을 위아래

85 成田竜一, 「『引揚げ』に関する序章」『思想』, 岩波書店, 2003年, p.157.
86 후지와라 데이, 『흐르는 별은 살아 있다』, 청미래, 2003년, p.129.

로 훑어보더니, 도로 안으로 들어갔다가 웬 청년 하나를 데리고
나왔다.

"어머니가 딱하다고 하십니다. 집은 비좁아서 곤란하지만 외양간이
라도 괜찮으시면 묵어 가십시오. 짚을 새로 넣은 지 얼마 안 되어
따뜻할 겁니다. 대신 보안대가 시끄러울 수 있으니 아침 일찍 출발
해주세요."

나는 말도 못하고 고개만 숙였다.[87]

후지와라 데이[88]

2016년 11월에 작고했다.

87 후지와라 데이, 『흐르는 별은 살아 있다』, 청미래, 2003년, p.188.
88 https://search.yahoo.co.jp/image/search?rkf=2&ei=UTF-8&p=%E8%97%
    A4%E5%8E%9F%E3%81%A6%E3%81%84#mode%3Ddetail%26index%3D0
    %26st%3D0

남편과 생이별한 후, 후지와라는 홀로 세 자식을 이끌고 모진 고초를 겪었지만 후지와라 가족은 무사히 일본에 귀국하게 됐다. 그들의 무사귀환이 가능했던 것은 무엇일까? 첫째, 후지와라의 강인한 모성애를 들 수 있다. 둘째, 북쪽 조선인이 후지와라 가족에게 보여준 인간적 온정도 빼놓을 수 없다. 그리고 마지막으로 지적하고 싶은 것은 '노래의 힘' 곧 말의 힘이다. 그는 귀국할 때까지 늘 다음과 같은 노래를 되풀이하여 자주 불렀다고 한다. 이 노래에서 맨 마지막 구句에 나오는 '흐르는 별' 곧 '유성流星'은 남편을, '살아 있네'는 생존을 의미한다. 생이별한 남편의 무사귀환을 기원하며, 그리고 그와의 재회를 바라며 후지와라는 주문呪文처럼 이 노래를 반복해서 불렀다.[89]

〈흐르는 별은 살아 있네〉
내 가슴 속에 피어 있는
그대가 심어 놓은 장미꽃
오늘 밤도 보아 주세요.
홀로 기다리는 이 창가에
별빛만 빛나고 있는데,

내 가슴 속에 울리는
당신이 부르던 그 노래
오늘 밤도 보아 주세요.
둘이서 맹세한 그 언덕

---

89 '노래의 힘' 덕분인지 남편은 후지와라가 귀국한 3개월 후에 무사히 일본으로 돌아왔다.

별은 조용히 흐르고 있는데.

내 가슴 속에 살아 있는
그대가 떠나간 북녘 하늘
오늘 밤도 보아 주세요.
울며 보낸 그 하늘에
흐르는 별은 살아 있네.[90]

---

90 이 글은 박상현·미네자키 도모코, 「후지와라 데이 연구의 문제점」(『일본근대연구』
제60집, 한국일본근대학회, 2018년 5월, pp.165-182)과 「진명인 번역본 「38도선」
의 저본 연구-저본 확정의 의미-」(『일본근대학연구』 제64집, 한국일본근대학회, 2019
년 5월, pp.147-168)를 본서의 취지에 맞춰 다시 썼다는 것을 밝힌다.

제4장

불 교

성불成仏

연달아서 두 편의 영화를 봤다. 봉준호 감독의 〈기생충〉과 사이토 다쿠미 감독의 〈13년의 공백〉이다. 둘 다 가족영화라는 점에서, 주인공이 경제적으로 힘들게 살아간다는 점에서, 죽음을 다룬다는 점에서 비슷한 영화라고 말할 수 있다. 하지만 다른 점도 적지 않다. 〈기생충〉은 관람하면서 유머 코드가 있어서 웃기도 했지만, 〈13년의 공백〉은 시종일관 진지하게 보기만 했다. 전혀 유쾌하지 않았다. 주인공의 대사도 많지 않았다. 그런 점에서 일본 영화다웠다.

〈기생충〉에 그려진 빈곤한 가정 이야기에는 불편한 부분도 있었다. 가난한 사람이 별로 양심의 가책도 없이 타인을 속이면서까지 잘 살려고 하는 대목이 특히 그랬다. 그리고 신분 상승 욕구가 보기 좋게 실패로 끝나서 그랬다. 이 영화는 관객에게 한국인의 유전자에, 특히 가난한 사람의 유전자에 생존 욕구만이 강하게 각인되어 있다는 느낌을 줄 수도 있다.

〈13년의 공백〉에도 빈곤한 가정이 그려져 있다. 하지만 이들은 자신을 위해 타인을 속이려고 하지 않는다. 오히려 어려운 상황에서도 더 어려운 사람에서 도움의 손길을 내밀고 있다. 또한 가족끼리 서로 도와주면서 힘든 생활을 이어가고 있다.

〈13년의 공백〉을 일본 영화답게 만든 것은 주인공의 한 사람인 마쓰다 마사토의 죽음을 그린 부분이다. 일본인은 장례식을 불교식으로 하는 것이 일반적이다. 특히 그 핵심을 이루는 것은 화장火葬이다. 우리의 토장과는 다른 문화다. 영화는 첫 장면에서 화장에 대한 정의로 시작한다. 그리고 일본에서 화장을 주로 하게 된 것은 국토가 좁기 때문이라는 설명도 나온다.[1] 그렇다고 일본에 토장 문화가 없었던 것은 아니다. 일본 고대 시가집인 『만엽집』에는 토장 문화가 잘 나타나 있다.

〈13년의 공백〉

두 주인공이 각각 다른 곳을 응시하고 있다. 부자 관계를 멋지게 암시한 포스터다.

1 국토가 좁은 것도 있겠지만 불교와 고온다습한 기후 영향도 있었을 것이다.

『만엽집』에 만가挽歌, ばんか라는 작품이 있다. 타인의 죽음을 노래한 것이다. 여기에 토장 문화의 역사를 볼 수 있다. 우리말에 빈소殯所라는 말이 있다. 이것은 '상여가 나갈 때까지 관을 놓아두는 곳'이라는 의미다. 지금은 장례식을 병원에서 하는 것이 일반적이지만, 예전에는 고인故人의 집에서 했다. 따라서 상가喪家에는 시신을 모신 곳이 있었다. 병풍을 쳐서 그 뒤에 모시는 것이 보통이었다. 병풍으로 이승과 저승의 경계를 명시한 것이다.

『만엽집』에는 빈궁殯宮, あがりのみや, もがりのみや이라는 말이 나온다. 고대에 천황의 사체를 토장하기 전에 잠시 안치해 둔 곳을 가리킨다. 그리고 이 풍경을 노래한 작품이 적지 않게 남아 있다. 예를 들어 권2·159번 와카는 덴무天武, てんむ천황이 유명을 달리했을 때, 지토持統천황이 지은 노래다.

권2·159
(야스미시시)
우리들의 천황²이
저녁이 되면
보고 계신 듯하네
날이 밝으면
말을 걸 것만 같네
카무오카神丘의
산의 단풍잎들에

---

2 이연숙은 '대왕'으로 번역했지만 표기의 일관성을 위해 여기서는 '천황'으로 적는다.

오늘도 역시

말을 걸어 주세요

내일도 다시

보아주길 바래요

그 산 모습을

멀리서 바라보며

저녁이 되면

이상하게 슬프고

날이 밝아도

외롭게 생활하며

(아라타헤노)

상복의 옷소매는

마를 때가 없네요[3]

또한 권2·167번 와카는 많은 사람의 기대를 모았던 히나미시 황태자가 28세의 일기로 사망했을 때, 가키노모토노 히토마로가 그의 죽음을 애도하며 부른 노래다. 이 와카의 후반부에는 그의 심정이 잘 드러나 있다.

권2·167

하늘과 땅이

처음 생겨날 때

---

3 이연숙 역, 『한국어역 만엽집』(1), 박이정, 2012년, p.217.

(히사카타노)
하늘 나라에서는
팔백만이나
천만이라고 하는
신들이 모여
함께 모여 앉아서
지배할 나라
……

우리들 대군인
히나미시 황자가
이 세상 천지
통치를 한다면은
봄꽃과 같이
고귀할 것이라고
보름달처럼
풍족할 것이라고
세상 천지의
사방 사람들이
(오호후네노)
기대를 가지고서
(아마츠미즈)
보고 기다렸는데
대체 어떻게
생각하였던 걸까

연고도 없는

마유미眞弓의 언덕에

궁전 기둥도

멋지게 세우고는

궁전을 정말

높이 높이 지어서

조참 때마다

아무 말 하지 않는

날과 달이

많이 되어 버렸네

이런 까닭에

왕자의 궁인들은

어찌할 바 모르네

왕자의 궁인들은

어찌할 바 모르네[4]

　여기서 다시 영화 〈13년의 공백〉으로 돌아가자. 마쓰다 마사토의 장례식장에서는 『만엽집』에 나오는 와카처럼 그의 죽음을 애도하는 노래는 불리지 않는다. 그 대신 사자死者가 극락정토에 가도록 불경을 외는 스님의 불경 소리가 들릴 뿐이다. 장례식을 마치기 직전에 스님은 채 열 명도 되지 않아 보이는 조문객에게 사자와 마지막 작별인사를 하도록 한다. 이때 한 사람이 고故 마쓰다 마사토에서 성불成仏하라고 말하며

4　이연숙, 『한국어역 만엽집』(1), 박이정, 2012년, p.227.

흐느낀다. 일본어로 '성불'은 죠부쓰じょうぶつ라고 읽는다.

〈13년의 공백〉의 장례식 장면[5]

이 영화에는 '마쓰다'라는 동명이인의 장례식도 나온다. 주인공인 '마쓰다'의 장례식에는 조문객이 거의 없고, 그나마 조문하러 온 사람들은 모두 사회적 빈곤층 혹은 약자에 속한다. 반면 동명이인의 '마쓰다' 장례식에는 조문객도 줄을 있고, 그들은 사회적 지위도 있어 보인다. 하지만 진정으로 고인을 조문하는 것은 전자에 나오는 조문객이다. 장례식의 의미를 생각하게 한다.

장례식을 불교식으로 하는 일본인에서는 사람은 죽으면 호토케仏, ほとけ가 된다는 믿음이 널리 퍼져 있다. 이때 호토케는 부처님 혹은 죽은 자를 의미한다. 따라서 성불에는 죽어서 부처님이 되라 곧 원한과 집착을 버리고 마침내 부처의 경지에 이르러 편안하게 극락에 가라는 의미가 들어 있다.[6] 이런 믿음이 있다면 죽음도 두렵지 않겠다.[7]

5 https://movie.daum.net/moviedb/photoviewer?id=110457#1312314

6 야마쿠세 요지, 『일본인의 정신』, 한울, 2014년, p.191.

7 그런데 일본 장례식은 슬프기만 하다. 밝음과 웃음이 없다. 어둡고 무겁기만 하다. 한·

그런데 영화 〈기생충〉에서 기택(송강호)에게 죽임을 당한 박 사장(이선균)은 어떻게 됐을까? 영화에는 그의 장례식이 그려져 있지 않기에 잘 알 수 없다. 박 사장이 '성불'하기를 기원하며 두 손을 모은다.

제2절 무상

『일언방담초一言芳談抄』[8]

어떤 사람이 말하기를, 히에이잔比叡山에 있는 한 신사神社에 남의 눈을 속이며 무녀 행세를 하던 풋내기 여자가, 밤이 깊어 사람들의 기척이 사라진 후 십선사十禪師(지덕을 겸비한 열 명의 승녀. 인용자) 그림 앞에서, 통통통 장구를 치면서, 맑은 목소리로 '아아 다 그렇고 그런 것이로구나'라고 탄식하며 노래를 부를 제, 사람들이 그 노래의 뜻을 묻자 대답하여 말하기를, **생사무상生死無常**을 생각하니, 이 세상의 모든 일은 그렇고 그런 것이로다. 내세를 도와라라고 말씀하시도다. 운운.

일 간의 장례식 문화의 큰 차이점이다. 예를 들어 김찬호는 전라남도 진도의 장례식장 문화를 소개하는데, 여기서는 우스꽝스러운 춤판과 연극이 벌어지고 구경하던 조문객들의 폭소가 터진다고 한다.
김찬호, 『모멸감』, 문학과지성사, 2014년, p.33.
8 가마쿠라鎌倉시대의 서적으로 추정된다. 정토종浄土宗 고승高僧들의 금언을 모은 것이다.
고바야시 히데오, 『고바야시 히데오 평론집』, 소화, 2003년, pp.225-226에서 재인용.

예전에는 한국어에도 장음과 단음을 명확히 구분했다고 한다. 예를 들어 밤을 길게 발음하면 먹는 밤栗이 되고, 짧게 발음하면 까만 밤夜이 된다. 눈도 그렇다. 길게 말하면 겨울에 내리는 하얀 눈雪이 되고, 짧게 말하면 사람의 눈目이 된다. 하지만 현재 일상생활에서 이와 같은 말을 할 때, 장음과 단음에 신경 쓰는 사람이 과연 얼마나 될까? 그리 많지는 않을 것이다. 문맥에서 파악하면 되기 때문이다.

그러나 일본어는 다르다. 일본어는 장음長音과 단음短音으로 의미를 구분하는 경우가 많다. 그래서 한국인이 일본어를 배울 때, 어려워하는 발음이 바로 장음이다. 예를 들어 할머니는 '오바아상おばあさん'인데, 이것을 짧게 발음하면 아주머니인 '오바상おばさん'이 된다. 할머니에게 아주머니라고 말하면 젊어 보인다고 할머니가 좋아하실 수도 있겠지만, 아주머니에게 할머니라고 말하면 큰 실례가 된다. 이것은 할아버지와 아저씨도 마찬가지다. 할아버지는 '오지이상おじいさん'이지, '오지상おじさん'이 아니다. 또한 큰길은 '오오도오리おおどおり'이지, '오도리おどり'가 아니다. 이렇게 발음하면 춤이 된다. 형식形式은 일본어로 '게이시키けいしき'이지 '게시키けしき'가 아니다. 후자처럼 발음하면 경치景致가 된다.

일본문학작품에 『평가물어平家物語』라는 것이 있다.[9] 일본어로는 **'헤이케모노가타리へいけものがたり**'라고 발음한다. 그런데 이것을 **'헤이케이모노가타리**'라고 길게 발음하면 '폐경 이야기閉経物語'가 된다. '헤이케'라고

---

9 '모노가타리物語, ものがたり'를 보통 이야기로 번역하는 것이 일반적이다. 본서에서도 '이야기'로 옮긴다.

말해야 하는데, '헤이케이'라고 길게 말했기 때문이다.

이 작품을 우리말로 옮긴 오찬욱은 다음과 같이 해설한다.

『헤이케 이야기平家物語』는 일본의 고대 말기에 중앙 정계의 실력자로 부상했던 다이라 노 기요모리平淸盛와 그 일문의 흥망성쇠를 그린 장편소설이다. 귀족들의 전성기였던 고대 말기, 일본에서는 왕실 및 섭정가의 실력자, 그리고 무인들 간에 정국의 주도권을 둘러싼 두 차례의 무력 충돌이 있었다. 호겐保元 원년(1156)에 일어난 호겐 정변保元の亂과 3년 후인 헤이지平治 원년(1159)에 일어난 헤이지 정변平治の亂이 그것인데, 이 두 정변을 통해 당시 일부 지방 세력에 불과했던 무사 계급이 중앙 정부의 상층부로 대거 진출하게 되었다. 『헤이케 이야기』는 이 두 정변을 통해 정계의 실세로 부상한 다이라 씨가 왕실을 능가하는 권력과 영화를 누리다가 결국 경쟁 상대였던 미나모토源 씨에 의해 권자에서 밀려난 후 지방을 전전하다가 멸문의 길을 걷는 과정을 서사적으로 그린 작품이다.[10]

『헤이케 이야기』는 현대를 살아가는 일본인의 일상생활에도 적지 않은 영향을 미치고 있다. 예컨대 일본에서는 초등학교 운동회를 할 때, 홍紅팀과 백白팀[11]으로 나눠서 시합을 한다. NHK는 연말에 일본을 대표하는 가수를 두 팀으로 나뉘어서 홍백紅白노래자랑을 한다.[12] 요즘에는

---

10 오찬욱 역, 『헤이케 이야기』(2), 문학과지성사, 2006년, pp.439-440.
11 디자이너인 하라 겐야는 『白백』에서 흰색에 대해 "백이 존재하는 것이 아니다. 하얗다고 느끼는 감수성이 존재하는 것이다. 그렇기 때문에 백을 찾아서는 안 된다. 하얗다고 느끼는 방식을 찾아야 한다."고 말한다. 흥미로운 지적이다.
하라 겐야, 『白백』, 안그라픽스, 2009년, p.21.

여기에 우리나라 가수도 초청되기도 한다. 그런데 이 홍팀과 백팀으로 구분하여 경합하는 것이 바로 『헤이케 이야기』의 영향이다. 『헤이케 이야기』의 영향은 이것만이 아니다.

『헤이케 이야기』는 아래와 같은 유명한 문장으로 시작한다.

> 기원정사 무상당無常堂의 진혼의 종소리는 **제행무상**諸行無常의 이치를 일깨워주고, 석존釈尊의 입적入寂을 지켜보던 사라沙羅 나무 꽃들은 성자필쇠盛者必衰의 섭리를 드러내 보여주었다고 하지 않던가. 그렇듯 제 세상 만난 양 으스대는 사람도 오래가지 못하니 권세란 한낱 봄밤의 꿈처럼 덧없기 그지없고, 아무리 용맹해도 결국은 죽고 마니 사람의 목숨이란 바람에 흩날리는 티끌처럼 허망하기 이를 데 없는 것이다.[13]

여기서 나오는 '제행무상'은 움직이는 모든 것은 결국 소멸한다는 이치를 담은 말로 모든 것은 무상하다는 의미다. 이 제행무상은 초기 불교의 근본교리인 삼법인三法印의 하나라고 한다. 삼법인에는 제행무상과 더불어 제법무아諸法無我와 열반적정涅槃寂靜이 들어간다. 그리고 『헤이케 이야기』는 일본 교과서에 실려 있기에 일본인이라면 위 인용문을 누구나 알고 있다고 해도 과언이 아니다. 특히 '제행무상'은 일본어의 일상어가 됐다고 해도 좋다.

---

12 우리는 '홍백'이 아니라 '청백'이다. '홍'이 '청'으로 바뀐 것이다. 이에 대해 고종석은 "분단 이후 오래도록 남한에서 붉은색은 금기에 속했다."고 말한다. 이것은 레드콤플렉스의 영향일 수 있다.
　고종서, 『자유의 무늬』, 개마고원, 2002년, p.16.
13 오찬욱 역, 『헤이케 이야기』(1), 문학과지성사, 2006년, p.15.

여담이지만 '제諸'라는 한자에는 웃지 못 할 일화가 있다. 대학에서 교무처장으로 잠시 대학행정을 했을 때다. 행정을 하다 보니 회의가 많았고, 학교 사정상 불가피하게 회의 날짜를 연기할 수밖에 없을 때도 있었다. 어느 날이었다. C 교수님이 나를 만나자마자 버럭 화를 냈다. 그러면서 하는 말이

"아무리 교무처장이라고 하지만 개인사정으로 공적인 회의를 연기하
　는 것은 바람직하지 못하다."

고 비판했다. 그런데 아무리 생각해 봐도 개인사정으로 회의를 변경한 적이 없었다. 그래서

"제가 언제 개인사정으로 회의를 연기했나요?"

하고 따졌다. 그랬더니 지난 회의를 연기할 때, '제사정으로'라는 말을 쓰지 않았냐는 것이다. 나에게 항의했던 교수님은 '제사정諸事情' 곧 '여러 가지 사정'을 '저의 사정'으로 오해했던 것이다. 이후 나는 '제사정'이라는 표현을 쓸 때는 한자를 쓰지 않고 '여러 가지 사정'으로 풀어서 쓰기로 했다. '제諸'에 '여러 가지'라는 의미가 있다는 것을 모르는 분도 있을 수 있기 때문이다.

여하튼 일본인이 무상無常 혹은 무상관과 깊은 인연을 맺어 온 것은 그 역사가 길다. 일본은 지진이나 태풍 같은 자연재해가 많은 나라다. 따라서 불교 전래 이전에도 자연스럽게 무상(관)에 관한 관념이 형성됐을 것이고, 이것이 불교로 체계화 됐을 것이다.

7~8세기에 성립된 『만엽집』에는 무상과 관련된 와카가 적지 않다. 무상을 노래한 것 가운데 일부를 나열하면 다음과 같다.[14]

---

14 구정호 역, 『읽고 싶은 만요슈』, 삼화, 2016년, pp.52-56.

권3·348

이 세상에서
즐거울 수 있다면
저 세상에선
벌레라도 새라도
나 기꺼이 되리라

권3·349

살아 있는 것
결국엔 죽고 마는
도리이기에
세상 사는 동안에
즐겁게 지내고파

권3·351

우리네 세상
무엇에 비하리오
아침을 열며
노를 저어 가는 배
흔적 없음과 같네

권7·1269

마키무쿠의
산 근처를 울리며

흐르는 물의
물거품과 같구나
세상 사는 우리는

권20·4470
물거품 같은
덧없는 몸인 것은
알고 있지만
그래도 빌었었네
천년을 살 목숨을

　살다보면 세상 사는 것이 만만치 않고 힘들다고 느낄 때가 많다.
공公을 위해 사私를 희생하며 자신이 속한 조직을 위해 일했지만 누구도
알아주지 않는다고 느낄 때, 섭섭한 생각이 든다. 중년이 되어 자신의
인생을 돌아봤을 때, 별로 내세울 것이 없거나 이룬 것이 없으면 세상
헛살았다는 생각이 든다. 이럴 때 기다렸다는 듯이 '인생이 무상하다'는
말이 입 밖으로 나온다.
　이와 같은 상황에 처하면 어떻게 마음을 다잡아야 할까? 『만엽집』에는
찬주가讚酒歌가 나온다.[15] 술을 예찬하는 노래다. 무상감을 느낄 때는
술이 최고라는 것이다.

15　이연숙 역, 『한국어역 만엽집』(2), 박이정, 2012년, pp.131-143.

권3·338
쓸데가 없는
걱정을 하기보다는
다만 한잔의
탁주를 마시는 것이
더 좋을 것 같으네요

권3·339
술의 이름을
성聖이라고 붙이었던
그 먼 옛날의
위대한 대성인의
단어의 멋짐이여

권3·340
그 먼 옛날의
칠 명의 현명했던
그 사람들도
원하였던 그것은
술이었던 것 같으네

권3·341
잘난 체하고
말을 하기 보다는

술을 마시고
취하여 우는 것이
더 나은 것 같으네

권3·342
뭐라고 말할지
뭘 할지 모를 정도
더할 바 없이
최고로 좋은 것은
술 그것인 것 같으네

권3·343
어중간하게
사람이기보다는
술항아리가
되고 싶었던 것을
술에 푹 잠겨보자

권3·344
밉살스럽게
대단한 척하면서
술 안 마시는
사람을 잘 보면은요
원숭이 닮았네

권3·345

값을 못 정할

보배라고 하더라도

다만 한 잔의

술보다도 어떻게

더 나을 것일 건가

권3·346

밤에 빛나는

구슬이라 하여도

술을 마시고

기분 전환 하는데

어찌 비할 거인가

권3·347

이 세상에서

인기 있는 풍류에

힘쓰기보단

취해 울고 하는 것

그것이 좋은 듯하네

권3·348

이 세상에서

즐거울 수 있다면

내세에서는
벌레라도 새라도
나는 될 수 있겠네

권3·349
살아 있는 자
언제라도 사라질
운명이라 하면
지금 살았을 동안
즐겁게 살고 싶으네

권3·350
말을 삼가고
잘난 척하는 것은
술을 마시고
취해 우는 것에는
따라오지 못하네

　그런데 한 가지 궁금증이 생겼다. 술을 전혀 마시지 못하는 사람은 어떻게 해야 할까? 이에 대해 『만엽집』은 어떤 힌트도 주지 않는다. 각자가 그 대안을 찾아야 할 것 같다. 우리에게 남겨진 몫이다.

제3절 오봉お盆

올해도 어김없이 8월 15일이 돌아왔다. 우리에게 이 날은 특별한 날이다. 일제 식민지에서 해방됐기 때문이다. 반면에 일본에게 이 날은 태평양전쟁에서 종전終戰 혹은 패전했다는 것을 뜻한다. 같은 8월 15일인데도 그 의미하는 바가 다르다.

일본에서도 8월 15일은 특별한 날이다. 일본제국주의는 태평양전쟁을 대동아전쟁大東亜戰争이라고 불렀다. 서양 제국주의에 맞서 싸워 아시아를 구하는 전쟁을 했기 때문이라고 한다. 일본 내에서는 이 전쟁 종결을 종전으로 볼 것인지, 패전으로 볼 것인지 아직도 의견이 분분하다. 하지만 일본 정부의 공식 입장은 '종전'이다. '패전'했다고 분명하게 밝히지 않았기 때문이다. 당시 천황이었던 쇼와천황은 1945년 8월 15일에 라디오로 전쟁이 끝났음을 공표했다. 당시 신민臣民이었던 일본인은 평소에 듣지도 못했던 천황의 육성을 라디오 방송으로 곧 옥음방송玉音放送, ぎょくおんほうそう로 듣게 된다. 그 내용은 전쟁이 끝났다는 것이었다. 「종전 조서終戰の詔書」다.

그런데 「종전 조서」라는 제목에서도, 또한 그 내용에서도 패전이라는 표현은 등장하지 않는다. 평화를 위해 전쟁을 시작했고, 평화를 위해 전쟁을 마친다고만 나온다. 오히려 원자폭탄 투하에 대한 비난이 나올 뿐이다. 그래서 대다수의 일본 국민은 지금도 쇼와천황에게 전쟁 책임이 있다고 생각하지 않는다. 오히려 전쟁을 마치게 한 평화주의자로 생각한다. 우리가 바라보는 쇼와천황에 대한 이미지와 달라도 너무 다르다. 일본 정부는 종전기념일인 8월 15일에 전국 전몰자 추도식을 거행한다.

정오에는 전몰자를 위해 묵도黙禱도 한다. 이 광경을 보는 우리의 심정은
복잡하기만 하다.

〈종전 조서〉[16]

종전이지 패전이 아니다.

한편 일본에서 8월 15일은 또 다른 의미로 특별한 날이다. 이날은
오봉お盆이다. 이것을 우리말로 번역할 때, 추석으로 하는 경우도 있지만
사실은 좀 다르다. 음력 8월 15일인 우리의 추석에는 추수감사절의
의미가 들어 있지만 일본의 오봉에는 그런 성격이 희박하다. 오봉은
조상의 영혼을 맞이하여 공양하는 행사다. 양력 8월 13일 저녁에 '맞이하

16 https://ko.wikipedia.org/wiki/%ED%95%AD%EB%B3%B5_%EB%B0%A
9%EC%86%A1#/media/파일: Imperial_Rescript_on_the_Termination_of_
the_War1.jpg

는 불'로, 16일 저녁에 '보내는 불'로 조상의 영혼을 모시기도 하고 보내기도 한다.[17]

오봉은 조상숭배와 불교가 융합됐다고 보면 된다. 그것은 '봉盆'이란 용어가 불교 용어인 '우란분회盂蘭盆会'에서 유래했다는 것에서도 잘 드러난다. 이 날을 맞아 객지에 나가 있던 자식들은 고향으로 돌아간다.[18]

이이쿠라 하루타게는『일본의 연중행사와 관습 120가지 이야기』에서 오봉에 대해 아래와 같이 말한다.

오봉이 시작되는 13일(양력 8월 13일. 인용자) 저녁 무렵이 되면 정령 맞이라고 하여 조상의 영혼이 길을 잃지 않고 잘 찾아올 수 있도록 집이나 절의 문 앞에 조상을 맞이하는 불을 피웁니다. 그리고 불단 앞이나 야외 등에 본다나盆棚라고 부르는 임시로 설치한 선반을 두어 불단에서 위패를 꺼내 그 위에 안치합니다.

본다나에는 과일, 야채 등의 계절음식이나 오봉에 빠지지 않는 모란 떡 등을 올리며, 밥과 물도 아침, 점심, 저녁 세 번 공양합니다. 더욱이 여기에 오이로 만든 말이나 가지로 만든 소 인형을 장식하기도 하는데, 이것은 조상의 영혼이 말을 타고 '이승'을 다녀간다고 믿었기 때문입니다.[19]

---

17 이와 같은 설명이 일반적인데, 지역에 따라 그 구체적인 모습은 미묘하게 다르다고 한다. 이와타 시케노리,『일본 장례문화의 탄생』, 소화, 2009년, pp.19-34.

18 정치학자인 야마구치 지로도「8월 15일을 대하는 자세」라는 칼럼에서 "제2차 세계 대전 패전 뒤 74년이 지났다. 쇼와천황(히로히토 일왕)이 포츠담 선언 수락을 선언한 8월 15일은 불교 의식 중에서 죽은 이들에 대해서 생각하는 '우라봉盂蘭盆'의 날이기도 하다."라고 말한다. 패전일과 오봉이 같은 날이다. 우연의 일치일까? 아니면 치밀한 정치적 계산에 의한 것일까?
한겨레신문(2019.8.19.)

졸저『일본문화의 패턴』에서 직접 경험한 오봉에 대해 다음과 같이 서술한 적이 있다.

> 결혼 후 처음으로 처가댁에 갔을 때였다. 마침 오봉 전날이었다. 장인어른은 집 근처에 있는 절에 갔다. 절에는 선조의 묘가 있었다. 절에 가서는 향에 불을 피우고 촛불에서 불을 받아 집으로 가지고 왔다. 그리고는 그 불을 집에 있는 불단에 모셨다. 장인어른이 보여주는 일련의 행동을 통해 절에 가서 조상신을 집으로 모시고 온 것이라는 것을 알게 됐다.[20]

그리고 그때 장인어른과 장모님이 보여주신 오봉의 풍경을 직접 촬영한 사진을 소개했다. 오봉을 이해하는 데 도움이 되기에 여기에 다시 게재한다.

절에서 불을 받기 직전

등에 불을 받은 직후

19 이이쿠라 하루타게, 『일본의 연중행사와 관습 120가지 이야기』, 어문학사, 2010년, pp.82-83.
20 박상현, 『일본문화의 패턴』, 박문사, 2017년, pp.315-316.

집 안 불단에 조상을 모시는 장면　　　　　불단에 모신 조상에 바치는 음식물

　8월 15일! 우리에게는 광복절이다. 일본에게는 종전일이고, 오봉이
다. 이날 일본 정부는 지난 침략전쟁에서 일본을 위해 전몰한 사람을
추도하고, 각각의 일본 가정에서는 조상신을 모시고 공양한다. 같은
8월 15인데도 우리와 일본은 이렇게 다르다.

제4절　도코노마床の間

　얼마 전에 첫 캠핑을 했다. 아이들에게 자연을 체험해 주고 싶다는
아내의 성화 때문에 어쩔 수 없이 캠핑을 하게 됐다. 지금까지 캠핑을
하지 않았던 것은 야외에서 느끼는 불편함 때문이었다. 화장실, 잠자리,
식사 등 무엇 하나 평소와 다른 환경이 싫었다.
　그럼에도 이번에 캠핑을 하게 된 것은 장소가 일본이기 때문이었다.
일본학 연구자로서 일본 캠핑에서 뭔가 공부할 것이 있을 것 같았다.
장소는 아내 고향인 군마현에 있는 이카호伊香保 온천 근처의 그린green

목장이었다. 이 목장은 1,449m에 달하는 하루나산榛名山 기슭에 위치해 있다. 따라서 자동차로 꽤 높이까지 올라가야 했다. 캠핑을 하는 8월 초는 마침 장마가 그쳐서 그런지 매일 섭씨 35도를 웃도는 기온이었다. 하지만 높은 산기슭에서 하는 캠핑이라서 선선할 것이라고 생각하여 긴팔 남방과 담요까지 준비해 갔다. 그러나 가져간 옷과 담요를 사용할 필요가 없었다. 너무 더웠기 때문이다.

하루나산21

오픈한 첫날이라서인지, 평일이라서인지 캠핑하는 가족은 우리를 포함하여 두 팀밖에 없었다. 우리는 네 명이었고, 상대는 두 명이었다. 아버지와 초등학교 1학년 여자아이가 온 것이다. 두 가족은 12시에 집합했다. 간단한 주의사항을 듣고, 곧바로 텐트를 치러 갔다. 캠핑장에서 근무하는 스태프가 모든 것은 준비해 왔고 도와줬기에 쉽게 텐트를 칠 수 있었다. 4시 30분에는 저녁 식사를 시작했다. 어떻게 식사를

21 https://ja.wikipedia.org/wiki/%E6%A6%9B%E5%90%8D%E5%B1%B1#/
   media/ファイル: Mount_Haruna_view_from_Hokkitsu_Onsen_Tachibana_no_
   sato_Shiroyama.jpg

하는지 무척 궁금했다. 바비큐를 상상했다. 삼겹살을 그려봤다. 그런데 실제로 나온 것은 보쌈 같은 돼지고기였다. 실망했다. 식사 후에는 이카호 온천에서 한 시간 정도 온천욕을 즐길 수 있었다. 노천탕에서 그것도 남자 둘이서 말이다. 웬일인지 노천탕에는 다른 손님이 없었다. 남자 둘은 한 시간 동안 아무 말 없이 지친 몸을 온천에 담근 채, 서로 시선을 의식하면서 다른 방향의 먼 곳을 물끄러미 쳐다봤다. 이카호의 밤은 깊어 갔다.

온천을 마친 후, 두 가족은 온천 여관에서 제공해준 버스를 타고 온 길을 다시 돌아왔다. 오랜만에 체험하는 칠흑 같은 밤이었다. 평소 자던 침실과 비교하면 텐트 크기는 말도 되지 않게 좁았다. 네 사람이 겨우 발 뻗고 잘 수 있을 정도였다. 여유 있는 공간이 없었다. 뭔가를 장식할 공간도 없었다. 침실의 공간을, 주택의 공간을 생각해보는 귀중한 기회였다.

일본에 올 때마다 느끼는 것이 있다. 주택이 우리와 다르다. 특히 다른 것은 목조 주택이 상당히 많다는 점이다. 일본 여름이 고온다습하기 때문이다. 하지만 목조 주택에는 치명적인 약점이 있다. 화재에 약하다. 층간소음에 대단히 취약하다. 일본에서 유학했을 때였다. 목조 주택의 2층에 살았는데, 1층에 사는 주민이 주로 어떤 TV 프로그램을 시청하는지, 언제 식사를 하는지 등을 자연스럽게 알 정도였다.

그런데 우리와 다른 것은 주택의 외부 구조뿐만이 아니다. 내부 구조는 더욱 다르다. 일본 주택의 내부에서 먼저 눈에 띄는 것은 우리식 온돌이 없다는 것이다. 그 대신 바닥이 마룻바닥이나 다다미疊, たたみ로 되어 있다. 혹은 마룻바닥과 다다미가 공존하기도 한다. 아무리 서양식 집 구조라고 해도 집 어딘가에는 다다미로 된 방을 두는 것이 일반적이다.[22]

다다미

일본의 미는 유형미라고 부를 수 없을까? 다다미에서
느껴진다.

   그런데 정작 우리를 놀라게 하는 것은 이것이 아니다. 주택의 내부
구조에 종교적 색채가 강한 곳이 있다는 것이다. 어떤 집에서는 가미다
나神棚, かみだな라고 해서 신도神道적 장식물을 둔다. 또 어떤 집에서는
부쓰단仏壇, ぶつだん이라고 해서 불단을 두어 조상신을 모시기도 한다.
또 어떤 집에서는 가미다나와 불단을 동시에 설치해 놓기도 한다. 처가
에는 둘 다 있다.

22 미술사학자인 유홍준은 법륭사 등을 예로 들어 일본미는 직선미라고 한다. 미학에 조
    예가 깊은 지상현도 일본미를 논할 때, 한국은 곡선, 일본은 직선이라는 표현을 쓴다.
    그런데 나는 다다미를 근거로 이 직선미를 유형類型미라고 부르고 싶다.
    유홍준, 『나의 문화유산답사기』(일본편2), 창비, 2013년, p.134.
    지상현, 『한중일의 미의식』, 아트북스, 2015년, p.68.

가미다나

신도와 관련된 신을 모신 곳. 보통 태양신이 모셔져 있다.

불단

조상신과 부처를 모시고 있다.

이것만이 아니다. 일본 주택에서는 도코노마床の間, とこのま라는 것이 설치되어 있는 집이 적지 않다. 다다미방 높이보다 조금 높게 단을 만들어 놓은 곳으로 우리 주택에서는 전혀 볼 수 없는 공간이다. 여기에 꽃병을 놓기도 하고, 족자掛け軸, かけじく를 걸어놓기도 한다. 간혹 갑옷을 장식하기도 한다. 교육학자인 사이토 다카시는 도코노마에 대해 자연의 물건들이 제자리를 찾아 적절한 자리에 있다는 생각이 든다고 하는데,[23] 나는 도코노마가 작은 미술관처럼 느껴진다. 참선하는 장소 같다는 느낌도 든다. 차분해진다.

도코노마

도코노마는 승방僧房에서 그 기원을 찾고 있듯이 원래 불교와 밀접한 관련이 있는 공간이다. 따라서 족자도 애초에는 불화仏画가 많았다고

23 사이토 다카시, 『기회를 현실로 바꾸는 혼자 있는 시간의 힘』, 위즈덤하우스, 2015년, p.108.

한다.

처가에는 5평 남짓한 다다미방 곧 와실和室에 부쓰단(불단)과 함께 도코노마가 만들어져 있다. 다른 공간과 달리 여기에 들어오면 왠지 엄숙해진다.

캠핑을 할 때, 거의 잠을 자지 못했다. 반면에 아내와 아이들은 코를 골면서 잘도 잤다. 아내와 이이들이 부러웠다. 다음날 아침에 잠을 설친 나에게 아내는

"생전 처음 하는 캠핑이라서 흥분했거나 긴장했기 때문"

이라고 했다. 그럴지도 모른다. 하지만 그것만이 아니었다. 텐트에 누운 채, 나는 주택의 공간을 생각했다. 천막은 네 사람이 자기에 안성맞춤이었다. 경제적인 공간이었다. 쓸데없는 빈 공간이 없었다. 꼭 필요한 크기의 공간이었다. 하지만 뭔가 좀 부족했다.

텐트 속에서 바람 소리를 들었다. 새 우는 소리도 들었다. 벌레울음 소리도 들었다. 그리고 어디서 들려오는지 알 수는 없었지만 산신山神의 소리도 들었다. 나에게 텐트 밖은 도코노마였다.

천당은 있을까? 지옥은 있을까? 특정한 종교가 없는 사람도 천당이나 지옥에는 관심이 있을 것 같다. 나도 종교를 가지고 있지 않지만 지옥에는 흥미가 많다. 천당에는 가지 못할지라도 지옥에는 가고 싶지 않기 때문이다.

지옥地獄은 인도 고전어로인 산스크리트어梵語 Naraka 나라가, 那落迦의 번역어로 알려져 있다. 나락은 음역에 해당한다. 결국 지옥은 불교 용어다. TV나 영화와 같은 미디어 영향 때문이라고 생각하지만 내가 가지고 지옥의 이미지는 살기 어려울 만큼 뜨거운 물이나 불이 있거나 혹은 뱀 같은 흉측한 동물[24]들이 사는 곳이다. 이와 같은 지옥에 대한 나의 이미지는 영화 〈신과 함께: 죄와 벌〉(2017)을 봐도 크게 다르지 않다. 이 영화를 홍보하는 '저승 법에 의하면, 모든 인간은 사후 49일 동안 7번의 재판을 거쳐야만 한다. 살인, 나태, 거짓, 불의, 배신, 폭력, 천륜 7개의 지옥에서 7번의 재판을 무사히 통과한 망자만이 환생하여 새로운 삶을 시작할 수 있다.'라는 표현에서도 알 수 있듯이, 이 영화는 우리가 상상할 수 있는 지옥의 세계를 실감 있게 잘 묘사하고 있다.

아쿠타가와 류노스케의 단편소설인 〈지옥변地獄變〉(1918)도 지옥을 소재로 한다. 화가畫家 요시히데는 지옥을 테마로 한 병풍을 그리게 되는데, 예술적 완성을 위해 자신의 딸을 수레에 태운 후 불을 지른다. 이후 그는 불타는 수레를 그림으로 완성한다.[25] 아쿠타가와의 예술지상주의

---

24 이런 표현을 써서 뱀에게 미안하다.
25 조사옥 편, 『아쿠타가와 류노스케』(2), 제이앤씨, 2010년, pp. 139-176.

를 보여주는 작품이다.

그런데 몇 년 전에 영화에서가 아니라 실제로 '지옥'을 경험할 수 있었다. 이때 지옥이란 비유적으로 말하는 지옥이 아니다. '실제로 지옥이 있다면 아마도 이런 곳이겠구나'하는 것이다.

재직하고 있는 학과의 특성화 프로그램에 '일본현지어학연수 프로그램'이 있다. 방학을 활용하여 규슈의 오이타현에 소재한 벳부대학에서 2주간 일본어와 일본문화를 연수하는 것이다. 이 어학연수프로그램은 재학생에게 인기가 많다. 신청자는 어학연수에 드는 수업료 가운데 일부를 지원 받을 수 있고, 또한 일본에서 2주간 체재하면서 일본어와 일본문화를 체험할 수 있기 때문이다. 예전에 이 프로그램은 여름방학과 겨울방학에 각각 실시됐었는데, 우리 학과는 2월경에 실시하는 겨울 연수에 참가했었다. 개강식에는 벳부대학 총장님도 참석하셨고, 그때마다 이 시기가 여기서는 가장 추우니 건강관리에 유의하라는 말씀을 빠뜨리지 않으셨다. 그러면서 하시는 말씀이 여름이면 축제도 많고 볼 것도 많은데, 겨울이라서 그렇지 못하다고 아쉬워하시는 것이었다. 이 말씀을 들을 때마다 '다음에 기회가 되면 여름에 꼭 와야겠다'고 생각했다.

그런데 어느 해부터인가 벳부대학 사정으로 겨울에는 어학연수 프로그램을 실시하지 않게 됐다. 그 대신 어학연수를 희망한다면 여름에 오라는 안내가 있었다. '여름의 벳부!' 드디어 그 여름의 벳부를 직접 체험할 수 있게 된 것이다.

벳부는 온천으로 유명하다. 특히 이곳에는 '지옥 순례地獄めぐり'가 있다. 이 지옥 순례는 바다 지옥海地獄, 피 연못 지옥血の池地獄, 회오리바람 지옥竜巻地獄, 하얀 연못 지옥白池地獄, 오니이시 스님 지옥鬼石坊主地獄, 도깨비산 지옥鬼山地獄, 가마솥 지옥かまど地獄이라고 명명되는 온천을 둘러보는 코스

다. 모두 인접해 있기에 함께 돌아볼 수 있다.

'지옥 순례' 포스터

벳부는 한국 관광객이 많이 찾는 것이다. 한국 관광객이
오지 않으면 이곳 지역 경제는 큰 타격을 입을 것이다.

'바다 지옥'은 지옥 순례 중에서도 그 규모가 가장 크다. 온천수 온도는
약 98도 정도라고 한다. 온천수 색은 짙은 청색을 띠고 있는데, 온천수에
유산철硫酸鉄이 들어 있기 때문이라고 한다. 하루 160만 리터의 온천수가
솟아난다.

'피 연못 지옥'은 일본에서 가장 오래된 온천의 하나로 알려져 있다.
붉은 빛을 띠는 뜨거운 진흙 연못이라고 부를 수 있다. 온천수 온도는
약 78도 정도 된다.

'회오리바람 지옥'에는 호쾌하게 약 5분 정도 대략 30미터나 분출하는

뜨거운 온천수가 있다. 온천수 온도는 약 100도 정도나 된다.

'하얀 연못 지옥'은 차분한 일본식 정원에 있다. 유황 냄새가 압권이다. 온천수 온도는 약 95도 정도 된다.

'오니이시 스님 지옥'은 회색의 뜨거운 진흙이 끓어오르는 모습이 마치 스님 머리 같다고 해서 붙여진 이름이다. 온천수 온도는 약 99도 정도 된다.

'도깨비산 지옥'은 일명 '악어 지옥'이라고도 한다. 1923년에 일본에서 처음으로 온천열을 이용하여 악어를 사육하기 시작했다. 현재 100여 마리가 서식하고 있다.

'가마솥 지옥'은 옛날에 이곳의 열기를 이용해 신전에 올리는 공양 밥을 지었다는 데서 이런 이름이 붙여졌다고 한다. 약 90도 정도 된다.

벳부에 처음 갔을 때, 지옥 순례를 했다. 그때는 2월경으로 겨울이었다. 그다지 감흥이 일지 않았다.

숙소에서 바라본 벳부의 화산 분기공噴気孔, fumarole

온천 여관에서 촬영한 사진이다.

그런데 승녀이자 작가인 곤 도코今東光는 지옥 순례에 나오는 여러 지옥 온천을 둘러보고, '지옥이란 바로 이런 곳이다'라는 취지로 다음과 같은 글을 남겼다. 역시 작가는 달랐다. 제목은 〈지옥찬地獄讚〉이다. 좀 길지만 그대로 인용한다.

단테나 밀턴, 블레이크 같은 사람들이 묘사한 천국[26]은 전혀 아름답지도 않고 재미있지도 않다. 그런데 지옥편으로 가면 정말로 유쾌해진다. 거기에는 살아 있는 자가 겪는 참혹함이 유감없이 표현되어 있어서, 나 같은 건 극락보다는 지옥으로 가고 싶다. 위대한 시인이나 작가에 의해서 묘사되어 있는 천국이나 지옥은 현재를 살아가는 우리에게는 무섭지도 않고 부러울 것도 없다.
하지만 **우리가 벳부를 여행하고 있으면 팔대지옥이 바로 우리 눈앞에 있다. 이것은 확실히 무서운 지옥과 다름이 없다. 열탕이 분출하고, 울렁울렁 땅이 울리고 살아 있는 거대한 악어가 수없이 꿈실거리며, 귀신만 눈에 안 보인다 뿐이지, 한번 미끄러지면 순식간에 이 세상 사람이 아니다. 지옥에서 끓고 있는 가마솥보다 더 뜨거울 거라 생각하니 지옥에 가고 싶다는 근성 같은 건 다 없어진다.**
인간은 세상을 살아가면서 한번은 지옥을 경험하게 되고, 여러 가지 의미로 자기 자신을 반성하고 삶이라는 것에 대해 생각하기에 벳부의 지옥에 펼쳐진 여러 모습을 눈으로 직접 볼 것을 오히려 권하고 싶다. 지옥을 빠져나가 되살아난 인간이야말로 진짜 인간이기 때문

---

26 말할 것도 없이 '천국天国'은 기독교에서 온 말이다. 지요자키 히데오는 일본어의 '천국'에는 파라다이스와 함께 에덴의 의미도 들어 있다고 지적한다.
千代崎秀雄, 『日本語になったキリスト会のことば』, 講談社, 1989年, p.90.

이다.[27]

충분히 공감이 가는 이야기다. 특히 마지막 단락인 "인간은 세상을 살아가면서 …… 진짜 인간이기 때문이다"는 더욱 그렇다. 동의한다. 하지만 여기에는 한 가지 조건이 있다. 여름에 가야 한다는 것이다. 여름에 지옥 순례를 해야만 한다는 말이다. 봄이나 가을 그리고 겨울은 안 된다. 반드시 여름이어야 한다.

벳부 어학연수에서 겨울 프로그램이 폐지되고, 여름 프로그램만 남게 됐다. 예전에 벳부대학 총장님의 말씀도 있고 해서 큰 기대를 가지고 여름 연수에 참가했다. 축제를 체험할 수 있었던 것은 좋았다.[28] 하지만 더 좋은 체험을 했다. 살아서는 느낄 수 없는 '지옥'을 직접 체험하게 된 것이다.

여름이라는 조건만 갖춰진다면 작가인 곤 도코 같이 굳이 지옥 순례를 하지 않아도 된다. '벳부'라는 지역 그 자체가 '지옥'이기 때문이다. 살아서 지옥을 체험하고 싶은 사람에게 권하고 싶다. 꼭 벳부를 가보라고. 그것도 '여름'에 가보라고. 그곳이 바로 '지옥'이다!

---

27 벳부지역조합別府地獄組合이 제작한 팜플렛에서 인용.

28 문화심리학자인 김정운은 축제의 역할에 대해 "축제를 통해 시간은 반복되는 것처럼 느껴지고, 축제를 할 때마다 시간은 내가 통제할 수 있는 것이 된다. 그러니까 축제는, 영원으로 흘러가는 시간을 마치 매년 반복되는 것처럼 느껴지도록 내 삶의 통제력을 높이는 수준 높은 '문화전략'인 것이다."고 말한다. 맞는 말이다.
김정운, 『나는 아내와의 결혼을 후회한다』, 쌤앤파커스, p.263.

불교 신자가 교회에서 결혼하다

일본인에게 종교가 있냐고 물어보면 돌아오는 대답은 거의 정해져 있다.

"종교는 없는데요."

이때 종교가 없다는 것은 기독교처럼 교단이 있고, 경전이 있는 종교는 믿지 않고 있다는 의미다. 그렇다면 일본인은 진정 종교가 없는 것일까? 그렇지는 않아 보인다.

일본인은 새해가 되면 하쓰모우데初詣라고 하여 신사神社나 절寺에 가서 참배를 한다. 그리고는 신과 부처에게 가족이 무사태평하고 평안하기를 기원한다. 그리고 장례식은 대개 불교식으로 한다. 다만 그들은 신사나 절에서 하는 구복求福 혹은 장례를 종교의식이라기보다는 생활양식으로 받아들이고 있다는 점이 독특하다. 이런 그들의 생각이 가장 극단적으로 잘 드러나는 것은 바로 크리스마스다. 일본인에게 크리스마스는 연말에 있는 대형 이벤트에 불과하다.[29]

종교에 대한 일본인의 의식과 감각을 잘 보여주는 것 중의 하나가 바로 결혼식이다. 몇 년 전에 있었던 둘째 처남의 결혼식을 소개하고 싶다. 장남이 있는데 먼저 결혼하게 됐다. 일본에서는 흔히 있는 일이다. 대개 '데키찿타できちゃった 결혼' 곧 '혼전 임신 결혼'이라고 해서 아이가

---

29 크리스마스에 한해서는 우리도 다소 비슷한 모습을 보이고 있기는 하다.

먼저 생겨 급히 결혼식을 올리게 된 경우다. 우리식으로 말하면 속도위반이다. 살림 장만이다. 얼마 전에 해산한 일본의 아이돌 그룹인 스마프 SMAP의 핵심 멤버인 기무라 다쿠야가 그런 경우다. 궁금했다. 처남에게 국제전화를 걸어 조심스럽게 물어봤다.

"혹시 아이가 생겨서 급히 결혼식을 올리는 거야?"

"그럴 리가요. 제 성격 잘 아시면서."

그랬다. 처남은 그럴 인물이 되지 못했다. 신중하고 섬세한 성격이기 때문이다. 이왕 전화를 건 김에 또 물어봤다.

"결혼식을 어디서 할 거야?"

"오사카에서요. 제 직장도 여기고, 처가도 여기니까요."

처남은 군마 출신이다. 관동関東 지방 출신인 것이다. 그런 처남이 오사카 출신인 관서関西 지방 출신과 결혼을 하게 됐다.

일본에서는 동경을 중심으로 한 관동과 오사카, 교토京都, 나라奈良를 중심으로 한 관서는 라이벌 관계다. 특히 관서는 일본에서 오랜 기간 역사의 중심 무대였다. 역사에 대한 프라이드가 상당하다. 그래서 이 두 지역은 감정이 서로 좋지 않다.

"장소는?"

라는 물음에

"호텔에서 해요."

라는 대답이 돌아왔다.

일본에서는 결혼은 하지만 결혼식은 올리지 않는 경우도 흔하다. 혼인신고만 하고 사는 커플도 적지 않다. 내 주변에도 몇 명이나 있다. 하지만 결혼식에 대한 로망은 가지고 있다. 일본 결혼식은 크게 세 가지로 나눌 수 있다. 신사神社에서 하는 신전神前 결혼, 절에서 하는 불전仏前 결혼, 교회에서 하는 결혼 곧 웨딩이 있다. 특히 교회에서 할 때는 목사님이나 신부님이 식을 거행해준다.

"호텔? 그럼 목사님이 식을 거행하는 결혼식이야?"

라고 묻자

"네!"

라는 대답이 돌아왔다.

일본에서는 종교가 신도神道[30]인 사람도, 불교인 사람도 종교와 관계없이 결혼식은 웨딩 곧 기독교식으로 하는 경우가 흔하다. 이것이 대세다. 우리 감각으로는 좀 이해하기 어렵다. 기독교 신자도 아닌데 말이다. 예전에 소문으로만 듣던 것을 직접 경험하게 된 것이다. 흥미로웠다. 처남에게 물었다.

"처남은 불교 신자인데, 왜 기독교식으로 결혼식을 올려?"

"……."

잠시 정적이 흘렀다. 처남에게는 너무나 당연하고 별로 생각해보지 않았던 질문이었기 때문일 것이다. 잠시 침묵이 흐른 후,

"멋있잖아요!"

라는 답변이 돌아왔다.

처남의 결혼식 당일이었다. 호텔에 조그만 채플이 마련돼 있었다. 결혼식을 올리기 위한 교회였다. 이런 감각이 너무 신기했다. 목사님인가 신부님인가도 있었다. 외국인이었다. '정말 목사님이나 신부님일까?' 하는 의구심도 들었다. 아르바이트일 수도 있다는 말이다. 하지만 오늘 결혼식을 올리는 두 선남선녀에게는 그런 것이 중요할 리 없다. 예식이

---

30 지명관은 **신도를 교리나 사상이 없는 의식만의 종교**라고 말한다. 적절한 지적이다.
지명관, 『벚꽃은 오래 피지 않는다』, 동아일보사, 1993년, p.180.

멋있으면 되는 것이다.

호텔 내 교회(성당), 신부님 앞에선 신랑

일본의 고급 호텔에는 작은 교회(성당)를 준비한 곳이 많다.
결혼식을 위해서다.

유학 시절에 알고 지냈던 일본인의 결혼식에는 몇 번 참석한 적은
있었지만 친족으로 결혼식에 참가한 것은 처음이었다. 어떤 옷을 입어야
하는지 몰라서 아내에게 물어봤다.

"양복 입고 가면 되는 거지!"

"일본에서 8년이나 유학한 거 맞아? 일본학 전공자 맞아?"

어이없어 하는 아내의 마음을 모르는 바는 아니다. 하지만 모르는
게 당연하다. 아내와 결혼하기 전에 내가 다른 일본인과 결혼한 적도
없으니, 친족으로 결혼식에 참가한 적도 없지 않은가? 그래서 처남 결혼
식에 맞춰 급히 결혼 예복을 장만했다. 친족 예복은 달랐다. 검은 양복에

흰 넥타이를 매야 했다. 아래 이미지와 같이 말이다. 물론 아내는 일본의 전통 옷인 기모노着物를 입었다.

친족 남성 예복

처가의 친족이다. 얼마 전 상처를 했다. 초고령인데 혼자서 여생을 어떻게 보내실지.

일본 결혼식은 한국 결혼식과 다른 점이 적지 않다. 우선 결혼식에 참여하는 인원수가 상대적으로 우리보다 적다. 꼭 불러야 하는 사람만 부르기 때문이다. 그래서 사전에 하는 것이 출석 체크다. 신랑 신부는 결혼식에 초대할 사람에게 미리 엽서를 보내어 출석 여부를 확인한다. 하객은 참석할 의향이 있으면 반신용 엽서에 출석한다고 표시를 한 후 반송한다. 참석한다고 하면 반드시 참석해야 한다. 피로연 장소에 가면 자신의 이름이 새겨진 푯말이 있기 때문이다. 참석한다고 해놓고 당일 가지 않거나, 출석하지 않는다고 해놓고 갑자기 출석하면 곤란하다.

결혼식 주인공은 아름다웠다. 흰색이 더욱 하얗게 빛났다.

피로연 예복

흥미로운 것은 결혼식 후에 열린 피로연이었다. 결혼식에 참가했던 참석자 전원이 피로연장으로 이동했다. 아직 신랑과 신부는 자리에 없었다. 잠시 후에 드디어 주인공이 나타났다. 피로연을 위한 정장과 드레스로 갈아입었다. 그런데 피로연 때 몇 번이나 옷을 갈아입었다. 이것을 일본어로 오이로나오시お色直し라고 한다.

일본인은 출생은 신도식式으로, 결혼은 기독교식으로, 장례는 불교식으로 하는 경향이 많다. 우리 사고방식으로는 이해하기 쉽지 않다. 일본인의 종교관에 대한 흥미로운 일화가 있다. 유학 시절에 H라는 대학원생 선배가 있었다. 그에게

"왜 일본인은 통과의례를 신도식, 기독교식, 불교식으로 혼합해서 해요? 하나로 통일하면 안 되나요?"

라고 물었다.

　H의 대답이 걸작이었다.

　"나를 아끼고 사랑하는 신이 많으면 많을수록 좋잖아!"

　"……."

　일본인의 종교관은 흥미롭다. 종교가 생활화 되어 있어서 그것을 종교라고 의식하지 않기 때문이다. 또한 여러 신神들을 모두 포용하기에 일본에서는 종교전쟁 같은 것은 일어나지 않을 것 같기 때문이다.[31]

---

31 이 글은 『일본문화의 패턴』(박문사, 2017년 4월, pp. 291-298)에 실은 내용을 본서의 취지에 맞춰 수정하여 게재했음을 밝힌다.

제5장

유 교

성형 미인은 싫다

　유학 갔을 때다. 삿포로의 관문인 신치토세공항에 내렸다. 당시 애연
가였기에 비행기에서 내리자마자 흡연할 수 있는 곳을 찾았다. 그리고
담배를 꺼내 흡연실로 들어갔다. 순간, 소문으로만 듣던 광경을 목격했
다. 20대 초반으로 보이는 여자가 나이든 아저씨와 할아버지 사이에서
태연하게 담배를 피우고 있지 않은가! 지금과 달리 1990년대 후반만하
더라도 한국에서는 좀처럼 보기 힘든 광경이었다. 일본은 유교문화권이
아니었던가?

　유학생활을 시작한지 얼마 지나지 않아 대학원 신입생 환영회가 열렸
다. 즐거운 마음으로 참석했다. 그런데 환영회 술자리에서 나를 당혹하
게 하는 장면이 있었다. 바로 앞자리에 50대로 보이는 여교수님이 앉아
계셨다. 그 교수님은 내 술잔이 좀 비자 자연스럽게 내 술잔을 채워주시
는 것이 아닌가! 내 잔에는 아직 술이 남아 있었는데도 말이다. 말로만
듣던 첨잔이었다. 황송해 하면서 두 손으로 술을 받고, 부끄러운 듯
한쪽으로 고개를 돌리면서 마셨다. 여교수님은 주위에 있던 일본인 남학

생에게도 술을 따라주셨다. 그네들은 한 손으로 받고, 고개를 돌리지도 않고 마셨다. 대놓고 담배까지 피워댔다. 소문으로만 듣던 맞담배였다.[1]

역사학자인 김현구도 『김현구교수의 일본이야기』에서 방금 언급한 것과 유사한 경험을 했듯이 많은 한국 유학생이 당혹해 하는 것이 위와 같은 장면이다. 일본은 유교문화권이 아니었던가?

김현구는 자신의 저서에서 다음과 같은 일화를 예시했다.

> 일본 사회만이 아니고 일본 학생들도 좀 이상했다. 대학원의 지도교수라고 하면 적어도 10년 동안 일주일에 한번 이상씩 만나서 지도를 받아야 하는 분으로, 옛날처럼 군사부일체는 아니더라도 절대로 가볍게 생각할 수가 없다. 내 지도교수는 학문적으로도 대단히 훌륭한 분일뿐만 아니라 인격적으로도 흠잡을 데가 없었다. 그런데 학생들은 존경심은 고사하고 선생에게 존칭도 쓰지 않을 뿐만 아니라 험담도 예사로 하고 선생님의 연구실에서 담배도 피워대는 등 도대체 예의라든가 버릇이라고는 조금도 없는 것이었다.[2]

> 내가 한국에서처럼, 연구실에 앉아 있다가 선생님이 들어오시면 일어서서 인사를 하고 앉는다든지 술집에서 선생님에게 먼저 술을 따라드린 뒤에 마시는 등 일상적인 습관대로 했더니 내가 아부를 한다고 수군대기까지 하는 것이었다. '상놈의 자식들이라 할 수가 없구나'하고 생각했다.[3]

---

1 박상현, 『일본문화의 패턴』, 박문사, 2017년, p.182.
2 김현구, 『김현구 교수의 일본이야기』, 창비, 1996년, p.40.
3 김현구, 『김현구 교수의 일본이야기』, 창비, 1996년, p.40.

『일본문화의 패턴』

졸저에서는 원칙 문화형, 일관성 문화형, 구분 문화형, 고맥락 문화형, 결속 문화형, 개인주의 문화형, 배려문화형, 축적 문화형, 반복확인 문화형, 원거리 문화형 같은 10가지 문화형으로 일본문화를 분석했다.

유학했을 때 김현구와 같은 경험을 적지 않게 했다. 하루는 연구실에서 공부하고 있을 때였다. 지도교수님이 갑자기 연구실로 들어오시기에 자리에서 벌떡 일어나 인사를 드렸다. 그러나 옆에서 공부하고 있던 다른 일본 학생은 그러지 않았다. 시간이 지남에 따라 나도 차츰 일본 학생과 동일한 행동을 취했다. 나중에 들은 이야기이지만, 사실 지도교수는 공부하다가 벌떡 일어서서 인사하는 내가 좀 부담스러웠다고 한다. 또한 미안하다는 느낌도 가졌다고 한다. 당신이 제자의 공부를 방해하지는 않았나 하는 생각이 들어서였다고 한다.[4] '그렇게 생각할 수도 있구나!'하고 느꼈다. 일본은 유교문화권이 아니었던가?

일본에서 약 8년 정도 있으면서 고등학교와 대학에서 각각 교편을 잡은 적이 있다. 삿포로의 한 고등학교에서는 2년 여간 한국어를 가르쳤다. 그런데 재미있는 것은 나를 부르는 학생의 호칭이었다. 어떤 학생은 '박朴'이라고 부르고, 어떤 학생은 '박 선생님朴先生'이라고 불렀다. 일본에서는 일반적으로 성姓에다가 '상さん'이라는 존경을 나타내는 말을 붙여서 부르기에, '박 선생'이나 '박상'이라는 호칭에는 수긍이 갔지만, '박'이라고 부르는 것에는 좀 납득이 가지 않았다. 그런데 나중에 알게 된 사실이지만 학생들이 나에게 친밀감을 느끼면 느낄수록 '박'이라고 부르는 것이다. 한편 아침에 복도에서 학생들을 만나면 나는 그들에게 '오하요우おはよう' 곧 '안녕'이라고 말했다. 그러면 학생 중 반 정도는 '오하요우고자이마스おはようございます' 곧 '안녕하세요'라고 했지만, 나머지 반 정도는 '오하요우'나 '옷하おっはー(안녕보다 더 가볍게 하는 인사. 보통 중고등학교 여학생들이 친구끼리 하는 인사말)'[5]라고 대답했다.[6] 일본에서 선생과 학생 관계는 '친구' 같았다. 일본은 유교문화권이 아니었다.

그런데 희한하게도 '유교문화권의 흔적인가'하고 생각하게 하는 것이 있다. 성형에 대한 일본인의 의식이 그랬다. 연구실에는 유독 여학생이 많았다. 주로 일본문학과 일본문화를 연구하는 곳이었기 때문이다. 연구실에 자주 오는 대학원 여학생이 있었다. 피부가 하얗고 외모가 눈에 띄는 학생이었다. 그런데 그 여학생의 볼에는 큰 점이 하나 있었다. 볼 때마다 생각했다. '그 점만 빼면, 더 보기 좋을 텐데.' 그러나 일본인 학생들은 어느 누구도 그 여학생의 점에 대해 이야기하지 않았다.

---

4 박상현, 『한국인의 일본관』, 박문사, 2015년, pp. 151-153.

5 '옷하'는 이미 사어死語가 됐다고 한다.

6 박상현, 『한국인의 일본관』, 박문사, 2015년, pp. 153-154.

그러던 어느 날이었다. 유학 온 지 얼마 되지 않은 한국인 여자 유학생이 그녀에게 조심스럽게 점에 대해 이야기했다

"점만 빼면 더 예쁠 텐데."

숨죽이며 지켜보던 나는 심장이 멈추는 것 같았다. 일본에서 외모에 대한 지적은 '금기'에 가까웠기 때문이다. 막 유학 온 한국 여자 유학생이 그 금기를 깬 것이었다. 이렇게 된 이상 그녀가 어떤 대답을 할지 궁금했다. 당황한 기색이 역력했던 그 여학생은 잠시 흐르던 침묵에 종지부를 찍고 다음과 같이 말했다.

"부모님께 물려받은 몸에 함부로 손을 댈 수 없어서."

너무나도 뜻밖의 대답이었다. 듣고 있던 내 귀를 의심했다.

일본여성도 성형을 하지 않는 것은 아니지만 성형에 대해 상당히 부정적이다. 이에 대해 김선우는 『여성 외모의 아름다움 인식에 대한 한중일 비교문화연구』에서 아래와 같이 말한다.

일본의 젊은 세대 여성들이 느끼는 성형에 대한 감정은 '성형에 대한 부정적 감정'의 단일 차원으로 구성되었다. 이들은 성형을 한 사람들의 외모가 자연스럽지 못하고 인위적이라는 점을 언급하며 미적으로 우수하지 않다고 생각하고 있었으며, 성형 미인의 심리적 상태 역시 자신감이 부족할 것이라고 예측하며 부정적으로 생각하였다. 이러한 인식 때문에 본인의 외모에 만족하지 못하더라도 본인이 성형 후 받게 될 사회적 질타가 두려워 성형을 하고 싶지

않다고 응답했다.[7]

　그럼 왜 이렇게 일본 여성은 성형에 부정적일까? 여러 가지 측면이 복합적으로 작용하고 있는 것 같다. 첫째, 쌍꺼풀 수술이나 코 높이는 수술은 연예인[8]이나 물장사를 하는 여성이나 한다는 생각이 뿌리 깊다. 둘째, 굳이 성형을 하지 않아도 화장이나 패션 등으로 보완할 수 있다고 생각하는 경향이 있다. 셋째, 수술 자체에 대한 두려움과 더불어 수술 후 타인의 시선이 두렵기 때문이다. 넷째, 미의 기준이 획일적이지 않고 다양하다고 여기는 경향이 있다. 즉, 예쁜 여자를 추구하는 것이 아니라 귀여운 여자를 지향하는 것이다. 따라서 송곳니도, 작은 키도, 뚱뚱한 것도, 점도 모두 매력 포인트가 될 수 있다고 생각한다. 다섯째, 성형을 남을 속이는 솔직하지 못한 행동이라고 생각하는 경향이 있다. 성형을 타고난 자신의 숙명을 거스르는 발칙한 행동이라고 비난하는 것이다. 여섯째, 일본은 '얼굴보다 마음'을 더 중요하게 생각하는 사회이기에 성형의 필요를 느끼지 못한다고 말하기도 한다. 일곱째, 일본남성이 여성의 외모도 중요하지만 요리 잘 하는 여자, 남자에게 잘 해주는 여자, 남자를 잘 따르는 여자, 애교 있는 여자를 선호하는 것도 성형에 대한 욕망을 절제하게 하는 것 같다.

　하지만 그렇다고 일본 여성이 성형을 하지 않는 것은 아니다. 2014년에 발표된 국제미용성형수술협회The International Society of Aesthetic Plastic Surgery 자료에 따르면, 일본에서 이루어진 성형 수술은 총 126만여

7　김선우, 『여성 외모의 아름다움 인식에 대한 한중일 비교문화연구』, 서울대학교대학원 의류학과 박사학위논문, 2013년 8월, p.154.

8　연예인도 몰래 성형한다.

건에 달한다고 한다. 그런데 흥미로운 것은 이 가운데 칼을 대는 수술 미용성형은 32만여 건(약 26%)에 불과한데 비해, 비수술 미용성형이 93만여 건(약 74%)에 달한다는 사실이다. 일본인이 비수술 미용성형 곧 쁘띠성형プチ整形을 선호하는 이유는 이것을 의료 치료 곧 자신의 결점을 보완하는 치료 행위라고 간주하기 때문이다. 그래서 일본에서 성형의 한자는 '성형成形'이 아니라 '정형整形'인 것이다. 주로 하는 것은 쌍꺼풀 등이다.[9]

참고로 비수술 미용성형은 아니지만 일본 여성은 체모에 특히 신경을 많이 쓴다. 지하철이나 TV에 체모 제거 관련 광고가 많은 이유도 여기에 있다.

일본 여학생이 말했던

"부모님께 물려받은 몸에 함부로 손을 댈 수 없어서"
라는 말은 '신체발부 수지부모 불감훼상 효지시야身体髪膚 受之父母 不敢毁傷 孝之始也'를 가리킨다. 유교의 종주국이라고 자부하는 우리가 일본사람에게 이런 말을 듣다니!

언어학과 문화학에서는 중심부와 주변부라는 개념을 활용하여 언어 현상과 문화 현상을 설명하곤 한다. 이것을 거칠게 말하면 중심부에서 잊어버린 혹은 잃어버린 언어 및 문화 현상이 주변부에 남아 있다는

9 일본 여성의 성형에 관해서는 방송국 기자인 유영수의 글이 참고가 된다.
유영수, 『일본인의 심리상자』, 한스미디어, 2016년, pp.85-91.

것이다. 혹시 성형에 대한 일본인의 인식이 그럴지도 모른다는 생각을 하게 됐다.

제2절 효도

신체발부 수지부모 불감훼상 효孝지시야
(신체와 머리카락과 살갗은 부모에게서 받은 것이니 감히 상하게 하지 않는 것이 효도의 시작이다)

매년 여름방학과 겨울방학을 활용하여 일본 처갓집에 간다. 처가에 갈 때마다 느끼는 것은 부모 자식 간의 관계가 우리와 다르다는 것이다.

우선 첫째 처남 이야기부터 하고 싶다. 처남은 결혼 전에 동거를 시작했다. 어느 날 결혼을 약속한 사람이라고 하면서 한 여성을 데리고 왔다. 일본에서 동거는 시민권을 얻은 지 오래다. 그래서 전혀 놀라지 않았다. 일본어에는 '동거同居, どうきょ'와 '동서同棲, どうせい'라는 말이 있다. 일본어 '동거'는 별거別居의 반대 개념이다. 따라서 일본어 '동거'는 가족끼리 함께 산다는 의미이지 우리말의 동거 곧 결혼 전에 남녀가 함께 사는 것을 의미하지 않는다. 우리말의 동거에 해당하는 말은 일본어의 '동서'다. 따라서 처남의 동거는 사실 일본어로는 '동서'가 된다. 또한 부모님도 웬만해서는 결혼 상대를 반대하지 않는다. 자식의 인생은 자식

의 인생, 부모의 인생은 부모의 인생이라는 생각이 있기 때문이다. 그래서 아무 말 없이 동거할 사람을 데리고 온 것에도 놀라지 않았다. 그렇다고 장모와 장인이 처남의 동거에 불만이 없었던 것은 아닌 것 같다. 동거 그 자체가 아니라 그녀가 어떤 사람인지에 대한 정보를 장모와 장인에게 전혀 공유해주지 않았기 때문이다. 내심 섭섭하고 불편한 느낌을 한국인 사위에게 보일 정도였다. 물론 처남이 이런 행동을 취한 것은 처남과 부모님, 특히 처남과 장인과의 관계에 좀 문제가 있었기 때문인 것 같다. '백년손님'에 불과한 사위가 처가댁의 세세한 사정까지는 알 수 없었고, 나에게 들려주지도 않았다. 물론 묻지도 않았다. 관찰자의 입장에서 일정한 거리를 두면서 그들의 관계를 지켜볼 뿐이었다.

내가 놀란 것은 다른 데에 있었다. 처남이 동거를 자신이 살고 있는 처가의 2층에서 시작했다는 것에, 그리고 이후 처남이 보인 행동에 놀랐다. 처갓집은 2층집이다. 1층에는 장인과 장모가 거주하고, 2층에는 첫째 처남이 지내고 있었다. 그런데 동거할 여성을 데리고 자기 방에서 같이 살기 시작한 것이다. 나는 처남과 동거녀, 그리고 장인과 장모가 앞으로 어떻게 생활할지 궁금해졌다. 저녁 식사 시간이었다. 장인과 장모, 그리고 우리 가족은 함께 저녁을 먹기 시작했다. 그런데 처남과 그녀는 내려오지 않았다. 나는 처갓집에서 일주일 이상 머물렀지만, 단 한 번도 같이 식사를 하지 못했다. 아내에게 물어봤다.

"처남과 동거하는 여성은 우리와 식사하지 않아?

"2층에 간이 부엌이 있고, 식탁이 있어서 거기서 식사한대!"

아내의 답변과 말할 때의 표정을 봐서 아내도 내심 불만이 많다는 것을 알 수 있었다.

우리 가족이 처가댁을 떠날 때였다. 나는 장모와 장인에게

"그간 신세 많이 졌습니다. 방학에 다시 신세 지러 오겠습니다."
라고 말했다. 일본식 인사말로 고마움을 표했다.

또한 처남과 동거녀에게도 같은 일본식 인사말을 했다. 아내도 처남과 그녀에게 같은 인사말을 했다. 아내는 역시 일본인이었다. 이런 상황에서 웃으면서 격식 차린 인사말을 할 수 있으니 말이다. 그런데 동거여성의 답변이 걸작이었다. 상냥하게 웃으면서 아무렇지도 않게

"또 놀러 오세요!"

라고 말했다.

동거녀의 말에 아내가 폭발했다. 집을 나와서 흥분하며 나에게 말했다.

"결혼도 하지 않고, 우리 집実家에서 동거하는 사람이 나에게 '또 놀러 오세요!'라니."

처남과 동거녀는 몇 개월 후에 결혼했다. 우리 가족은 참석하지 못했다. 피치 못할 사정이 있었기 때문이다. 처남 내외는 결혼한 후에도 처가댁 2층에서 살았다. 분가하고 싶었겠지만 경제적으로 여유가 없었기 때문일 것이다. 처남이 결혼한 후에 우리 가족은 방학을 이용하여 장모와 장인을 뵈러 갔다. 첫날 처남 내외와 우리 가족은 간단한 인사를 나눴다. 그게 전부였다. 처갓집에 머문 기간 내내 처남 내외와 식사를 단 한 번도 하지 못했다. 아내에게 물었다.

"처남 내외는 평소 부모님과 같이 식사하지 않아?"

"응! 식사는 각자 한대!"

"부모님은 섭섭하지 않을까?"

"좀 섭섭하지만 식사를 같이 하자고 말하지 않는다고 하네. 그냥 이대로가 편하대!"

우리 가족이 처가댁을 떠날 때였다. 나는 장모와 장인에게 항상 그랬

듯이

"그간 신세 많이 졌습니다. 방학에 다시 신세 지러 오겠습니다."
라고 말했다. 일본식 인사말로 감사함을 표했다.

또한 처남 내외에게도 같은 일본식 인사말을 했다. 아내도 처남 내외
에게 같은 인사말을 했다. 처남댁은 이번에도 상냥하게 웃으면서 아무렇
지도 않게

"또 놀러 오세요!"
라고 말했다.

처남댁의 말에 이번에는 아내가 폭발하지 않았다. 그 대신 미소를
띠면서

"고마워요. 그리고 앞으로 잘 부탁해요."
라고 말했다.

아내와 처남댁은 놓인 입장이 바뀐 것이다. 아내는 출가외인出嫁外人이
고, 처남댁은 처가의 뒤를 이을 안주인이 될 사람이기 때문이다.

다음으로 아내 이야기를 하고 싶다. 아내에게 청혼을 했을 때였다.
아내는 좀 주저했다. 여러 가지 이유를 들면서 결혼을 미루자고 했다.
그 중에 한 가지는 자신이 좀 빚이 있다는 것이었다. 그래서 호기를
부려 내가 대신 갚아주겠다고 했더니,

"학자금 대출을 받아서 빚이 3,000만 원 정도 있는데, 괜찮아요?"
라는 말이 돌아왔다. 당시 나는 제정신이 아니었나 보다!

"그럼, 대신 갚아줄게!"

그래서 우리는 결혼을 했다. 아내는 정말로 3,000만 원 정도 빚이 있었다. 하지만 내가 갚기도 전에 아내가 모두 변제했다.

나중에 아내가 내게 말했다.

"사실 당신이 청혼하기 전에 비슷한 말을 한 사람이 있었는데, 나에게 빚이 있다고 하니 그냥 포기하더라고. 그래서 당신이 청혼했을 때도 똑같이 말했던 거예요. 그럼 도망갈 거라고 생각해서!"

나는 아내의 말을 듣고 아무 말도 하지 않고, 그냥 웃기만 했다. 사실 청혼할 때 나는 제정신이 아니었기 때문이다.

일본 대학의 장학금 제도는 우리와 다르다. 한국 대학의 장학금은 학점이 좋은 사람이 받는다. 철저하게 학점 위주다. 그리고 되갚을 의무도 없다. 하지만 일본은 다르다. 일본은 학점이 중요한 것이 아니다. 학점을 보기는 하지만 그것보다는 경제적으로 학자금이 꼭 필요한 사람에게 장학금을 준다. 그것도 그냥 주지 않는다. 빌려준다. 따라서 졸업 후에는 갚아야 한다. 아내가 진 빚 3,000만 원은 사실 학자금 대출이 아니다. 장학금으로 받은 3,000만 원을 다시 갚아야 했던 것이다.[10]

아내에게

"동경에서 대학과 대학원 다닐 때, 학자금과 생활비는 어떻게 했어?"라고 물었다.

아내는

---

10 2019년 8월 29일자 중앙일보에도 비슷한 내용의 기사가 실려 있다. 여기서 양은심은 '장학금'이라는 한자에 대해 "같은 한자를 쓰는 '장학금'이란 말 하나도 나라(한국과 일본. 인용자)에 따라 그 의미는 달라진다. 서로 다른 말을 쓰는 나라끼리는 얼마나 많은 오해를 하며 살아가고 있을까. 상대방 문화에 대한 이해 그리고 통역과 번역의 중요성을 새삼 생각하게 된다."고 말한다.
중앙일보(2019.8.29.)

"학자금은 장학금으로, 생활비는 아르바이트로 충당했지!"
라고 당연하다는 듯이 대답했다.

"부모님이 학자금을 보내주지 않았어?"

"아니! 물론 부모님에게서 학자금을 받는 사람도 있지만, 일본에서 그런 경우는 그다지 많지 않아!"

아내의 말에 내심 놀라면서 아내에게 다시 물었다.

"한국에서는 부모님이 학비를 내주는 경우가 적지 않거든. 학비뿐만이 아니라 결혼자금까지 대주는 부모님도 많지! 자식들도 보모에게 그런 것을 좀 기대하고 있기도 하지. 물론 부모니까 당연히 해줘야 한다고는 생각하지는 않지만 말이야!"

이 말에 아내가 안색을 바꾸면서 말했다.

"그러니까 한국 부모님은 자식 결혼 등에 많이 관여하는 거 아냐? 경제적으로 지원을 많이 해줬으니까. 그리고 자식을 자신의 일부하고 생각하니까."

하나의 사례에 불과하지만 처남과 아내를 보면서 부모 자식의 관계에 대해 생각하게 됐다. 일본 부모는 자신의 자녀가 고등학교를 졸업하면 경제적으로 자립하기를 원하는 것 같다. 한편 우리 부모는 그런 마음도 있기는 하지만 좀 더 자식의 뒤를 봐주고 싶어 한다. 능력만 되면 말이다. 그렇기 때문에 부모 자식 간의 관계가 일본에 비해 좀 더 밀착되어 있고, 끈끈한지 모른다. 비단 이것은 경제적인 관계뿐만이 아니다. 심리적 및 정서적 관계에서도 부모 자식 간의 거리는 일본보다 가까운 것 같다. 그래서 자주 안부 인사를 하거나 전화를 걸거나 한다. 그런 의미에서 효도라는 것을 자연스럽게 행하는지 모른다. '부모님이 나를 어떻게 키웠는데'라고 말하면서…….

효와 충[11]

일본에서는 역사적으로 효와 충이 부딪칠 때, 효보다 충이 중시되는 경향이 있다. 반면에 우리는 효다.

잘 알려져 있듯이 유교에서 말하는 효는 부모를 섬기는 것과 부모를 부양하는 것이라고 말할 수 있다. 이 가운데 부모에 대한 물질적 봉양도 중요하지만 그것보다 공손한 정신적 자세를 더 중시한다. 따라서 부모를 섬긴다는 것은 부모의 말씀을 받들고, 부모의 뜻을 거스르지 않고 공경과 예의를 다해 모신다는 것을 의미한다. 따라서 부모가 반대하는 것을 하지 않으려고 한다. 인륜지대사인 결혼이 특히 그렇다.

---

11 https://search.yahoo.co.jp/image/search?p=%E8%A6%AA%E5%AD%9D%E8%A1%8C&ei=UTF-8&aq=-1&oq=%E8%A6%AA%E5%AD%9D%E8%A1%8C&ai=fYzgzXOBSL.qTWumsmLrSA&ts=1052&fr=top_ga1_sa#mode%3Ddetail%26index%3D73%26st%3D2449

일본에도 효도라는 말이 있다. '친효행親孝行, おやこうこう'이 그것이다. 부모는 자식이 경제적으로 빨리 독립하기를 바란다. 자식도 그렇게 하려고 한다. 이것이 효도이기 때문이다. 하지만 일본식 효도에는 정서적 교감과 교류가 우리보다 확실히 적다.[12]

처가에 갈 때 한국산 김을 선물로 꼭 가져간다. 장모님이 한국 김을 좋아하시기 때문이다. 그런데 간혹 지인에게 선물하고 싶다고 하시면서 김을 부탁하기도 하신다. 비용은 당신이 부담하신다는 말씀과 함께. 부탁 받은 김을 장모님께 건넬 때, 장모님은 김 값을 꼭 지불하려고 하신다. 그럴 때면

"사위의 성의이니, 그냥 두세요."

라고 한국식으로 말한다. 그런데 나중에 보면 아내를 통해 김 값을 지불하시곤 한다.

아내에게

"굳이 지불하지 않으셔도 되는데!"

라고 하면,

"무슨 소리야! 돈 계산은 명확히 해야지! 부탁 받은 것을 일본까지

---

12 하지만 한국도 예전 같지는 않은 것 같다. 최근에 '대리 효도'라는 말이 유행한다고 들었다. '대리 효도'란 결혼 후 배우자에게 자신의 부모님께 안부 전화를 드리게 한다든지, 주말에 인사를 드리게 한다든지 하는 행위를 말한다. 좀 더 자세한 내용은 다음 글을 참조하면 좋다. 참고로 옛말에 부모는 열 자식을 거느릴 수 있지만, 열 자식은 한 부모를 거느릴 수 없다는 말을 실감하게 되는 요즘이다.
한겨레신문(2019.8.31.)

가지고 온 것도 어딘데!"
라는 대답을 듣는다. 이럴 때마다 한국식 효도와 일본식 효도 사이에서
방황하는 나를 발견하곤 한다.

제6장

———

천 황

제1절 경전 없는 종교

   일본어 '天皇Tenno, てんのう' 곧 The Emperor of Japan의 의미인 '天皇'를 천황으로 번역해야 할까, 일왕으로 옮겨야 할까? 2003년 6월 9일자 『오마이뉴스』는 '天皇'의 우리말 표기 문제가 그리 간단한 것이 아니라는 것을 잘 보여준다. 『오마이뉴스』에 따르면 2003년 6월 고故 노무현 대통령이 방일했을 당시, 청와대와 외교통상부를 포함한 우리 정부는 '天皇'를 천황이라고 표기했다. 이에 대해 일부 네티즌들은 식민통치라는 역사의 상흔을 안고 있는 우리나라가 일본이 자국의 왕을 신격화해서 부르는 그 호칭을 따를 필요가 없다고 했다고 한다. 또한 노 대통령의 방일 기간 중에 '天皇'에 대한 언론사와 방송사의 표기도 일왕과 천황으로 크게 양분됐다고 한다. 조선일보, 중앙일보, 한겨레신문, 경향신문, 대한일보, 세계일보, SBS, YTN은 일왕을 썼고, 동아일보, 국민일보, 한국일보, 연합뉴스, KBS는 천황을 사용했다고 한다.

   이와 같이 '天皇'의 번역어에 관해 적지 않은 논란이 있기는 하지만 그렇다고 그 논란의 역사가 그리 긴 것 같지는 않다. 같은 일자 『오마이뉴

스』에 의하면 한국인이 '天皇'를 천황이라고 부르는 것에 반발이 생긴
것은 1989년 재일동포 지문날인 파동에서 비롯된 대일 감정 악화에서
시작됐다는 것이다. 다시 말하면 그 이전에는 우리가 '天皇'를 천황이라
고 스스럼없이 사용했다는 말이다.

'天皇'를 우리말로 어떻게 표기할 것인가의 문제는 곧 '天皇'의 번역어
로 무엇을 선택할 것인가의 문제다. 이처럼 '天皇'의 번역어에 관한
논의에서 알 수 있는 것은 다음과 같다. 어떤 번역어가 사용될 때 그것이
아무런 문제의식 없이 그냥 선택되는 경우도 있을 수 있지만, 번역어에
따라서는 '天皇'의 번역어처럼 거기에 역사관이나 정치적 입장 등이
농후하게 반영될 수 있다는 것이다.[1]

최근에 한국에서 일본의 천황天皇이 주목을 받게 된 것은 문희상 국회
의장의 천황 관련 발언 때문이다. 문 의장은 2019년 2월 한 외신과
인터뷰하면서 2019년 4월 말로 퇴위하는 아키히토천황에게 일본군 위
안부 문제와 관련해 사죄할 것을 요구했다. 이 발언에 대해 일본의
아베 총리는 일본의 국민이 놀라고 분노를 느꼈을 것이라며 즉각적으로
비난했다. 더 나아가 일본 정부는 외교 채널을 가동하여 문 의장의
사과를 요구했으나 그는 자신의 지론이라며 사과 요구를 거부했다.

이에 대해 일본의 대표적인 진보주의자인 하토야마 유키오 전前 일본
총리는 자신의 저서 『탈대일본주의』의 한국어판에서

문희상 국회의장이 "위안부 문제 해결에는 천황의 사죄가 필요"하

---

1 외교상 공식 용어는 '천황'이다.
  박상현, 『『만엽집』에 보이는 '大君'의 번역어 연구-서두수와 김억의 번역어를 중심으
  로』 『일본문화학보』, 한국일본문화학회, 2013년 5월, pp.67-68.

다고 한 말은 최고 책임자가 사죄를 하면 문제가 해결된다는 의미로 한국 입장에서는 당연히 이해할 수 있는 발언이었다. 다만 **일본인 대부분이 천황을 숭상하고 있으며**, 현재 헌법하의 천황은 국정에 관한 권리나 능력을 가지고 있지 않아 어디까지나 상징적인 존재일 뿐이다. 게다가 위안부 문제는 이미 해결된 것이라고 생각하기 때문에 일본 국민들이 "문희상 의장이 위안부 문제로 천황의 사죄를 요구하는 것은 이해하기 힘들다"라고 생각하는 것 역시 이상한 일은 아니다."[2]

고 지적한다. 문 의장의 발언에 공감하면서도 현재 천황의 위치와 천황에 대한 일본 국민의 감정을 생각할 때, 문 의장의 언급에 다소 무리가 있었다는 말이다.

결국 문 의장도 부담을 느꼈던지 6월 13일 하토야마 전 일본 총리와 식사하는 자리에서 천황 사죄에 관한 자신의 발언으로 마음을 상했을지도 모르는 분들에게 미안함을 전한다며 사과했다.[3]

사실 내 주위에 있는 몇몇 일본인도 아베 총리와 비슷한 감정을 느꼈다고 한다. 그들이 놀랐던 것은 천황을 부정적으로 언급하는 것이 일본인에게는 금기이기 때문이었다. 또한 그들이 분노를 느꼈던 것은 자신들에게 사죄를 요구했다고 느꼈기 때문이다. 다시 말하면 기독교 신자 혹은 불교 신자에게 하나님이나 예수님 혹은 부처님에 대해 부정적인 말을 했을 때 느끼는 신도의 심정을 일본 국민은 느꼈던 것이다. 일본 국민이

---

2 하토야마 유키오, 『탈대일본주의』, 중앙북스, 2019년, p.17.
3 오마이뉴스(2019.6.14.)

이런 식으로 받아들이고 있다는 점이 중요하다.

하토야마 유키오 전 일본 총리[4]

일본에서 하토야마 유키오 같은 정치가는 극히 적다. 안
타까운 현실이다.

우리에게 천황은 지난 침략전쟁의 전범이다. 그러기에 우리는 일본이
왜 천황제를 유지하는지 이해하지 못한다. 예컨대 어느 기자처럼 말이
다. 그리고 그의 생각은 천황에 대한 한국인의 보편적 인식이라고 말할
수 있다. 2016년 8월 9일자 한겨레신문의 길윤형 기자는 「일왕 생각은
중요하지 않다」에서
"과연 일본에서 천황제를 유지할 필요가 있냐는 생각이 들 때도 있다."
고 말한다.[5] 하지만 이와 같은 우리의 천황 인식은 일본 국민이 생각하는

---

4 https://www.hankookilbo.com/News/Read/201906121681347698?did=D
  A&dtype=&dtypecode=&prnewsid=
5 한겨레신문(2016.8.9.)

천황관観과는 너무 거리감이 있다.

우리에게는 지난 침략전쟁의 전범인 천황이 아이러니하게도 현재 일본 국민에게는 평화의 상징이다. 전쟁을 종식하게 했기 때문이고, 전후戰後[6] 부흥에 적지 않은 역할을 했기 때문이다. 나아가 일본 국민에게 천황은 일본의 역사 그 자체이고, 전통인 측면이 강하다. 마치 공기와 같은 존재인 것이다.

몇 년 전의 일이다. TV를 보던 아내가 갑자기 눈물을 흘렸다. 바짝 긴장했다. 아내가 둘째를 출산한 후, 우울증 증세를 보였기 때문이다. 병원에 갔더니, 역시나 우울증 초기라는 진단이 나왔다. 약을 처방 받았다. 그런데 모유를 계속 수유하고 싶다며 복용을 한사코 거부했다. 비싼 돈을 지불해서 산 약은 한동안 방치돼 있었다. 그런데 어느 순간부터 그 약을 아내가 아니라 내가 먹기 시작했다. 아내는 내가 육아로 약간 우울증을 겪고 있다는 것도, 아내의 우울증 치료제를 먹었다는 사실도 모른다. 아내가 처방 받은 약을 내가 먹고 있다고 절친한 친구에게 말했다. 그러자 친구는 약은 함부로 먹는 것이 아니라며 나무랐다. TV에서 우울증과 관련하여 수면제의 부작용이 크게 보도됐는데, 보지도 못했냐며 화를 냈다. 감동했다. 역시 좋은 친구다. 친구 하나는 제대로 뒀다고 생각했다.

다행이었다. TV를 보면서 아내가 울었던 것은 우울증 때문이 아니었다. 놀란 가슴을 쓸어내렸다. 그런데 그 이유가 뜻밖이었다. 아키히토천황이 생전에 퇴위의 의사를 밝혔기에 울었다는 것이었다. 아! 이것은 또 무엇인가? 내 감각으로는, 아니 한국인의 감각으로는 도무지 이해할

---

6 일본에서는 1945년 8월 15일 이후를 '전후'라고 부른다.

수 없었다. 일본인 아내와 결혼해서 10여 년을 살았다. 아이도 둘이나 봤다. 그런데도 나는 아내를, 아니 평범한 일본인의 심정을 전혀 이해하지 못하고 있었다. 세상 헛살았다.

아키히토상황上皇, 중앙 오른쪽 위치[7]

일본 국민 통제 및 통합을 위해 천황은 자민당에게 이용되고 있는지도 모르겠다.

아내에게 물은 적이 있다.
"일본인에게 천황은 뭐야?"
아내가 대답했다.
"공기와 같은 존재야."
짓궂게 다시 물었다.

---

7 https://search.yahoo.co.jp/image/search?p=%E4%B8%8A%E7%9A%87&ei=UTF-8&aq=-1&oq=%E4%B8%8A%E7%9A%87&ai=EOvFqQUcTySs3eZFfcnXvA&ts=410347&fr=top_ga1_sa#mode%3Ddetail%26index%3D7%26st%3D0

"공기와 같은 존재라니?"

귀찮은 듯 아내가 답했다.

"내가 태어나기 전에도 있었고, 앞으로도 있을 거니까!"

그렇다. 내 아내는 우익이 아니다. 좌익도 아니다. 종북은 더더욱 아니다. 보통의 평범한 일본인이다. 그런 일본인의 천황관이란 이런 것이었다. 아내에게 천황은 단 한 번도 단절된 적이 없고, 앞으로도 없을 존재인 것이다. 만세일계万世一系다.

고대 일본에서 천황이라는 칭호는 덴무天武시대(672-686)부터 시작됐다. 천황은 중앙집권국가의 군주였다. 나라奈良시대에서 헤이안平安시대에는 정치와 제사祭祀의 정점이었다. 하지만 가마쿠라鎌倉·무로마치室町와 같은 막부幕府체제 곧 군사정권하에서는 정치적 실권을 잃어버렸다. 한동안 천황의 존재는 민중 사이에서 잊혀졌다. 그러다가 천황이 다시 일본 역사에 전면으로 등장하기 시작한 것은 구로부네黑舟, くろぶね[8]로 상징되는 서양 열강이 대두하면서다. 에도江戸막부체제에 대한 불만은 존왕론尊王論으로 이어졌고, 왕정복고王政復古로 나갔다. 그리고 천황은 메이지 정부에서 절대 권력을 잡게 됐다.

근대 천황의 절대적 지위는 일본 최초의 근대 헌법인 대일본제국헌법에 잘 나타나 있다. 메이지 23년인 1890년에 시행된 이 헌법의 제1조에는

대일본제국은 만세일계인 천황이 통치한다.

---

8 검은 배 혹은 흑선을 말한다. 미국의 페리 제독이 이끌고 온 증기선의 색깔이 검은 색이었기 때문이다.

고 되어 있다. 주권이 국민에게 있는 것이 아니다. 천황에게 있다는 말이다. 국민은 신민臣民에 불과했다. 11조에는

천황이 육군·해군을 관할한다.

고 나와 있다. 천황은 무소불위의 절대 존재가 된 것이다.

그런데 근대 천황제에 절체절명의 위기가 찾아왔다. 진주만 공격으로 시작된 미국과의 전쟁인 태평양전쟁에서 일본이 졌기 때문이다. 흥미로운 것은 패한 전쟁임에도 일본은 패전을 인정하고 있지 않다는 점이다. 패전이 아니라 종전이라는 것이다. 이것이 공식 입장이다.

그 근거는 이렇다. 1945년 8월 15일 정오, 당시 천황이었던 쇼와천황은 옥음방송 곧 천황의 명령을 전달하는 「종전 조서」를 통해 태평양전쟁에 대한 일본의 입장을 전달했다. 그런데 그때 패전이 아니라 종전이라는 용어를 썼다. 내용에도 패전이라는 표현은 나오지 않는다. 일본은 세계평화를 위해 전쟁을 수행했고, 세계평화를 위해 전쟁을 그만둔다는 말만 나올 뿐이다.[9]

일본은 태평양전쟁에서 패색이 짙어졌는데도 끝까지 버텼다. 옥쇄玉碎를 외치며 일본의 모든 신민이 죽음을 각오하고 버틸 것을 요구했다. 국체國体 곧 천황제 유지를 위한 모색의 시간이 필요했다. 시간은 벌었지만 그 대가는 컸다. 히로시마와 나가사키에 원자폭탄이 떨어졌고, 수많은 희생자가 발생했다. 죄 없이 죽어간 사람들 중에는 재일한국(조선)인도 다수 포함되어 있었다. 미국은 일본에서 맥아더를 중심으로 한 군정

---

9 고모리 요이치, 『1945년 8월 15일, 천황 히로히토는 이렇게 말했다』, 뿌리와이파리, 2004년, pp.30-87.

을 7년간 실시했다. 그리고 군정은 일본이 다시는 전쟁을 일으키지 못하도록 여러 가지 정책을 시행했다. 재벌과 군대를 해체했다. 천황제 폐지도 검토했다. 하지만 실시하지는 않았다. 천황제를 없애는 것보다는 유지하는 것이 일본을 효과적으로 점령할 수 있다고 판단했기 때문이다. 또한 일본은 천황제 존속을 미군정에 지속적으로 요구했고, 그 반대급부로 오키나와를 미국에 넘긴다고 했다. 그래서 오키나와는 27년간이나 미국의 통치하에 들어갔고, 1972년에야 일본에 복귀됐다.

일본사에서 천황제가 폐지될 수 있는 기회가 없었던 것은 아니다. 군사정권인 막부체제는 모든 실권을 장악했다. 이때 천황제를 없앨 수 있었다. 그런데도 도요토미 히데요시처럼 절대 권력을 쥔 쇼군將軍조차도 천황을 살려 뒀다.[10] 다카시로 고이치가 『일본의 이중권력, 쇼군과 천황』에서 말했듯이 일본의 정치문화는 쇼군과 천황이라는 권력과 권위의 이중 지배구조가 작동하는 방식이었다.[11] 천황의 존재감과 위치는 변해왔지만 말이다. 그것이 바로 일본 역사다. 권력과 권위의 이중 지배구조는 앞으로도 바뀌지 않을 것이다. 일관성 있게 말이다.

유학했을 때 『만엽집』이라는 일본에서 가장 오래된 시가집을 주로 공부했다. 이 시가집은 7~8세기에 완성된 것인데, 여기에는 4,500여 수의 와카가 수록되어 있다. 와카는 5음·7음·5음·7음·7음으로 구성된 정형시다. 우리나라의 향가와 비슷하다. 그리고 『만엽집』에는 천황이 지은 와카가 적지 않게 실려 있다.

지도교수는 진정한 교육자였고, 어느 쪽인가 하면 진보에 가까운 학자

---

10 천황제 폐지는 아니더라도 도요토미 히데요시는 자신이 직접 천황이 될 수도 있었다. 하지만 그렇게 하지 않았다.

11 다카시로 고이치, 『일본의 이중권력, 쇼군과 천황』, 살림출판사, 2006년, pp.3-87.

였다. 어느 날 세미나 시간이었다. 천황이 지은 와카를 언급하면서 이렇게 말했다.

"일본인이 천황제를 만들었으니, 폐지할 수도 있지 않을까."

재일교포이자 일본에서 교수로 있는 서경식은 일본에서 천황제가 없어지는 것에 일본인은 큰 위기의식을 느낀다고 말하면서 다음과 같이 지적한다.

> 일본사회의 위기의식이라고 하는 건 천황제가 무너졌을 때, 천황, 즉 천황제라는 게 없어지게 되면 일본이 일본이기 위해 우리는 일본인이다, 라는 걸 서로 확인하고 이어줄 수 있는 그 어떤 것도 존재하지 않게 된다는 위기의식이 굉장히 강하다는 거죠.[12]

예나 지금이나 일본사회에서 천황 혹은 천황제를 언급하는 것은 금기다. 수업 시간이기는 하지만 지도교수가 천황제 폐지에 대해 말했다는 것은 대단한 용기가 없으면 불가능한 일이다. 그러나 나는 일본에서 천황제 폐지는 없을 것이라도 확언한다. 절대로 없을 것이다. 천황제는 교단이 없는, 경전이 없는 종교이기 때문이다.[13]

---

12 서경식, 『언어의 감옥에서』, 돌베개, 2011년, p.426.
13 토케이어도 『일본병』에서 천황에 대한 일본인의 경애사상과 천황에 대한 일본 국민의 확고한 지지 태도는 오늘날에도 거의 변함이 없다고 말한다. 또한 다케우치 야스오도 천황에 대해 관심이나 존경심이 있고 지식도 있는 사람들이 천황을 '가장 높은 사람'으

앞에서 한번 언급했지만 전후에 미군정은 천황제 폐지를 염두에 두었지만 그 계획을 수정했다. 곧 천황을 활용해 일본과 일본인을 통치하는 것이 더 효과적이라고 판단했다. 미군정이 전략을 바꾼 것은 박규태가 아래와 같이 지적하고 있듯이 천황에 대한 일본 국민의 인식 때문이다.

천황에 대한 공격을 곧 자기 자신에 대한 공격으로 느끼기 십상인 일본인의 심리적 반응 양식은 종교인의 그것과 유사한 점이 있어 보인다. 자신이 믿는 종교가 절대적이라고 믿는 종교인은 해당 종교나 혹은 그 신앙 대상이 비난을 받으면 곧 자기 자신이 비난을 받는 것 이상의 통증을 느끼는 경향이 있기 때문이다.[14]

여기서 앞서 인용한 아내의 말을 상기하기 바란다. '천황은 공기와 같은 존재이고, 일본에서는 앞으로도 계속 존속할 거예요.'[15]

로 인정하는 한 천황은 천황으로서 계속 존재할 것이라고 지적한다.
R.M.토케이어, 『일본병』, 탐구당, 1981년, p.52.
다케우치 야스오, 『일본인은 왜 그럴까』, 삼화, 2019년, p.362.
14 박규태, 『국화와 칼』, 문예출판사, 2008년, pp.73-74.
15 이 글은 『일본문화의 패턴』(박문사, 2017년, pp.67-75)에 수록된 내용을 본서의 취지에 맞춰 수정하여 게재했음을 밝힌다.

제2절 연호와 T할머니

"연호年号라고요?"
"네, 서기가 아니라 연호로 적어 주세요?"

　유학할 때 항상 듣던 말이 있었다. 하나는 '일본어 잘하네요'와 다른 하나는 '서기가 아니라 연호로 기입해 주세요'였다.
　유학생 사이에서는 이런 말이 있었다. 일본인에게 '일본어 잘하네요'라는 말을 듣고 있으면 사실은 아직 일본어를 못하는 거라고. 그 이유가 걸작이다. '일본인이 일본인에게 일본어 잘하네요'라고는 말하지 않으니까. 그랬다. 일본인이 외국인에게 '일본어 잘하네요'라고 말하는 것에는 '세계에서 가장 어려운 언어 중 하나인 일본어를 외국인이 조금이라도 말할 수 있다니, 대단하고 대견하다'는 뉘앙스가 들어 있는 것이다. 그리고 보니 8년 가까운 유학생활에서 '일본어 잘하네요'라는 말을 나는 자주 들었다. 결국 일본어를 못했다는 것이다.
　유학생활 중에 자주 들르는 곳이 있었다. 대학의 교무처. 교무처에 처음 갔을 때다. 한국에서 하던 대로 서류에 날짜를 서기로 기입했다. 예컨대 '1995年 7月 1日'처럼 말이다. 그랬더니 교무처 직원이 서기가 아니라 연호로 기입해 달라고 했다.
　"연호라고요?"
　"네, 서기가 아니라 연호로 적어 주세요?"
　그리고 이런 상황은 교무처뿐만이 아니라 구청과 주민 센터, 우체국과

제6장 / 천황　**189**

은행 같은 곳에서도 벌어졌다. 일본에서 공식적인 시간 구분은 서기가
아니라 연호다.

일본에서 연호 사용은 일상생활 속에서 흔히 발견된다. 주화가 그렇다.

연호로 표기된 주화[16]

100엔짜리 주화다. 헤이세이平成 18년은 서기 2006년이다.

위 이미지는 일본돈 100엔 곧 한화 1,000원 정도에 해당하는 동전
사진이다. 오른쪽의 하단에 '平成 18年'으로 적혀 있다. 곧 2006년에
제조된 동전이라는 말이다. 또한 '平成 18年'이 뜻하는 것은 지금은
퇴위한 아키히토상황上皇이 천황으로 즉위한지 18년째라는 말이다.

그렇다면 일본인은 누구나 '平成 ○○年'은 '서기 ○○○○년'에 해당
하는지 잘 알고 있을까? 사실은 그렇지 않다. 그들도 모를 경우가 많다.
그래서 수첩이나 스마트폰 등에 나와 있는 '연호-서기 대조표'를 이용하
곤 한다.

---

16 https://ja.wikipedia.org/wiki/%E6%97%A5%E6%9C%AC%E3%81%AE%
E7%A1%AC%E8%B2%A8

연호-서기 대조표[17]

平成	昭和	大正		明治
平成 1 年	27 歳	己	巳	西暦 1989 年
平成 2 年	26 歳	庚	午	西暦 1990 年
平成 3 年	25 歳	辛	未	西暦 1991 年
平成 4 年	24 歳	壬	申	西暦 1992 年
平成 5 年	23 歳	癸	酉	西暦 1993 年
平成 6 年	22 歳	甲	戌	西暦 1994 年
平成 7 年	21 歳	乙	亥	西暦 1995 年
平成 8 年	20 歳	丙	子	西暦 1996 年
平成 9 年	19 歳	丁	丑	西暦 1997 年
平成 10 年	18 歳	戊	寅	西暦 1998 年
平成 11 年	17 歳	己	卯	西暦 1999 年
平成 12 年	16 歳	庚	辰	西暦 2000 年
平成 13 年	15 歳	辛	巳	西暦 2001 年
平成 14 年	14 歳	壬	午	西暦 2002 年
平成 15 年	13 歳	癸	未	西暦 2003 年
平成 16 年	12 歳	甲	申	西暦 2004 年
平成 17 年	11 歳	乙	酉	西暦 2005 年
平成 18 年	10 歳	丙	戌	西暦 2006 年

연호 사용은 일본인도 불편하기에 공식적인 문서에는 연호를 기입하면서 괄호에 서기를 병기하는 방식을 취한다. 예컨대 '昭和 44年(1969)'처럼 말이다.

북한의 주체력을 제외한다면 세계에서 현재 연호를 사용하는 나라는 일본뿐이다. 일본이 연호를 처음 사용하기 시작한 것은 645년 고토쿠천황이 사용한 '다이카'부터였다. 이 연호가 의미하는 것은 일본이 중국과 다른 독자적인 시간관을 갖게 됐다는 것이다. 그리고 연호는 천황이 정할 수 있었다. 하지만 일본은 한때 연호를 쓸 수 없는 상황에 처하게 됐다. 태평양전쟁 패전 후, 연합국최고사령부는 천황제 폐지를 검토했

---

17 https://search.yahoo.co.jp/image/search?p=%E5%B9%B3%E6%88%9018
%E5%B9%B4%E3%81%AF%E8%A5%BF%E6%9A%A6&aq=0&oq=%E5%B9%
B3%E6%88%9018&at=s&ai=FgpxPe3MT2uQA9oQSC9keA&ts=5480&ei=UT
F-8&fr=top_ga1_sa#mode%3Ddetail%26index%3D1%26st%3D0

고, 그 연장선상에서 연호 사용을 금지했다. 천황제와 연호에 군국주의 색채가 강했기 때문이다. 결국 연호는 천황제와 밀접한 관련이 있다는 것을 알 수 있다.

8년 가까운 유학생활에서 일본의 대학교수와 학생 그리고 일반인과 많은 교류를 했다. 그 가운데 천황제와 연호에 대해 명확하게 부정적으로 말한 사람은 딱 한 명 있었다. 유학했을 때 신원보증인이 되어주었던 분이다. T 할머니다. 지금은 어떤지 잘 모르지만 1990년대만 하더라도 사비로 일본 유학 가는 것이 쉽지 않았다. 돈만 있다고, 열정만 있다고 되는 것이 아니었다. 국비 유학은 일본 정부가 신원보증을 해주니 별문제 없었지만 사비 유학은 달랐다. 유학 가는 그 지역에 살고 있는 일본인이 유학생의 신원을 보증해줘야 했다. 이 말은 유학생에게 무슨 문제가 발생하면 신원보증인이 책임을 진다는 뜻이다. 따라서 웬만하면 신원보증을 해주려고 하지 않았고, 사비 유학을 계획했던 사람 중에는 신원보증인을 구하지 못해서 유학을 갈 수 없게 된 경우도 간혹 있었다.

유학 기간 내내 신원보증인이었던 T 할머니에게 한국어를 가르쳤다. 연세가 있었기에 한국어는 별로 늘지 않았다. 어느 날이었다. 그날도 할머니에게 한국어를 가르치고 있었는데, 자연스럽게 천황제와 연호가 화제로 떠올랐다. 그런데 T 할머니가 가지고 있던 천황제와 연호에 대한 생각이 너무나 뜻밖이었다.

"천황이 왜 있어야 하는지 모르겠어요. 그리고 왜 연호를 써야하는지 모르겠어요. 연호를 쓰는 것은 너무 불편해요. 그런데 관공서에 가면 연호를 써야 하잖아요. 그럴 때는 연호 쓰는 곳을 두 줄로 지우고 그곳에 서기로 표기해요."

T 할머니는 온화한 분이다. 사회봉사도 많이 하는 분이기도 했다.

하지만 진보적이라거나 사회비판적인 분은 아니었다. 그런 분이 천황제와 연호에 대한 언급은 남달랐다. 그날 이후 그 이유에 대해 생각하게 됐다. 'T 할머니는 천황제와 연호에 대해 왜 이토록 부정적일까?'

T 할머니가 한국어를 배우는 이유는 취업을 위한 것도 한류 때문도 아니었다. 한국인을 이해하고 싶어서였다. 제국일본의 식민지가 되었던 한국인이 일본인을 어떻게 생각하는지를 알고 싶어서였다. 그리고 여기에는 한국인에 대한 사죄의 마음이 있었다. 어쩌면 이런 할머니의 삶의 자세가 지난 침략 전쟁과 밀접한 관련이 있는 천황제와 연호를 비판적으로 봐라보게 했는지 모른다. 하지만 이것만은 아닌 것 같다. 그녀는 독실한 가톨릭신자였다. 하나님을 섬기는 사람이었다. 그런 T 할머니로서는 상징천황제라고는 하지만 한때 '살아 있는 신' 곧 현인신現人神으로 일본의 수많은 신神 가운데 최고봉에 위치한 천황을 받아들이기는 어려웠을지도 모른다.

이제야 알 것 같다. T 할머니 댁에 왜 가미다나神棚와 불단仏壇이 없었는지를. 가미다나는 신도의 신을 모시는 것이고, 불단은 불교의 예배 시설이면서 조상신을 섬기는 곳이다. 일본 가정에서는 가미다나와 불단을 같이 두거나, 이 가운데 하나를 모시는 것이 일반적이다.

T 할머니는 유일신을 믿는 가톨릭신자로서 교단 없는 교주인 천황을 받아들이기 어려웠을 것이다. 우상 숭배에 가까웠기 때문일지도 모른다.

가미다나

가미다나에는 '천조황대신天照皇大神' 곧 '아마테라스스메오오미카니'라고 적혀 있다. 이 신은 일본 신화에 등장하는 주신主神이며 태양신이다.

불단

부처님과 조상신을 모시고 있는 불단이다.

T 할머니는 가톨릭신자답게 엔도 슈사쿠遠藤周作 『침묵沈黙』을 꼭 읽어 보라고 했다. 『침묵』은 '박해 받는 신자에 대해 신은 왜 구원의 손을 내밀지 않는가'라는 '신의 침묵'에 초점을 맞춰 읽는 경향이 있다. 이 작품을 '천황과 하나님 사이에서 그들이 왜 하나님을 선택했는가'라는 관점에서 읽어보면 어떨까? T 할머니가 나에게 『침묵』을 필독하라고 했던 것에는 그런 의미도 포함되어 있는지도 모르겠다.

『침묵』[18]

앤도 슈사쿠는 자신은 소개할 때, 자신은 소설가小說家이 지 대설가大說家가 아니라고 말한다. 대단한 이야기는 하 지 못한다는 겸손한 마음의 표시다.

18 https://www.amazon.co.jp/%E6%B2%88%E9%BB%99%EF%BC%88%E6 %96%B0%E6%BD%AE%E6%96%87%E5%BA%AB%EF%BC%89-%E9%81%A 0%E8%97%A4%E5%91%A8%E4%BD%9C-ebook/dp/B00BIXNMTO

일 본 인 의
행 동 패 턴

제2부

주술과 금기

제1장
———
주 술

제1절 왜 머리에 꽃을 장식하나

현재 살고 있는 아파트에서 멀지않은 곳에 중랑천이 흐르고 있다. 그리고 둑길을 따라 30년 이상 된 벚나무가 길게 늘어서 있다. 벚꽃이 만개하는 4월이 되면 주변에 살고 있는 주민들이 삼삼오오 짝을 지어 구름처럼 몰려든다. 벚꽃 구경을 하러 온 것이다. 그 모습은 가히 벚꽃으로 유명한 일본의 우에노 공원에 버금간다. 지난겨울이 춥고 길었을수록 화사하게 핀 벚꽃을 반기는 마음은 더욱 깊어지는 것 같다.

벚꽃을 완상하는 주민의 모습도 다채롭기 그지없다. 어떤 사람은 둑길 약 2.5km 구간에 걸쳐 흐드러지게 핀 벚꽃을 산책하면서 그냥 보는가 하면, 어떤 사람은 가장 예뻐 보이는 벚꽃을 배경으로 사진 찍기에 여념이 없다. 또 어떤 사람은 벚꽃 가지를 꺾어 머리에 꽂기도 하고, 또 어떤 사람은 벚꽃으로 화관을 만들어 머리에 쓰기고 한다. 또 어떤 사람은 벚꽃의 머리 부분을 모아 코사지corsage를 만들어 손목에 감기도 하고, 또 어떤 사람을 벚꽃을 귀에 걸기도 한다. 그리고 이와 같은 풍경은 우리뿐만이 아니라 일본인에게도 보인다.

머리에 꽃을 꽂은 모델

일본에서는 성인식 때, 일본 전통 옷인 기모노를 입고
기념사진을 찍는다.

꽃다발을 든 한국의 대학 졸업생

꽃은 우리의 일상생활과 밀접한 관련이 있다. 특히 특별한 행사나 기념일에 꽃은 빠지지 않는다. 예컨대 입학식이나 졸업식 때 단상에서 연설을 하는 사람은 가슴에 코사지를 달기도 한다. 또한 생일 같은 기념일에 상대방에게 꽃다발을 주기도 한다.

그런데 왜 우리는 이렇게 꽃을 몸 가까이에 두려고 하는 것일까? 꽃이 예뻐서일까? 아니면 예쁜 꽃으로 자신을 혹은 상대방을 더욱 아름답게 보이고 싶어서일까? 그것도 아니면 아름다운 꽃을 갈망하는 탐미때문일까?

허태균은 우리가 상대에게 꽃을 주는 이유에 대해

> 바로 꽃이 가장 쓸모없는 선물이기 때문이다. 사실 꽃은 아무런 실용적 가치가 없다. 굉장히 짧은 시간 동안에는 아름다움과 향기를 과시한다. …… 이런 꽃은 다른 실용적 가치가 없기에 주는 사람의 마음과 받는 사람의 마음만큼 그 가치를 가진다.[1]

고 말한다. 현대적인 감각에서는 그렇게 보일 수도 있다.

일본의 고전 시가집에 『만엽집』이라는 것이 있다. 이것은 7~8세기에 성립된 것인데, 여기에는 4,500여 수首의 와카가 수록되어 있다. 『만엽집』에는 꽃을 소재로 한 작품이 많다. 예를 들어 『만엽집』 권5의 815번~846번 와카는 매화를 소재로 한 작품군群으로 이루어져 있다. 이 작품군은 서문序과 와카 32수首로 구성되어 있다. 이 작품이 우리나라에 널리 알려진 것은 일본이 2019년 5월부터 새로 채택한 연호年号 때문이

---

1 허태균, 『가끔은 제정신』, 쌤앤파커스, 2012년, pp.192-193.

다. 2019년 4월 30일에 아키히토가 천황 자리에서 퇴위했고, 5월 1일 나루히토가 새로운 천황으로 즉위했다. 이것은 1989년 1월 7일부터 시작된 헤이세이 시대가 2019년 4월 30일로 끝났고, 5월 1일부터는 레이와令和가 시작된다는 것을 의미한다. 그런데 이 새 연호인 레이와 곧 '령화令和'는 좀 전에 언급했던 작품군의 서문에 나온다. 서문과 와카 32수를 인용해보면 다음과 같다.

매화가 32수와 서문
천평天平 2년(서기 730년. 인용자) 정월 13일에 장관 다비토旅人 집에 모여 연회를 열었다. 때는 초봄의 **좋은** 시절(令月. 인용자)로, 공기는 맑고 바람은 **부드럽다**(風和. 인용자). 매화는 거울 앞의 흰 분처럼 희게 피어 있고, 난초는 향주머니처럼 향기를 풍기고 있다. 그 뿐만이 아니라 새벽녘의 산봉우리에는 구름이 떠가고 있고, 소나무는 비단 같은 구름을 쓰고 마치 우산을 쓰고 있는 것처럼 보이며, 저녁 산봉우리에는 안개가 끼어 새는 안개에 갇혀 숲 속을 헤매고 있다. 정원에는 다시 나비가 춤을 추고, 하늘에는 작년의 기러기가 돌아간다. 이에 하늘을 우산으로 하고 땅을 자리로 하여, 무릎을 가까이 하여 술잔이 오고 간다. 이미 자리에는 말을 잊었고, 대자연을 대하여 마음을 열고 있다. 기분대로 각자 행동하며 완전히 즐거워하고 있다. 만약 붓에 의존하지 않는다면 어떻게 마음을 표현할 수 있겠는가. 중국에는 낙매落梅의 시들이 있다. 예나 지금이나 다른 것이 없으니, 정원의 매화에 의지해 약간의 노래를 지어보지 않겠는가.

권5·815

정월이 되어
새 봄이 돌아오면
이처럼 계속
매화를 초대하여
즐거운 날 보내세

권5·816

매화꽃이요
지금 피어 있듯이
지는 일 없이
우리 집 정원에
피어 있길 바라네

권5·817

매화꽃이여
피어 있는 정원의
푸른 버들은
머리 장식 하도록
되지 않았는가요

권5·818

봄이 되면은
먼저 피는 우리 집

매화꽃을요
나 혼자서 보면서
봄날 보낼 것인가

권5·819
세상 속에는
사랑 끊이지 않네
이러한 것이면
매화꽃으로라도
되었으면 좋겠네

권5·820
매화꽃은요
지금이 한창이네
여러분이여
머리 장식합시다
지금이 한창이네

권5·821
푸른 버들과
매화꽃을요 함께
꺾어 꾸미고
마시고 난 뒤에는
지고 말아도 좋아

권5·822

우리 정원에
매화꽃이 지네요
(히사카타노)
하늘에서 흰 눈이
내리고 있나 봐요

권5·823

매화꽃이요
지는 곳은 어딘가
그렇다 해도
이 키城의 산에는요
눈이 계속 내리네

권5·824

매화꽃이요
질 것이 안타까워
우리 정원의
대나무 숲에서는
휘파람새가 우네

권5·825

매화 꽃송이
피어 있는 정원의

푸른 버들을
머리장식 하고서
놀면서 보냅시다

권5·826
(우치나비쿠)
봄의 버드나무와
우리 정원에
피어 있는 매화를
어떻게 구별할까

권5·827
봄이 오면은
가지 끝에 숨어서
휘파람새는
울며 옮겨간다네
아래쪽의 가지로

권5·828
사람들마다
꺾어 머리에 꽂고
놀고 있지만
더욱 마음 끌기는
매화꽃이로구나

권5·829

매화꽃이요
피어서 져버리면
벗꽃이 있죠
뒤이어서 피도록
되어 있는 것 아닌가

권5·830

만년 후에도
해는 새로 오지만
매화꽃은요
멈추는 일이 없이
아마 계속 피겠죠

권5·831

봄이 됐다고
정말 아름답게 핀
매화꽃이여
그대 생각하면은
밤에도 잘 수 없네

권5·832

매화꽃을요
꺾어서 장식을 한

사람들 모두
오늘 하루 동안은
참으로 즐겁겠지요

권5·833
매년 해마다
봄이 찾아온다면
이렇게 하여
매화로 머리 꾸며
즐겁게 마셔보자

권5·834
매화꽃은요
지금이 한창이네
각양 새들의
노래 소리 정겨운
봄이 온 듯하네요

권5·835
봄이 오면은
만나려고 생각한
매화꽃을요
오늘 연회에서야
만나볼 수 있었네

권5·836

매화꽃을요

꺾어 머리 장식해

놀고 있지만

싫증 아니 나는 날

오늘이었습니다요

권5·837

봄날 들판에

우는 휘파람새를

불러들이러

우리 집의 정원에

매화꽃이 피었네

권5·838

매화꽃이요

지면서 흩날리는

언덕 주위에

휘파람새가 우네

봄이 되는가 보다

권5·839

봄날 들판에

안개가 잔뜩 끼어

눈이 내리나
사람이 볼 정도로
매화꽃이 지네요

권5·840
봄 버들잎을
장식하려 꺾었네
매화 꽃잎도
누가 띄워 놓았네
술잔의 위에다가

권5·841
휘파람새의
소리를 듣는 순간
매화꽃이요
우리 집의 정원에
피어 지는 것 보네

권5·842
우리 집 정원
매화 아래 가지에
놀고 있으며
휘파람새 우네요
지는 것이 아쉬워

권5·843

매화 꽃송이

꺾어 머리에 꽂고

여러 사람들

노는 것을 보면은

나라奈良 생각납니다

권5·844

그녀의 집에

눈이 내리는가고

생각될 정도

이리도 흩날리는

매화꽃인가보다

권5·845

휘파람새가

기다리고 있었던

매화꽃이여

지지 말고 있게나

사랑하는 자들 위해

권5·846

아지랑이 핀

길고도 긴 봄날을

장식하여도
더욱 마음 끌리는
매화꽃인가보다

이 작품군은 오토모노 다비토가 당시 머물던 규슈 다자이후의 덴만구에서 개최됐던 연회를 배경으로 한다. 32수의 매화가는 매화를 소재로 한 비교적 알기 쉬운 와카로 이루어졌다. 그리고 이처럼 매화를 소재로 작품을 만든다는 것은 사실은 중국 시가詩歌의 영향을 강하게 받았다는 것을 의미한다.

그런데 이 작품군에서 우리의 눈을 끄는 것은 매화를 그냥 보고 즐기지 않는다는 데 있다. 예들 들어 '머리 장식 하도록'(817번), '머리 장식합시다'(820번), '머리장식 하고서'(825번), '꺾어 머리에 꽂고'(828번), '꺾어서 장식을 한'(832번), '매화로 머리 꾸며'(833)번, '꺾어 머리 장식해'(836번), '장식하려 꺾었네'(840번), '꺾어 머리에 꽂고'(843번), '장식하여도'(846번) 같은 노래歌가 그렇다. 적어도 1,200여 년 전 일본 열도에 살았던 일본인은 연회에서 꽃을 머리에 꽂거나 장식을 했다는 것을 알 수 있다.

그들은 대체 왜 그런 행동을 취했을까? 꽃이 예뻐서일까? 예쁜 꽃으로 자신을 멋지게 보이고 싶어서일까? 탐미심 때문일까?

꽃을 꺾고 있는 처녀[2]

서기 1세기경으로 추정된다. 스타비아이에서 발굴된 벽
화의 일부다. 처녀가 춤을 추는 듯한 자세로 꽃을 꺾고
있다. 또한 머리에는 화관으로 보이는 것이 얹어져 있다.
나폴리 국립 고고학박물관 소장.

일본의 아베 신조 총리는 신 연호를 발표하는 담화에서 '레이와'에
대해 아름답게 마음을 맞대어 모으는 중에 문화가 태어나고 자란다는
의미라고 말했다. 그리고 혹독한 추위 뒤에 봄이 오는 것을 알리며
멋지게 피어나는 매화처럼 '레이와'에 일본 국민 한 사람 한 사람 모두가
저마다의 꽃을 크게 피울 수 있는 일본이라는 바람을 담았다고 강조했
다.[3] 여기서 주목하고 싶은 것은 아베 수상이 매화에서 혹독한 추위를

이겨내는 생명력을 읽어 내려고 했다는 점이다. 예컨대 우리가 국화国花인 무궁화에서 끊임없는 외침에도 5천 년 역사를 이어온 배달민족의 기상을 발견하듯이 말이다.

매화를 읊은 작품에서 보이듯이 고대 일본인이 꽃을 꺾어 머리에 꽂거나 장식한 것은 추운 겨울을 이겨내고 피어난 매화의 생명력을 몸으로 느끼면서 그것을 자기 것으로 하고자 하는 고대인의 주술이 있었기 때문은 아닐까? 그리고 그것이 현대 일본인과 지금을 사는 우리의 유전자에게도 각인되어 있는 것은 아닐까?

그런데 꽃을 머리에 꽂을 때는 때와 장소에 맞게, 그리고 표정에 맞게 잘 꽂아야 한다. 그렇지 않으면 정신이 잠시 나간 사람 곧 미친 사람처럼 보일 수 있기 때문이다.

현대 일본인은 꽃을 배경 삼아 사진을 찍기도 하고, 코사지를 가슴에 장식하기도 하고, 손목에 감기도 한다. 성인식에는 꽃을 머리에 꽂기도 한다. 이와 같은 행동에는 무의식중에 꽃에서 강한 생명력을 흡수하고 싶다는 욕망이 숨어 있는 것이다. 주술[4]에 대한 믿음이다.[5]

---

3 한겨레신문(2019.4.2.)

4 인류학자인 프레이저는 주술을 공감(모방) 주술과 접촉(전파) 주술로 구분하여 주술을 설명하고 있다. 하지만 이 둘을 엄격하게 구분하는 것은 용이하지 않다. 따라서 여기서는 주술이라는 용어로 그 둘을 포괄하여 사용한다.
   프레이저, 『황금가지』(상), 을유문화사, 1996년, pp.37-81.

5 이 글은 「일본의 새 연호 '레이와令和' 연구~아베 수상과 관련하여」(『비교일본학』 제45집, 한양대 일본학국제비교연구소, 2019년 6월, pp.31-46)를 본서의 취지에 맞춰 다시 작성한 것이다.

〈남자는 배 여자는 항구〉
언제나 찾아오는 부두의 이별이
아쉬워 두 손을 꼭 잡았나
눈앞에 바다를 핑계로 헤어지나
남자는 배, 여자는 항구
보내주는 사람은 말이 없는데
떠나가는 남자가 무슨 말을 해
뱃고동 소리도 울리지 마세요
하루하루 바다만 바라보다
눈물지으며 힘없이 돌아오네
남자는 남자는 다 모두가 그렇게 다
이별의 눈물 보이고 돌아서면 잊어버리는
남자는 다 그래

매달리고 싶은 이별의 시간도
짧은 입맞춤으로 끝나면
잘 가요 쓰린 마음 아무도 몰라주네
남자는 배, 여자는 항구
아주 가는 사람이 약속은 왜 해
눈멀도록 바다만 지키게 하고
사랑했었단 말은 하지도 마세요
못 견디게 니가 좋다고

달콤하던 말 그대로 믿었나
남자는 남자는 다 모두가 그렇게 다
쓸쓸한 표정 짓고 돌아서선 웃어버리는
남자는 다 그래

가수 심수봉의 매력은 그의 독특함 발성과 창법에 있다. 이것은 1984년에 발표된 〈남자는 배 여자는 항구〉라는 노래에도 그대로 드러난다. 이 노래는 좋지만, 듣기 불편하다. 특히 '남자는 배, 여자는 항구'라는 표현이 그렇다. 남자는 떠나고, 여자는 기다린다는 구조가 불편하게 한다.

〈남자는 배 여자는 항구〉에 대해 느끼는 나의 불편함을 이영미는 『한국대중예술사, 신파성으로 읽다』에서 다음과 같이 잘 정리하고 있다.

〈남자는 배 여자는 항구〉는 제목에서부터 시대착오적이다. 정적인 여자와 동적인 남자, 기다리는 여자와 떠나가는 남자, 그것도 항구에서의 이별이라는 익숙한 구도는, 식민지시대 〈목포의 눈물〉부터 신파적 트로트에서 즐겨 쓰던 발상이었다. 이제는 너무 낡아 오히려 기피하고 싶은 발상을 제목에서 노골적으로 드러낸다. 게다가 '남자는 다 그래'라는 강렬한 구절로 남녀 간의 성적 차이를 고착화시켜 여성을 신파적 캐릭터로 묶어놓는 발상을 여과 없이 표출한다.[6]

6 이영미, 『한국대중예술사, 신파성으로 읽다』, 푸른역사, 2016년, pp.623-624.

이영미가 잘 지적하고 있듯이 나를 불편하게 했던 것은 떠나는 남자를 하염없이 기다리는 여자 곧, '기다리는 여자'라는 여성 이미지 때문이다. 딸아이를 둘이나 키우고 있는 부모로서는 더더욱 불편하다.

그러나 문학사에 '기다리는 여인'을 표현한 것은 적지 않다. 2,500년 전의 중국 고전인 『시경』에도 나온다. 「정풍鄭風」의 〈자금子衿편〉은 다음과 같은 노래다. 김학주는 이 작품에 대해 중국의 주석서인 『석의釈義』를 인용하면서

여자가 사랑하는 남자의 모습을 그리며 보고 싶은 그리움을 노래한 것이다.

고 해설한다.[7]

〈자금편〉
파란 임의 옷깃이여!
내 마음의 시름 하염없네.
비록 나는 못 간다 해도
임은 어찌 소식도 없나?

파란 임의 허리에 차는 옥 끈이여!
내 마음의 시름 하염없네.
비록 나는 못 간다 해도

7 김학주 역, 『새로 옮긴 시경』, 명문당, 2010년, pp.290-291.

임은 어찌 오지도 않나?
왔다갔다 하며
성 누각에 오르는 마음
하루를 못 만나면
석달을 못 본 것 같네[8]

하지만 고대에 살았던 '기다리는 여자'가 오지 않는 남자를 마냥 기다리기만 한 것은 아니다. 가끔 주술을 걸어서 오지 않는 남자를 오게 했다. 이와 같은 노래는 일본의 고대 시가집인 『만엽집』에서 찾을 수 있다. 권11·2575번과 권6·993번 와카가 그렇다.

권11·2575
오래도록 만나지 못하는
사랑스런 애인을 만날 수 있도록 하라고
활을 잡는 쪽,
곧 왼쪽의 눈썹을 긁었습니다만
사랑하는 사람은 오지 않습니다

권11·2575번 와카에서 기다리는 여자는 사랑하는 사람을 만날 수 있기를 바라며 왼쪽 눈썹을 긁는다. 왜냐하면 고대 일본에서는 그리운 사람이 오게 되면 왼쪽 눈썹이 가려워진다는 속신俗信이 있었다. 작자는 그 속신을 역으로 이용하여 자신이 적극적으로 왼쪽 눈썹을 긁고 있다.

---

8 김학주 역, 『새로 옮긴 시경』, 명문당, 2010년, pp.289-290.

하지만 보람도 없이 상대는 오지 않았다. 그렇다고 기다리는 여자는 쉽게 포기하지 않았다. 한두 번에 그치지 않고 왼쪽 눈썹을 긁고 또 긁었다. 피가 나도록! 그 보람이 있었던지 오토모노사카노우에노 이라쓰메는 권6·993번 와카에서 자신의 주술이 이루어졌다고 노래한다.

권6·993
달이 그 모습을 드러내고
그 초승달과 같은
눈썹을 그저 긁고
목을 길게 하고 애타게 기다렸던
당신을 겨우 만날 수 있었습니다

아내가 아이돌이자 한류스타인 '동방신기'에 푹 빠져 있다. 어딘가에 몰입할 수 있다는 것은 좋은 것이기에 그냥 옆에서 지켜보고 있다. 하루는 나에게 이런 말을 했다.

"동방신기의 유노윤호(정윤호)가 싱글 앨범을 냈는데, 싱글을 구입한 사람 중에서 추첨하여 팬 사인회를 한대! 몇 장을 사야 당첨 될까? 50장? 100장?"

하지만 돈이 아까웠던지 결국 2장만 샀다. 유노윤호와의 만남을 학수고대하며 당첨을 알려주는 사이트를 휴대폰으로 몇 시간째 보고 있다.

아내는 모르고 있었나 보다! 왼쪽 눈썹을 강하게 긁으면 유노윤호를 만날 수 있다는 것을! 꿈에 그리는 유노윤호를! 아내를 위해 『만엽집』에 나오는 와카를 패러디하여 유노윤호를 만날 힌트를 전해주고 싶다.

〈당신을 만나고 싶습니다〉
어젯밤에 당신의 꿈을 꾸었습니다.
현실에서 만날 수 없기에
꿈에서 나타났나 봅니다.

어젯밤에 당신의 꿈을 꾸었습니다.
나를 보며 속삭이는 당신의 목소리를
현실에서 들을 수 없기에
꿈에서 나타났나 봅니다.

어젯밤에 당신의 꿈을 꾸었습니다.
나의 손을 잡은 당신의 체온을
현실에서 느낄 수 없기에
꿈에서 나타났나 봅니다.
오늘밤에도 당신의 꿈을 꿀 수 있을까 두려워
잠 못 잘 것 같습니다.
꿈이 아니라 현실에서 볼 수 있기를 바라며
왼쪽 눈썹을 긁어봅니다.

봉준호 감독의 〈기생충〉이 제72회 칸 영화제에서 황금종려상을 수상했다. 작년인 2018년에는 일본의 고레에다 히로카즈 감독의 〈어느 가족 万引き家族〉이 같은 황금종려상을 수상했다. 둘 다 황금종려상을 수상했다는 점에서, 가족영화라는 점에서, 가난한 사람의 이야기를 다루고 있다는 점에서 같았다. 이 두 작품의 같은 점과 차이점에 대해 사회학자인 조형근은 다음과 같이 말한다.

이웃나라 일본의 작품인데다 주제의식도 유사하니 비교가 된다. 두 영화는 모두 양극화가 초래한 몰락의 상황이 비극적 엔딩을 맞는 구조를 갖고 있다. 주인공 가족이 보여주는 도덕 규범을 무시하는 태도도 공통적이라서 관객은 이들에게 쉽게 동일시하기 어렵다. 쉬운 몰입보다는 생각하게 만드는 영화들이다. …… 물론 두 영화 사이에는 무시하기 어려운 차이도 있다. 〈기생충〉 속 몰락한 가족은 상승의 욕망을 포기하지 않는다. 피자 상자를 쌓아올리며 반지하 탈출의 꿈을 꾸고, 이윽고 긴 계단을 올라 부유한 가족의 세계로 침입한다. 그 침입은 뜻하지 않은 우연들과 겹치면서 파국으로 귀결된다. 여기에는 사회적 적대와 대결의 문제 설정이 있다. 반면 세상에서 탈락한 이들이 유사가족을 이룬 〈어느 가족〉에 상승 욕망 따위란 없다. 노동도 좀도둑질도 일용할 양식거리 장만에 그칠 뿐 미래를 향한 욕망과 연결되지는 않는다. 부자는 등장하지 않으며, 적대도 대결도 없다. …… 〈기생충〉은 약자가 자기보다 더 약한 자를 배제하려 할 때 닥쳐오는 파국을 경고한다. 〈어느 가족〉에서

는 약자들이 서로에게 기대며 삶의 의미를 얻는다. ……⁹

작년에 〈어느 가족〉을 관람하고 싶었지만 사정이 있어 보지 못했다. 늦기는 했지만 최근에 DVD로 시청했다. 이 작품은 할머니의 연금과 좀도둑질万引き로 살아가는 한 가족이 새로운 가족으로 다섯 살 소녀를 맞으면서 벌어지는 이야기다. 친부모와 자식 관계는 아니지만 그 어떤 가족보다 끈끈한 유대絆, きずな를 보여주면서 진정한 가족의 의미를 묻고 있다.

그런데 이 영화에는 흥미를 끄는 부분이 있었다. 주술呪術·呪い이 적지 않게 나온다는 것이다. 첫째, 소금이다. 새로운 가족이 된 다섯 살 소녀 유리는 긴장을 했던지 자다가 이불에 실수를 하고 만다. 그러자 할머니인 시바타 하쓰에는 소녀에게 소금을 주며 잠자기 전에 소금을 손으로 비비면 야뇨증이 고쳐진다고 말한다. 예전에 민간에서 많이 쓰던 방법이라는 말도 잊지 않는다. 우리나라에서도 예전에 아이가 자다가 실수를 하면 옆집에 가서 소금을 구해오라고 했다. 아이에게 창피를 주어 오줌 싸는 버릇을 고치기 위해서였을 수도 있고, 소금으로 오줌 싼 이불을 빨기 위해서였을 수도 있고, 잠자다가 실수를 할 정도의 아이라면 기氣가 약하다고 봐서 소금의 정화력으로 아이의 기를 보강하려고 했을 수도 있다. 한·일 간에 오줌싸개에 대한 구체적인 치료법은 다르지만 소금으로 정화淨化한다는 의식을 공유하고 있다는 점은 흥미롭다.

일본에서 소금의 정화력에 대한 믿음은 아직까지도 뿌리 깊게 남아 있다. 그것을 잘 보여주는 것이 일본 씨름인 스모相撲다. 스모에서 씨름

---

9 http://www.hani.co.kr/arti/opinion/column/898967.html

선수에 해당하는 리키시力士가 씨름판인 도효土俵에서 시합하기 전에 소
금을 뿌리는 장면을 흔히 목격하게 된다. 시합장인 씨름판을 정화하는
의식이다.

〈어느 가족〉[10]   소금 뿌리는 장면[11]

〈어느 가족〉은 혈연으로 맺어지지 않아   씨름 선수를 일본에서는 '선수'라고 부
도 가족이 될 수 있다는 메시지를 주고   르지 않는다. 다른 운동경기와 다르다
있다.   는 감각이 있기 때문이다.

둘째, 다섯 살 소녀 유리가 다치자 할머니는 '(아픔아)날아가라飛んで
け~'라고 말한다. '(아픔아)날아가라飛んでけ~'는 '아픔아! 아픔아! 날아가

---

10 https://movie.naver.com/movie/bi/mi/photoViewPopup.nhn?imageNid
    =6602698

11 https://search.yahoo.co.jp/image/search;_ylt=A2RivcnR4CtdohUAYxG
    U3uV7?p=%E7%9B%B8%E6%92%B2+%E5%A1%A9%E3%81%BE%E3%81%
    8D&aq=0&oq=%E7%9B%B8%E6%92%B2%E3%80%80%E5%A1%A9&ei=UT
    F-8#mode%3Ddetail%26index%3D3%26st%3D0

라!痛いの痛いの飛んでけ~'를 생략한 말이다. 이것을 일본어로는 '아타이노 이타이노 톤데케~'라고 한다. 아이가 돌부리에 걸려 넘어지거나 어딘가에 부딪쳤을 때, 우리는 보통 돌부리를 야단치고, 부딪친 대상을 나무라면서 아이의 울음을 달랜다. 어떤 일본인은 이런 우리의 모습을 보고 '한국인은 뭐든지 남 탓을 한다'고 말하지만, 그 비판이 과연 타당한지는 잘 모르겠다. 여하튼 일본에서는 이런 상황에 주술을 건다. '(아픔아)날아가라'고 주술을 건다. 작은 상처는 시간이 지남에 따라 자연스럽게 통증이 사라진다. 이로써 아이는 할머니의 주술을 믿게 된다.

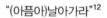

"(아픔아)날아가라"[12]

이렇게 말한다고 아픔이 사라질까? 시간이 약이다.

셋째, 초등학생 시바타 쇼타는 가게에 들어가서 물건을 슬쩍 하기 전에 반드시 중요한 의식을 행한다. 주문을 외우듯이 손가락을 움직이

---

12 http://www.slangeigo.com/archives/52700905.html

고, 다음에는 그 손가락을 콧잔등에 대는 것이다. 아마도 무사히 물건을 훔칠 수 있기를, 그리고 들키지 않고 무사히 도망칠 수 있기를 바라는 마음으로 그런 주술을 했을 것이다. 그리고 이런 소년의 행위는 소녀 유리에게도 전승된다. 주술의 전승이다.

넷째, 소녀 유리의 아랫니가 갑자기 빠졌다. 이때도 주술은 일어난다. 가족들은 빠진 이를 옥상 위로 던지며 좋은 이가 나기를 기원한다. 일본에서는 아랫니는 옥상 위로 던지고, 윗니는 마당에 던져야 튼튼하고 좋은 이가 난다는 믿음이 있다. 한국에서도 이와 비슷한 믿음이 있었다. 하지만 단독 주택이 아닌 아파트나 맨션 같은 주거에서는 좀처럼 하기 어려운 행동이다. 이것은 일본도 마찬가지일 것이다.

빠진 이를 장식용으로13

몇 년 전의 일이다. 첫째의 유치가 빠지기 시작했다. 많이 흔들리기 시작하면 동네 병원에 갔고, 치과 의사는 멋진 솜씨로 젖니를 빼줬다. 그리고는 빠진 이를 예쁜 치아 모양의 케이스에 담아 목걸이로 할 수

---

13 https://realestate.yahoo.co.jp/magazine/fuufumanzai/20151119-00000001

있게 해주었다. 과학기술의 시대에 더 이상의 주술은 없었다.

〈기생충〉은 한국적 영화다. 스마트폰을 활용한 SNS, CCTV 그리고 PC를 활용한 공문서 위조까지. 최첨단 과학기술이 대거 등장하기 때문이다. 〈어느 가족〉은 일본적 영화다. 과학기술과는 동거할 수 없는 주술이 적지 않게 등장하기 때문이다.

제4절 소금의 힘

소금은 음식의 맛을 돋우고 부패를 막으며,
빛은 어둠을 밝히고 사물을 식별하게 해 준다.[14]

초등학교에 다닐 때 어머니는 학교 근처에서 조그마한 음식점을 경영했었다. 어머니는 첫 손님을 맞이하면 '개시'했다고 했다. 그런데 당시는 지금과 달리 '외상'이라는 것이 있었다. 식사 후에 값을 지불하지 않고 다른 날이나 월급날에 갚겠다고 하고 결제를 후일로 미루는 것이다.

---

14 오정희, 『오정희의 이야기 성서』, 여백, 2012년, p.253.

그래서 계산대에는 항상 외상 장부라는 노트가 있었다. 거기에는 언제, 누가, 얼마만큼 먹었는지가 빽빽하게 적혀 있었다. 군데군데 빨간색으로 두 줄이 그어진 것이 있었는데, 이것은 외상을 갚았다는 것을 뜻했다. 그런데 외상 장부에는 빨간 줄로 그어진 것보다 그렇지 않은 것이 더 많았다.

어느 날 학교 수업이 끝난 후 가게에 들렀다. 손님이 한 팀 있었다. 식사 후 그 손님들은 어머니에게 외상을 한다고 했고, 어머니는 안 된다고 했다. 한참 실랑이가 벌어졌다. 결국 그 손님들은 외상을 했다. 어머니는 나에게 소금을 가져오라고 하더니, 문 밖으로 나가셨다. 그리고는 소금을 밖에다 뿌리시며

"개시인데, 외상이라니!"

라고 말씀하셨다. 그 광경이 어린 마음에도 아팠던지 '나중에 크면 절대로 장사는 하지 않겠다고 다짐했다.'

소금의 정화력을 생각나게 하는 일화가 하나 더 있다. 좀 더 현실적인 사례다. 미취학 연령일 때의 일로 기억한다. 부모님이 양치를 하는데, 치약을 쓰지 않고 간혹 소금을 대신 사용하셨다. 치약이 비싸서 그랬는지 아니면 치약에 익숙하지 않아서 그랬는지는 잘 모르겠다. 하지만 소금의 효능을 생각하면 일리가 있기는 했다. 최근 죽염치약이 인기를 얻고 있는 것을 생각하면 더욱 그렇다.

소금의 정화력 혹은 정화의식에 관한 이야기는 구약전서 열왕기2의 2장 18~22절과 에스겔 16장 1~4절에서도 보인다. 소금은 인류사와

함께하고 있는 것이다.

열왕기2의 2장 18~22절

엘리사가 여리고에 머무는 중에 무리가 저에게 돌아오니 엘리사가 저희에게 이르되 내가 가지 말라고 너희에게 이르지 아니하였느냐 하였더라

그 성 사람들이 엘리사에게 고하되 우리 주께서 보시는 바와 같이 이 성읍의 터는 아름다우나 물이 좋지 못하므로 토산이 익지 못하고 떨어지나이다

엘리사가 가로되 새 그릇에 소금을 담아 내게로 가져 오라 하매 곧 가져 온지라

엘리사가 물 근원으로 나아가서 소금을 그 가운데 던지며 가로되 여호와의 말씀이 내가 이 물을 고쳤으니 이로 좇아 다시는 죽음이나 토산이 익지 못하고 떨어짐이 없을찌니라 하셨느니라 하니

그 물이 엘리사의 말과 같이 고쳐져서 오늘날에 이르렀더라[15]

에스겔 16장 1~4절

여호와의 말씀이 또 내게 임하여 가라사대 2인자야 예루살렘으로 그 가증한 일을 알게 하여

이르기를 주 여호와께서 예루살렘에 대하여 말씀하시되 네 근본과 난 땅은 가나안이요 네 아비는 아모리 사람이요 네 어미는 헷 사람이라

너의 난 것을 말하건대 네가 날 때에 네 배꼽 줄을 자르지 아니하였

---

15 한영성경협회, 『한·영성경전서』, 생명의말씀사, 2001년, p.563.

고 너를 물로 씻어 정결케 하지 아니하였고 네게 소금을 뿌리지
아니하였고 너를 강보로 싸지도 아니하였나니[16]

최근에 일본에서 소금 주술이 유행한다고 한다. 일본어로는 시오마지
나이塩呪い다. 소금으로 주술을 걸면 문제가 해결된다는 것인데, 예를
들면 이렇다. 남자친구에게서 연락이 오지 않으면 '남자친구가 오지
않는다'는 현재 당면한 문제를 종이에 적는다. 그리고 자신이 쓴 문장에
커피 한 스푼 정도의 소금을 골고루 뿌린 후, 종이를 잘 접어 재떨이
등에 놓고 불을 붙인다고 한다. 마지막으로 소금과 종이가 다 타서
재가 되면 화장실에 버린다. 그것으로 문제가 해결된다고 한다. 참,
쉽다! 소금 주술은 결국 소금의 정화력에서 착안한 것이다.

소금 주술의 한 장면[17]

글씨에 소금을 뿌리는 장면이다.

---

16 한영성경협회, 『한·영성경전서』, 생명의말씀사, 2001년, p.1169.

17 https://search.yahoo.co.jp/image/search?ei=UTF-8&p=%E5%A1%A9%E5

신혼 때의 일이다. 평소 알고 지내던 선생님의 아버님이 작고하셨다. 문상을 다녀왔다. 그런데 현관 앞에 소금을 수북이 담아 놓은 접시가 하나 놓여 있었다. 신기했다. 처음 보는 광경이었기 때문이다. 현관문을 열고 집으로 들어가자마자 아내에게 말했다.

모리시오

왼쪽 중앙에 놓여 있는 것이 모리시오다.

"누가 접시에 소금을 담아서 현관 앞에 놓아두었네!"
그러자 아내가
"내가 놓았어요."
라고 대답했다.
"왜"
라는 질문에
"일본학 전공자가 모리시오_{盛り塩}도 모른단 말이에요?"

%91%AA%E3%81%84#mode%3Ddetail%26index%3D3%26st%3D0

라는 핀잔이 돌아왔다.

'모리시오'는 소금을 삼각형이나 원형 모양으로 해서 현관 앞에 두는 것을 말한다. 이것으로 재앙이나 불행한 일을 사전에 방지할 수 있다는 속신인데, 결국 주술에 해당한다. 보통 장례식에 다녀온 사람을 위해 현관에 놓아둔다고 한다.[18]

소금의 정화의식을 생각하다 보니 예전에 드라마에서 자주 봤던 한 장면이 떠올랐다. 아이가 잠자다가 오줌을 싸면 부모님은 아이에게 "우리 아이 자다가 세계지도 그렸네! 옆집 가서 소금 구해 와야겠네!"라고 말한다. 그러면 아이는 울면서 소금 구하러 옆집에 가는 장면이다.

오줌싸개 소금 구하기[19]

소금을 구하는 오줌싸개 아이 모습이 정겹다. 박물관에서 나 찾아볼 수 있는 풍습이 되어 버렸다.

---

18 일본에서는 가게나 음식점 앞에 모리시오를 두기도 한다. 이에 대해 정하미는 재수와 관련이 있는 미신적인 것이지만 실제로는 청결에 도움이 되기 때문에 합리적이라고 말한다. 참고로 소개한다.
  정하미, 『일본의 서양문화 수용사』, 살림, 2013년, p.73.

그런데 왜 아이에게 소금을 구해 오라고 했을까? 아이에게 창피를 주어 오줌 싸는 버릇을 고치기 위해서일까? 소금이 귀해서일까? 소금으로 오줌 싼 이불을 빨기 위해서일까? 잠자다가 실수를 할 정도의 아이라면 기가 약하다고 생각해서 소금의 정화력으로 아이의 기를 보강하려고 하는 주술 때문일까?

한참 이런 생각을 하다가 며칠 전 일이 생각났다. 만 세 살이 지난 둘째가 또 오줌을 쌌다. 세계지도는 아니었지만 말이다. 최근 들어 유독 그 빈도가 심해졌다. 첫째보다 기저귀를 빨리 떼서 좋아했던 것이 엊그제인데, 왜 그런지 모르겠다. 다음에 또 그러면 옆집에 가서 소금이라도 가져오라고 해야겠다. 그래서 나의 거창한 계획을 아내에게 말했더니, 아내는

"잠자기 전에 화장실 다녀오게 하면 되지, 무슨 소금이에요!"
라며 핀잔을 준다.

소금의 정화력을 믿는 아내가 이런 상황에는 그것을 믿지 않았다. 소금의 정화력에 대한 속신도 문화에 따라 그리고 상황에 따라 다를 수 있나 보다.

---

19 https://search.naver.com/search.naver?where=image&sm=tab_jum&query=%EC%98%A4%EC%A4%8C+%EC%86%8C%EA%B8%88#imgId=news0180002623108_15358656&vType=rollout

일본에 있는 신사에 처음 갔을 때다. 신사는 신神을 모시고 있는 곳이다. 그래서 그런지 신사 정문에는 고마이누狛犬, こまいぬ라는 상상의 동물상이 신사를 지키고 있었다. 고마이누는 사자 같기도 하고 개 같기도 한 모습을 하고 있는데, 입을 잘 보면 흥미롭다. 한쪽 입은 벌리고 있고, 한쪽 입은 다물고 있기 때문이다. 한 마리의 고마이누가 '아'하고 있다면, 다른 한 마리는 '흠'하고 있는 모양새다. 장단이 잘 맞는 것이다. 여기서 나온 일본어가 있다. '아흠의 호흡阿吽の呼吸, あうんのこきゅう'이라는 일본어다. 따라서 호흡을 잘 맞추는 두 사람을 긍정적으로 평가할 때, '아흠의 호흡'이라는 말을 쓴다.

고마이누를 한자로 '박견狛犬'이라고 표기하는 것이 일반적이다. 하지만 고문헌에는 '고마こま'를 '박狛'이라고 하지 않고 '고려高麗'라고 쓰기도 했다. 이때 '고려高麗'라고 쓰지만 사실은 고구려高句麗를 의미한다. 예를 들어 『만엽집』 권12·2975번 와카는 다음과 같다.

권12·2975
고구려高麗 비단
옷 끈의 매듭조차
풀지 않고서
단정히 기다려도
그 보람 없네요[20]

---

20 이연숙 역, 『한국어역 만엽집』(10), 박이정, 2017년, p.109.

이 작품에서 화자話者는 고구려 방식으로 짠 아름답고 화려한 비단으로 만든 옷에 달려 있는 끈을 풀지 않고 님을 기다리고 있다. 이렇게 정절을 지키고 있는데도 그 님은 끝내 오지 않는다. 화자의 탄식이 귓가에 들리는 듯하다.

권11·2405번과 2406번 와카도 비슷한 노래다.

권11·2405
몰린 사람들
소문내고 있지만
고구려高麗 비단
옷끈을 풀어 놓은
당신이 아닌 것을요[21]

권11·2406
고구려高麗 비단
옷끈을 풀어 놓고
저녁까지도
알 수 없는 목숨을
이리 계속 그리는가[22]

이와 같은 용례가 『만엽집』에 실려 있는 것을 생각해보면 '고마이누'가

---

21 이연숙 역,『한국어역 만엽집』(9), 박이정, 2016년, p.55.
22 이연숙 역,『한국어역 만엽집』(9), 박이정, 2016년, p.55.

고대 한반도와 관련이 있다는 것을 알 수 있다.

한편 신사를 찾는 방문객을 맞이하는 것은 고마이누와 함께 도리이鳥居, とりい라는 것이다. 도리이는 문門이다. 그리고 이 문은 인간 세계와 신의 세계를 구분하는 경계의 역할을 한다.

고마이누와 도리이[23]

양쪽에 고마이누가 서 있다.

도리이를 지나 신사 안으로 들어가면 맨 먼저 하는 것이 쵸즈야水舍, ちょうずや에 가서 거기에 있는 물로 입과 손을 씻는 것이다. 이것은 심신을 정화하는 의식이다. 그때 히샤쿠柄杓, ひしゃく라는 나무나 철로 만든 바가지를 이용한다.

---

23 https://ja.wikipedia.org/wiki/%E7%8B%9B%E7%8A%AC#/media/ファイル:Osakejinja03_1024.jpg

왼쪽 건물이다. 여기에는 샘물처럼 물이 흐르고 있다.

히샤쿠[25]

대나무로 만들어진 것이 일반적이다.

24 https://ja.wikipedia.org/wiki/%E6%89%8B%E6%B0%B4%E8%88%8E
25 https://ja.wikipedia.org/wiki/%E6%89%8B%E6%B0%B4%E8%88%8E

신사에 처음 갔을 때 물로 손과 입을 정화한다는 의미를 알지 못했다. 그런데 나만 몰랐던 것은 아니었다. 어떤 외국인은 히샤큐로 물을 떠서 마시기도 했다. 나중에 물로 정화한다는 말을 들었을 때 좀 의아했다. 왜냐하면 '과연 과학적으로 볼 때 손과 입이 정화될까?'하고 생각했기 때문이다. 역시 이것은 신도神道의 일부로 결국 종교 의식이라고 볼 수 있다.

물로 정화한다는 의식은 일본에서 흔히 볼 수 있다. 미소기禊에서도 관찰된다. 이것은 신도 의식의 하나인데, 물로 몸을 깨끗이 씻는 행위다. 아래 이미지와 같이 바다에 들어가서 하기도 한다.

미소기[26]

바닷가에서 이루어지고 있는 미소기.

이와 같은 미소기에 대해 야마쿠세 요지는 『일본인의 정신』에서 다음과 같이 잘 정리하고 있다.

26 https://search.yahoo.co.jp/image/search?rkf=2&ei=UTF-8&p=%E7%A6%8A#mode%3Ddetail%26index%3D0%26st%3D0

바위나 거목 등의 자연 조물에 혼이나 신이 깃들어 있다고 믿는 신도에서 가장 중요하게 여기는 행위가 그러한 정령을 대할 때 몸을 깨끗하게 하는 행위입니다. 이 몸을 깨끗하게 하는 행위를 목욕재계禊라고 합니다. …… 이 목욕재계 행위가 그 후 여러 가지 행태로 일본의 전통 속에 남게 됩니다. 이를테면 축제お祭り에서 몸에 물을 끼었거나 설날에 차가운 바다에 들어가 한 해의 무병무탈을 기원하는 행위가 일본 각지에서 보입니다. 또 지금도 산악신앙에서는 폭포수를 맞으며 몸을 깨끗이 하는 풍습 등이 있고 이런 예를 들자면 끝이 없습니다. …… 목욕재계禊의 행위는 단순히 몸을 깨끗이 해서 신을 대하는 것뿐 아니라 이 행위를 통해서 마음의 더러움도 깨끗이 씻어내는 것이라는 믿음이 깔려 있습니다.[27]

이와 같은 물의 정화의식 혹은 물의 정화력에 대한 믿음이 일본인에게만 있는 것은 아니다.[28] 우리에게도 있다. 아니, '있었다'라고 말하는 것이 좀 더 정확한 표현이다. 어렸을 때 드라마를 보면 어머니가 목욕재계를 한 후에 물을 떠 놓고 자식의 안녕과 출세를 기원하기 위해 천지신명에게 기원하는 모습이 종종 보였다. 그 모습이 정겹게 생각나서 인터넷에서 물의 정화의식이나 물의 정화력을 검색창에 넣어봤다. 찾고자

27 야마쿠세 요지, 『일본인의 정신』, 한울, 2014년, pp.168-169.
28 주영하도 "(우리나라에서도. 인용자)정성이 담긴 정화수는 깨끗한 물로 인식되어 부정한 일이나 오염된 것을 정화淨化시키는 데도 쓰였다."고 말한다.
   주영하, 『음식전쟁, 문화전쟁』, 사계절, 2000년, p.271.

하는 정보도 있었지만 정수기 홍보와 광고도 적지 않게 검색됐다. 절로 웃음이 나왔다. 지금의 시대를 반영하는 것 같았다. 과학의 시대에, 그리고 학생부종합전형(학종) 시대에 부모가 목욕재계 후에 정화수井華水를 떠놓고 자식의 대학 합격을 위해 신에게 기원하는 것은 이미 미신이 되어 버렸다.

제6절 물수건의 정화력

나에게 물수건은 아저씨와 동의어다. 어렸을 적에 어머니가 조그마한 불고기집을 운영했었다. 가끔 가게에 가면 몇몇 손님이 비닐에 싸여 있는 물수건을 꺼내 손과 얼굴 그리고 목 주위를 씻는 광경을 종종 볼 수 있었다. 어떤 사람은 물수건으로 구두를 닦기도 했다. 나에게 물수건이 아저씨와 동의어가 된 것은 이런 모습 때문이다. 어린 마음에 굳게 다짐했다. 나는 커서 절대로 물수건으로 얼굴과 목을 씻지 않으리라!

그런데 물수건에 대한 이미지를 확 바꾼 계기가 생겼다. 유학 때의 일이다. 어느 날 파스타 가게에 갔다. 삿포로역의 지하상가에 파스타를 잘하는 가게가 있다는 소문을 들었기 때문이다. 유학생 주제에 파스타라니! 하지만 큰마음 먹고 갔다. 가게에 들어가자 점원이 좌석을 안내해주었다. 자리에 앉자 얼음이 들어간 물인 오히야お冷や와 함께 물수건인 오시보리おしぼり도 같이 나왔다. 그런데 여태까지 내가 경험했던 그런 물수건이 아니었다. 물수건은 비닐에 들어 있지도, 약품 냄새도 나지 않았다. 나무로 된 작은 접시에 물수건이 차분하게 놓여 있다. '물수건

이 이럴 수도 있구나!'하고 감탄했다.[29]

물수건

비닐 포장되어 있는 전형적인 물수건.

〈오시보리〉[30]

일본의 오시보리 곧 물수건은 비닐 포장되어 있지 않다.

29 박상현, 『일본문화의 패턴』, 박문사, 2017년, pp.308-309.
30 http://image.search.yahoo.co.jp

위 내용은 몇 년 전에 졸저에서 쓴 것이다. 그런데 한 가지 궁금한 것이 생겼다. 물수건으로 아니 오시보리로 손을 씻으면 손이 깨끗해질까? 비누로 손을 씻은 것처럼 말이다.

인터넷에 '문수건', '살균 효과' 같은 키워드를 넣어 검색해봤다. 아니나 다를까 2016년 7월에 『주간동아』는 「식당용 물수건, 물티슈가 수상해」라는 제목으로 다음과 같은 기사를 실었다.

> 식당용 물수건의 안전성 논란은 이미 수년 전부터 제기됐다. 2012년에는 한 물수건 위생처리업체(세탁업체)가 서울·수도권에 공급한 물수건에서 중금속과 형광증백제 성분이 검출됐다. 2011년에는 서울에서 물수건 위생시설을 불법 운영한 업체 15곳이 적발됐고 이들 업체의 물수건에서도 중금속, 형광증백제 성분이 검출됐다. 형광증백제는 피부질환과 호르몬 교란을 일으키는 물질로 알려졌는데, 이 물질은 음식물 얼룩이나 기름때를 제거하는 세제에서 나온 것으로 밝혀졌다. 4~5년이 지난 지금 소비자는 물수건 유해성분으로부터 안전할까.[31]

모르긴 몰라도 일본에서 같은 조사를 해도 그 결과는 크게 다르지 않을 것이다. 그리고 물수건을 사용하는 한국인이나 오시보리를 쓰는 일본인이나 이것이 크게 위생적이라고는 생각하지 않을 것이다. 그러면

---

31 http://weekly.donga.com/List/3/05/11/537311/1

왜 사용할까? 화장실에 가서 손을 씻는 것보다 편리하다고 생각해서 사용하는 것이리라. 하지만 원래는 손을 정화한다는 생각에서 오시보리(물수건)를 사용하지 않았을까?

Tokyo Good Museum이라는 홈페이지에는 「다다미 문화와 오시보리와의 관계疊文化とおしぼりの関係」라는 제목에 다음과 같은 내용이 실려 있다.

> 레스토랑에 들어가서 자리를 잡으면 물과 오시보리가 나온다. 따뜻한 오시보리로 손을 닦으면 편안한 마음으로 식사할 수 있는 기분이 든다. 오시보리에는 수건으로 된 것과 종이로 된 것이 있다. 원래 오시보리 문화는 일본의 독특한 문화다. 일설에 따르면 무로마치室町시대에 여행객이 자신의 더러워 진 손과 발을 닦을 수 있도록 여관旅籠에서 물통과 손수건을 준비했던 것에서 시작됐다고 한다. 하지만 호텔 오오쿠리도쿄에서 '일식和食 테이블 매너 연습講習'을 강연하는 아오키 유카青木優佳는 "현재에도 오시보리 문화가 이어지고 있는 것은 일본이 다다미 문화인 것과 관계가 있습니다"라고 말한다. **"원래 식사하기 전에 화장실에서 몸가짐을 단정히 하고 손을 씻고 나서 착석하는 것이 매너입니다. 그러나 일본식 다다미방和室의 경우는 다다미방에 들어가서 다다미에 손을 대고 인사하는 것이 일반적입니다. 발이 닿는 곳에 손이 닿기 때문에 그것을 오시보리로 정화하고淸めて 식사를 하는 의미도 있는 것입니다."**[32]

32 https://goodmanners.tokyo/museum/july-28-2017/

역시나 물의 정화력, 다시 말해서 물의 정화의식이 오시보리에도 스며들어 있었다.

사실 물을 활용한 정화의식은 인류의 역사와 함께했다. 그런 의미에서 종교적이고 주술적 의식이다. 성경의 에스겔 16장 1~4절에는 다음과 같은 것이 나온다.

> 여호와의 말씀이 또 내게 임하여 가라사대 2인자야 예루살렘으로 그 가증한 일을 알게 하여
> 이르기를 주 여호와께서 예루살렘에 대하여 말씀하시되 네 근본과 난 땅은 가나안이요 네 아비는 아모리 사람이요 네 어미는 헷 사람이라
> 너의 난 것을 말하건대 네가 날 때에 네 배꼽 줄을 자르지 아니하였고 **너를 물로 씻어 정결케 하지 아니하였고** 네게 소금을 뿌리지 아니하였고 너를 강보로 싸지도 아니하였나니[33]

출애굽기 30장 19~20절에도 나와 있듯이 사제직을 맡은 모든 사람은 하느님을 만나기 전에 반드시 물로 손과 발을 씻어야 했다.

> 여호와께서 모세에게 일러 가라사대
> 너는 물두멍을 놋으로 만들고 그 받침도 놋으로 만들어 씻게 하되
> 그것을 회막과 단 사이에 두고 그 속에 물을 담으라
> 아론과 그 아들들이 그 두멍에서 수족을 씻되
> 그들이 회막에 들어갈 때에 물로 씻어 죽기를 면할 것이요 단에

---

33 한영성경협회, 『한·영성경전서』, 생명의말씀사, 2001년, p.1169.

가까이 가서 그 직분을 행하여 화제를 여호와 앞에 사를 때에도
그리 할찌니라
이와 같이 그들이 그 수족을 씻어 죽기를 면할찌니 이는 그와 그
자손이 대대로 영원히 지킬 규례니라[34]

레위기 16장 1~4절에서도 보이듯이 대사제는 속죄일에 속죄 제물
등을 바치러 성소에 들어가기 위해서 자신의 몸을 물로 씻어야 했다.

아론의 두 아들이 여호와 앞에 나아가다가 죽은 후에 여호와께서
모세에게 말씀하시니라
여호와께서 모세에게 이르시되 네 형 아론에게 이르라 성소의 장
안 법궤 위 속죄소 앞에 무시로 들어오지 말아서 사망을 면하라
내가 구름 가운데 속죄소 위에 나타남이니라
아론이 성소에 들어오려면 수송아지로 속죄 제물을 삼고 수양으로
번제물을 삼고
거룩한 세마포 속옷을 입으며 세마포 고의를 살에 입고 세마포
띠를 띠며 세마포 관을 쓸찌니 이것들은 거룩한 옷이라 물로 몸을
씻고 입을 것이며[35]

---

34 한영성경협회, 『한·영성경전서』, 생명의말씀사, 2001년, p.128.
35 한영성경협회, 『한·영성경전서』, 생명의말씀사, 2001년, p.170.

이스라엘에서는 식사하기 전에 종들이 손님들의 발을 씻어주는 관습이 있다고 한다.[36] 그런데 몇 년 전부터 M대학에서 부활절을 맞아 교수가 학생의 발을 씻겨주는 세족식을 하고 있다. 섬김의 정신을 전하기 위해서 하고 있다고 한다. 여기에도 물의 정화의식이 느껴진다.

그런데 흥미로운 우리말 표현이 있다. 관용어 '손을 씻다'가 그것이다. 더 이상 나쁜 일을 하지 않을 때 이 관용어를 쓴다. 일본어로는 '발을 씻다足を洗う'라고 말한다. 손이 아니라 발이다! 손과 발이라는 차이는 있지만 '씻다'라는 동사를 공유하고 있다.

그럼 대체 무엇으로 씻을까? 역시 물이다!

제7절 문신의 추억

문신은 혼령의 수탁을 표시하는 기호로서, 또 그 혼령을 지키기 위한 기호로서, 신체 장식으로서의 의미를 지녔다.[37]

신체는 영혼과 실체를 연결해주는 유기적 존재로서 사회생활 속에서 자신을 직접 투영해주는 매개체이므로 신체를 통한 표현은 시대를 반영

---

36 오정희, 『오정희의 이야기 성서』, 여백, 2012년, 2001년, p.373.
37 시라카와 시즈카, 『한자-기원과 그 배경』, AK, 2017년, p.275.

한다. 고대 관습으로서 신체 장식은 자연세계에 존재하는 마술적인 힘을 일으킨다고 믿었다. 신체를 이용한 **문신의 주술적 기능**은 아랍의 여러 국가들에서 보호의 역할로서 나타난다.[38]

어렸을 때 정육점에 자주 갔다. 돼지고기를 사 오라는 어머님의 심부름 때문이었다. 정육점은 신기했다. 형광등 불빛이 평소에는 볼 수 없는 붉은 빛이었다. 고기를 더 신선하고 맛있게 보이려고 그런 조명을 사용했던 것 같다. 그 덕분에 돼지고기도, 정육점 아저씨도, 나도 얼굴과 몸이 모두 붉은 빛을 띠웠다.

아이의 눈을 끈 것은 정육점의 붉은 조명만이 아니었다. 돼지고기에 새겨져 있는 글자와 숫자도 아이의 마음을 빼앗았다. 기억이 정확하지 않을 수 있겠지만, 돼지고기에는 '합격필' 혹은 '검정檢定인' 같은 글자와 함께 날짜가 찍혀 있었다. 이것이 내가 처음 본 몸에 새겨진 문신文身이었다. 이것으로 돼지고기의 맛과 신선도에 신뢰가 갔다. 아니, 신뢰를 갖게 만들었다. 이렇게 돼지고기의 문신은 주술적 효과가 있었다. 문신의 추억은 정육점에서 시작됐다.

문신에 관한 두 번째 기억은 TV 드라마에 등장하는 조직폭력배와 관련된다. 그들의 팔뚝에는 일심一心 같은 글자가 새겨져 있곤 했다. 등에는 용이나 호랑이가 그려져 있었다. 그들에게 '일심' 곧 '한마음'이라는 글자는 덕목이었을 것이다. 용 혹은 호랑이 문양은 그들에게는 용기

---

38 최창모, 『금기의 수수께끼』, 한길사, 2003년, p. 280.

와 용맹함을 주었을 것이다. '나는 강한 사람이다'고. 한편 그것을 보는 상대에게도 주술적 효과를 주었을 것이다. '상대는 강한 사람이네'라고.

다니자키 준이치로라는 일본 작가에 〈문신刺靑, しせい〉(1910)이라는 단편 작품이 있다. 그의 처녀작이다. 이 작품은 세이키치淸吉라는 솜씨 좋은 문신사의 이야기인데, 그의 영원한 바람은 아름다운 피부를 가진 여인에게 자신의 혼魂을 담은 문신을 새기는 것이었다. 흥미로운 작품이기에 좀 길지만 본문을 인용한다.

그의 오랜 숙원은 눈부시게 아름다운 피부를 가진 미녀를 찾아 그 살에 자신의 혼을 새기는 것이었다. 그런 여자가 되려면 여러 가지 소질과 용모를 갖추어야 했다. 그저 예쁜 얼굴과 아름다운 피부만으로는 부족했다. 에도의 모든 유곽에서 이름난 여자라는 여자는 모두 살펴보아도 문신을 새길 만한 여자가 없었다. ……
4년째 되던 어느 여름날 저녁, 후카가와에서 히라세라는 요리점 앞을 지나가다 문 앞에 멈추어 있던 가마의 가리개 밖으로 드러난 새하얀 맨발이 그의 눈에 들어왔다. 그의 예리한 눈에는 사람의 얼굴처럼 복잡한 표정을 가진 발이 보였다. 그에게 그 여인의 발은 살로 만들어진 보옥이었다. 엄지부터 시작하여 새끼발가락에서 끝나는 섬세하고도 가지런한 발가락 5개, 에노시마 해변의 조가비보다 더 선명한 연분홍 발톱, 구슬인양 매끈한 뒤꿈치, 바위 틈의 청렬한 물이 쉴 새 없이 적셔주는 듯한 촉촉한 살결, 이 발이야말로 뭇 남자의 생피로 살쪄가며 남자의 몸뚱이를 짓이길 발이었다. 이 발의 주인이야말로 그가 오랫동안 찾아 헤매던 여자 중의 여자일 것 같았다. 세이키치는 뛰는 가슴을 억누르며 얼굴을 보려고 가마 뒤를 따라갔지만 두어 마장 지나 놓치고 말았다.[39]

위 인용문에는 피부와 발에 대한 페티시즘이 잘 나타나 있다. 특히 발은 강력한 페티쉬다. 발에 대한 애착은 중국의 전족纏足을 연상시킨다.

무라카미 하루키도 단편소설 〈4월 어느 해의 맑은 아침, 100퍼센트의 여자아이를 만나는 일에 관하여〉에서 발목을 포함한 페티쉬에 대해 다음과 같이 적고 있다.

발목이 가느다란 여자아이가 좋다든지, 역시 눈이 큰 여자아이라든지, 손가락이 절대적으로 예쁜 여자아이라든지, 잘은 모르겠지만 천천히 식사하는 여자아이에게 끌린다든지 같은 식의. 나에게도 물론 그런 기호는 있다. 레스토랑에서 식사를 하다가, 옆의 테이블에 앉은 여자아이의 코 모양에 반해 넋을 잃기도 한다.[40]

이렇듯 일본 남성에서는 발에 대한 페티쉬가 강하게 남아 있다. 예컨대 발목이 두꺼운 여자는 경원의 대상이 되기도 한다. '코끼리 같은 발목'이라는 의미로 쓰이는 '죠아시象足, ぞうあし'라는 말이 있을 정도다.

일본의 고전문학작품에도 여성의 다리에 대한 페티시즘을 찾아볼

---

39 다니자키 준이치로, 『문신』, 어문학사, 2017년, pp.12-13.
40 무라카미 하루키, 『무라카미 하루키 단편 걸작선』, 문학과지성사, 1992년, p.79.

수 있다. 14세기 초 작품으로 알려져 있는 요시다 겐코의 『도연초徒然草』
가 그것이다. 이것은 중세를 대표하는 수필인데, 작가는 승녀. 『도연
초』는 서단과 243단으로 이루어져 있다. 제8단에서는 여성의 수족 및
피부에 대한 언급이 나온다.

> 사람의 마음을 어지럽히는 데 색욕色慾보다 더한 것이 없다. 사람의
> 마음이란 어리석기 그지없다. 향내는 헛된 것이며, 잠시 옷에 배인
> 것이라 금방 날아가고, 바래면 아무 냄새도 나지 않을 것을 알면서
> 도, 코끝을 자극하는 좋은 향기에 누구나 마음이 설렌다.
> 옛날에 하늘을 날던 신선神仙이, 빨래하는 여인의 하얀 장딴지를
> 보고, 그만 신통력神通力 잃고 땅에 떨어졌다고 하는 데, 정말 팔다리가
> 매끈하고 통통한 것은 육감적肉感的이기에, 아무리 신선이라 할지라
> 도 아름다움에 홀려서 신통력을 잃었다는 것은 있을 법한 일이다.[41]

  제8단의 두 번째 단락에는 선인이 빨래를 하는 여인의 하얀 종아리를
보고는 신통력을 상실했다고 나와 있다. 위 인용문에서 수족이나 피부가
매끈하며 보기 좋게 살이 오른 것은 매력적이기 때문에 선인仙人이라
할지라도 그 아름다움에 정신이 매혹되어 신통력을 상실했다는 이야기
에 요시다 켄코는 크게 공감한다.
  여성의 다리에 대한 주목은 그 역사가 길다. 성경의 아가 제7장 1절
에는

---

41 정장식 역, 『도연초』, 을유문화사, 2004년, pp.25-26.

귀한 자의 딸아 신을 신은 네 발이 어찌 그리 아름다운가 네 넓적다리는 둥글어서 공교한 장색의 만든 구슬 꿰미 같구나.[42]

와 같은 내용이 있다.

그럼 다시 〈문신〉으로 돌아가자. 드디어 세이키치는 자신이 찾던 모델을 발견하고 그녀를 설득하여 그녀의 등에 문신을 새기기 시작한다.

한 방울의 색을 집어넣기도 쉽지 않았다. 바늘을 넣고 뺄 때마다 숨을 깊게 몰아쉬었다. 자신의 마음이 찔리는 것 같았다. 바늘 자국이 차츰 거대한 무당거미의 형상을 이루기 시작하더니 희멀겋게 날이 갤 무렵이 되자 불가사의한 마성을 가진 동물이 여덟 가락의 다리를 꿈틀거리며 도사리고 있었다. …… 그리고 (세이키치는. 인용자) 여자 등에 새겨진 거미를 바라보았다. 이 문신이야말로 자기 목숨의 전부였다. ……

이윽고 낮고 쉰 목소리가 방의 네 벽에 울렸다.

"내가 너를 진정 아름다운 여자로 만들려고 문신에 내 혼을 집어넣었다. **이제 일본 어디에도 너보다 나은 여자는 없다. 이제부터 너는 누구도 두렵지 않을 것이다. 세상의 남자라는 남자는 모두 너의 먹이가 될 것이다.**"[43]

위 인용문에서 세이키치는 여자 등에 무당거미 문신을 새긴 후, '세상

42 한영성경협회, 『한영성경전서』, 생명의말씀사, 2001년, p.963.
43 다니자키 준이치로, 『문신』, 어문학사, 2017년 pp.18-19.

의 남자라는 남자는 모두 너의 먹이가 될 것이다'라고 선언한다. 무당거미 문신에는 이 정도로 강력한 주술이 걸려 있었다.

〈문신〉의 결말부다. 세이키치는 여자에게 문신을 새긴 후, 어떤 그림(자세한 것은 후술)을 주면서 그만 가라고 말한다. 겁 많던 소녀는 예전의 소녀가 아니었다. 여자는 문신의 힘으로, 문신의 주술로 재탄생했다.

> "문신과 함께 네게 줄 테니, 이제 이 그림(화폭 한가운데에는 젊은 여자가 벚나무에 몸을 기대고 있고, 그녀는 발 밑에 겹겹이 쌓여 있는 수많은 남자들의 주검을 내려보고 있다. 인용자)을 가지고 돌아가거라."
> 세이키치가 여자 앞에 두루마리를 내밀었다.
> **"서방님, 저는 이제까지의 소심했던 마음을 모두 버렸습니다. 당신이 맨 먼저 먹이가 되어주신 거지요?"**
> 여자의 눈동자가 칼날처럼 빛났다. 그 귓가에는 승리의 노래가 울려 퍼졌다.[44]

최근에 문신하는 사람이 부쩍 늘었다. 축구 A매치나 유럽 축구 시합에 나오는 유명 선수들은 팔뚝이나 몸에 문신을 새기고 있다. 축구 선수들이 문신을 즐기는 이유 중 하나는 상대 선수에게 자신이 얼마나 강한가를 보여주는 행위일 것이다. 최창모는 『금기의 수수께끼』에서 문신에는 용맹을 상징하는 기능이 있다고 한다.

---

44 다니자키 준이치로, 『문신』, 어문학사, 2017년, p.21.

대만 원주민 가운데 이타알족은 상대 마을에 몰래 들어가 산 사람의 목을 베어 온 용맹을 기리는 뜻으로 문신을 하였다. 또 많은 경우 강한 인내심을 표현하기 위하여 몸에 영구적인 흔적을 남겼다. 랭톤 베이의 에스키모인들은 인디언과 고래를 죽이는 것을 영광스러운 업적으로 여겨 인디언을 죽였을 경우 코에서 양쪽 귀까지 문신을 하였고 고래를 죽였을 경우에는 입에서 양쪽 귀까지 문신을 하였다.[45]

거리에서도 문신한 사람을 쉽게 볼 수 있다. 패션과 성적 매력을 나타내는 기호로 문신을 새기는 것 같다. 그래서 그런지 나도 문신에 관심이 부쩍 많아졌다. 목덜미와 팔에. 그리고 발목에.

일본인 아내에게 물었다.

"나 문신해 보고 싶은데, 어떻게 생각해?"

이렇게 묻는 나를 아내는 잠시 물끄러미 쳐다보더니

"문신하면 일본에 가도 온천에 들어갈 수 없어! 알아서 해!"

라고 충고해 주었다.

문신을 포기할지, 온천을 포기할지, 이번 여름방학에 큰 숙제를 하나 껴안게 됐다.

45 최창모, 『금기의 수수께끼』, 한길사, 2003년, p.286.

온천에 붙어 있는 문신 관련 게시

ご入浴について
泥酔の方
刺青の方
伝染病の方の
大浴場・露天風呂のご利用は
固くお断りします。

도둑, 문신한 사람, 전염병 보유자는 대욕탕 및 노천탕
이용을 강하게 금지한다고 적혀 있다.

제8절 종이학

〈종이학〉
난 너를 알고 사랑을 알고
종이학 슬픈 꿈을 알게 되었네
어느 날 나의 손에 주었던
키 작은 종이학 한 마리

천 번을 접어야만 학이 되는 사연을
나에게 전해주며 울먹이던 너

못 다했던 우리들의 사랑 노래가

외로운 이 밤도 저 하늘 별 되어

아픈 내 가슴에 맺힌다

위 노래는 가수 전영록이 1982년에 발표한 〈종이학〉이다. 지금과 달리 당시에는 종이학을 접어 유리병에 넣은 후, 그것을 상대방에게 건네주곤 했었다. 그런데 가사에 나오는 '천 번을 접어야만 학이 되는 사연'이라는 것이 처음에는 이해가 가지 않았다. '천 번을 접어야 학을 만들 수 있다는 것인가?'하고 생각했기 때문이다. 나중에 안 사실이지만 종이학을 천 마리 접으면 소원이 이루어진다는 뜻이었다. 그런데 왜 천 마리나 접어야 소원이 이루어지는지 통 알 수 없었다.

한 동안 머릿속에서 사라졌던 종이학이 다시 살아난 것은 버락 오바마가 대통령 시절에 일본의 히로시마를 방문했을 때의 일 때문이다. 2016년에 주요 7개국(G7) 정상회의에 참석하기 위해 방일한 오바마 대통령은 5월 27일 히로시마 평화기념공원 원폭자료관에서 자신이 직접 접은 종이학을 꺼내 원폭 후유증으로 당시 12살의 어린 나이에 숨진 소녀 사사키 사다코佐々木禎子를 추모했다.

히로시마 평화기념공원[46]

멀리 원폭돔이 보인다.

종이학

여러 가지 색종이로 만들어진 종이학

46 https://ja.wikipedia.org/wiki/%E5%BA%83%E5%B3%B6%E5%B9%B3%E5%92%8C%E8%A8%98%E5%BF%B5%E5%85%AC%E5%9C%92#/media/ファイル:HiroshimaPeacePark050109.jpg

2019년에 일본에서 발생한 사건 가운데 애니메이션 제작사인 '교토애니메이션' 방화 사건이 있다. 이 사건으로 35명에 달하는 무고한 시민이 희생됐다. 위 사진은 교토 시민들이 희생자를 추모하면서 만든 센바즈루(천 마리의 종이학)다.

    종이학을 일본어로는 오리즈루折り鶴라고 하고, 천 마리 접어서 실로 연결한 것을 센바즈루千羽鶴라고 한다. 일본에서는 지금도 종이학 곧 오리즈루를 접으면서 상대방의 행복, 병 회복, 장수 기원 등을 염원한다. 그리고는 재해를 입은 사람이나 환자에게 보내는 풍습이 있다. 그런 의미에서 종이학을 접는 것은 주술 행위다. 종이학에 좋은 일과 장수 등의 의미가 들어간 것은 학이 거북, 사슴, 소나무, 대나무, 불로초,

---

47 読売新聞(2019.8.5.)

산, 내, 해, 달과 함께 십장생에 포함되어 있기 때문이다. 일본어 관용구에 '학은 천년, 거북은 만년鶴は千年, 亀は万年'이라는 말이 있다. 이 표현에는 장수와 좋은 일이 일어나기를 바라는 의미가 포함되어 있다. 한편 사사키 사다코는 생전에 피폭 후 발생한 백혈병 회복을 기원하며 종이학 접기를 멈추지 않았다고 한다. 그리고 이런 사연이 알려지면서 종이학은 평화의 상징이 되었다.

아래 이미지의 〈원폭 아이의 동상〉은 작고한 사사키 사다코가 모델이 된 것으로 그녀가 사망한 3년 후인 1958년에 시민의 모금으로 설립됐다.

원폭 아이의 동상原爆の子の像[48]

48 https://ja.wikipedia.org/wiki/%E5%8E%9F%E7%88%86%E3%81%AE%E5%AD%90%E3%81%AE%E5%83%8F#/media/ファイル: Children's_Peace_Monument_2008_02LT.JPG

해마다 8월이 되면 일본 미디어는 원폭 피해를 입은 일본과 일본인을 부각시킨다. 제국주의 시대에 가해자였던 일본과 일본인은 잘 그려지지 않는다. 다음 노래는 피폭 50주년에 만들어진 기념가인 〈센바즈루〉다. 이 노래는 8월이 되면 피폭지인 히로시마와 나가사키에서 합창된다. 이 〈센바즈루〉가 지난 전쟁의 피해자인 아시아인에게도 자연스럽게 공유될 수 있도록 일본 정부와 일본 시민 사회의 노력이 더욱 필요할 것 같다.

　　1.
　　새롭게 평화를 다짐하며
　　붉은색 학을 접어요
　　맑은 마음으로
　　하얀색 학을 접어요
　　끓어오르는 열정으로
　　빨간색 학을 접어요

　　2.
　　평화를 기원하며
　　자주색 학을 접어요
　　들판 끝에 묻힌 사람을 생각하며
　　노란색 학을 접어요
　　물 밑에 가라앉은 사람을 생각하며

푸른색 학을 접어요

3.
평화의 기원을 담아
초록색 학을 접어요
지구보다 소중한 생명이여
남색 학을 접어요
희망과 꿈의 미래를 담아
분홍색 학을 접어요
희망과 꿈의 미래를 담아
무지개색 학을 접어요

제9절 무사귀환을 기원하며

세월호 참사가 있었다. 이 사건에 직접 혹은 간접적으로 관련된 가족과 친인척뿐만이 아니라 온 국민이 세월호에 남아 있을 학생과 교사 그리고 일반인의 무사귀환을 기원했다. 그리고 '세월호 리본'에 의탁하여 모든 사람의 생환을 바랬다.

어떤 학부모는 생사를 알 수 없게 된 자식의 안녕을 기원하며 아직 돌아오지 않는 자식의 방을 그대로 유지했다. 자식이 쓰던 모든 물건을 그대로 두었다. 지금이라도 방문을 열고 '잘 다녀왔습니다'라고 말할 것 같은 상상을 하면서.

세월호 리본[49]

하나의 작은 움직임이 큰 기쁨을...

리본에서 중요한 의미는 '이어져 있다', '맺어져 있다'라는
것이 아닐까.

여행을 떠난 사람과 집에 남아 있는 사람은 끊임없이 서로의 안부를
걱정한다. 그래서 우리는 스마트폰과 SNS가 없으면 한시도 생활할 수
없는지도 모른다. 이런 마음은 고대 일본인도 마찬가지였는데, 고대인
의 심정을 『만엽집』에 남아 있는 '이하후齋ふ'라는 말이 잘 보여준다.

다음 와카는 권15에 실려 있는 '사신을 신라에 파견하는 노래군群'
중의 부부 증답가贈答歌다. 이 작품에는 '이하후'의 성질이 잘 나타나
있다.

    권15·3582, 아내의 노래
    큰 배를

49 https://blog.naver.com/hjhsw/120212196199

거친 바다에 띄우고

떠나시는 당신

무사히

빨리 돌아오세요

권15·3583, 남편의 노래

아무 일 없기를 하고

당신이 목욕재계하며 신에게 기원해 준다면妹が斎はば

바다의 파도가

무수히 일어나도

사고가 나겠는가

위의 권15·3582번 노래에서 아내가 신라에 사신으로 떠나는 남편의 안녕을 기원하자, 권15·3583번 노래에서 남편은 아내가 자신의 안녕을 기원해준다면 거친 파도가 일더라도 무사히 귀환할 수 있을 것이라고 화답한다.

당시 동해를 건너는 바닷길은 빠른 길이기는 했지만 위험한 길이기도 했다. 고대 일본인에게 여행 곧 다비旅·たび는 지금 같은 자유 여행도 아니었고, 레저도 아니었다. 목숨을 건 항해였다. 모험이었다. 논경을 기본으로 하는 사회에서 대부분의 사람은 토지 곧 땅에 묶여 살아야 했기 때문이다.

권20·4263번 노래는 다음과 같다.

권20 · 4263
빗따위는 쳐다보지도 않는다
집안도 청소도 하지 않는다
(구사마쿠라)
먼 길을 떠나는 당신 그 당신(의 안녕)을
신에게 기원하면서 지키기 위해斎ふと思ひて

위 와카에서 화자話者는 여행을 떠나는 상대방의 무사귀환을 기원하며
현재의 상태를 그대로 유지하겠다고 다짐한다. 자신의 몸도 가꾸지 않
고, 집안 청소도 하지 않고 말이다.

결국 '이하후'는 미사키 히사시가 잘 정리했듯이 다음과 같이 해설할
수 있다.

원뜻은 경사吉事를 초래하기 위해 부정을 씻고 삼가는 것. 여행을
떠난 근친자의 무사귀환을 기원해서 묶은 속옷의 끈을 그대로 풀지
않고 지킨다든지 집안을 그때 그대로 보존해서 먼지를 털지 않고
둔다든지 하는 것이 그 구체적인 예이다.[50]

이와 같은 의미에서 '이하후'는 여행자와 고향에 있는 가족이 공감共感
적 관계에 있었다는 것을 나타내는 주술 표현이다.

그럼 구체적으로 『만엽집』에서 공감적 관계를 나타내는 '이하후'가
어떻게 표현되어 있는지 살펴보자. 여기서는 『만엽집』 권20에 수록되어

---

50 身崎寿, 『万葉の歌ことば辞典』, 有斐閣選書, 1982年, p.41.

있는 '병사의 노래防人歌'를 예시한다.

첫째, 가족을 대표하는 아버지가 병사인 아들의 안전을 기원하는 노래
가 있다.

권20·4347
집에 남아서
그리워하고 있는 것보다는
니가 허리에
차는 칼이라도 돼서
너를 지켜주고 싶다斎ひてしかも

둘째, 병사가 가족에게 자신의 안전을 기원하라고 요청하고 있는 노래
가 있다.

권20·4339
여러 곳을 돌아다니는
되새·오리·민댕기물떼새와 같이
(내가) 여기저기 돌아다니다
되돌아올 때까지
목욕재계하며 내 안녕을 신에게 기원하면서 기다려줘요斎ひて待たね

권20·4340
아버님·어머님
목욕재계하며 내 안녕을 신에게 기원하면서 기다려줘요斎ひて待たね

쓰쿠시의 바다 밑바닥에 있다는

진주를 기념선물로

가지고 돌아오는 날까지

셋째, 병사가 자기 자신의 안전과 무사를 기원하지만, 결과적으로는 그것이 '어머님·아버님'을 위한 것이라는 노래가 있다.

권20·4402

두려운

신이 계시는 고개에

누사幣[51]를 바쳐서

신에게 나의 안녕을 기원하는齋ふ命は 이 목숨은,

어머님과 아버님을 위해서이다

넷째, 병사가 가족의 안녕을 기원하는 노래가 있다.

권20·4350

마당 한가운데 계시는

아수하阿須波[52]의 신神에게

섶나무 바쳐

나는 목욕재계하며 신에게 안녕을 기원한다我は齋はむ

---

51 신도神道에서 신에게 기도할 때나 액풀이할 때 쓰는 종이·삼 따위를 오려서 드리운 것.
52 『고사기』등에 보이는 신. 곡물신인 오토시노카미大年神의 아들이다.

무사히 돌아올 때까지

권20·4372
아시가라의 고개足柄のみ坂에 계시는
신에게서 통행 허가를 받고
뒤도 돌아보지 않고
나는 넘어 간다
용맹한 남자조차
멈춰 서서 주저하는
후와의 관문不破の関을
넘어간다
쓰쿠시의 곳에
주둔해
나는 목욕재계하며 신에게 안녕을 기원하리라我は斎はむ
고향에 있는 모든 사람이
건강하기를
신에게 빕니다 돌아올 때까지는

    2003년 2월에 8년 가까운 유학생활을 마치고 동해를 건너 그리운 집으로 무사히 돌아올 수 있었다. 귀국할 때 나는 일본에 왔을 때 입었던 옷을 일부러 꺼내 입었다. 유학 왔을 때를 생각하며. 별 탈 없이 학위를 마친 것을 감사하며. 나와 부모님 사이에 있었던 공감적 관계를 생각하며.

그런데 귀국 며칠 전에 부모님에게서 연락이 왔었다. 아들에게 넓은 방을 주기 위해 이사를 했다는 것이다. 나와 부모님 사이에는 '이하후'라는 공감적 관계는 있었지만 그것을 실천하는 방식에는 큰 차이가 있었다.

그래도 뭐 어떤가! 결과가 좋으니![53]

제10절 엿 먹는다고 합격하나

대학 입시 전날이었다. 어머니는 엿을 몇 개 사오셨다. 그 중에서 가장 큰 것을 고르시더니 나에게 건네시며 말씀하셨다.

"엿 먹어!"

문맥과 상황에 따라서는 '엿 먹어!'라는 표현이 욕이 될 수 있다. 하지만 지금 이 문맥과 상황에서는 그런 뜻이 아니었다. 같은 표현이라도 의미가 다른 것이다.

생각해 보니 입시 때에는 먹는 음식이 있고, 먹지 않은 음식이 있는 것 같다. 방금 언급했듯이 '엿'은 먹는 것이지만, '미역국'은 먹지 않는다. 시험에 떨어졌을 때 '미역국 먹었어!'라는 표현이 있듯이 말이다. 엿이나 미역국은 이것들이 가지고 있는 독특한 속성, 곧 끈적끈적하고 잘 붙는

---

53 이 글은 「사키모리노래의 서정세계-'이하후'를 중심으로-」(『일어일문학연구』 제49집, 한국일어일문학회, 2004년, pp.61-80)를 본서의 취지에 맞춰 수정하여 실었음을 밝혀둔다.

것과 미끄러진다는 성질 때문에 수험생이 먹기도 하고 기피하기도 하는 것이다. 주영하도 『음식전쟁, 문화전쟁』에서 시험장 교문에 찹쌀떡이나 엿 붙이기 혹은 시험 보러 갈 때 미역국을 먹지 말라고 하는 것은 이들 형상 때문이라고 말한다.[54] 속신이다.

이와 같이 '엿'이나 '미역국'에 대한 속신, 달리 표현하면 음식에 관한 주술은 우리 주변에서 흔히 발견된다. 정원대보름에 부스럼이 나지 말라고 호두나 땅콩 같은 껍질이 단단한 곡식을 깨물어 먹는다든지, 동짓날에 팥죽을 먹는다든지 하는 것도 주술에 해당한다. 물론 이들 음식에 담긴 영양소가 그 시기에 필요하기 때문에 먹기도 하지만 말이다.

특정한 시기에 특정한 음식을 먹는 것은 일본도 마찬가지다. 연말특히 12월 31일에 먹는 도시코시소바年越しそば가 그것이다. '도시코시소바'를 직역하면 '해 넘기기 메밀국수'가 된다. 일본인에게 섣달그믐날 저녁에 먹는 메밀국수는 특별한 의미가 있다. 한 해를 잘 마무리한다는 의미, 메밀국수의 면처럼 가늘고 길게 장수하기를 바란다는 뜻이 담겨 있다. 도시코시소바에는 파를 양념으로 넣기도 하는데, 여기에도 장수와 부자 되기를 기원하는 함의가 있다.[55]

구리 료헤이의 『잇파이노가게소바一杯のかけそば』라는 동화가 있다. 우리말로는 『우동 한 그릇』으로 번역됐다. 이 작품에는 일본인이 12월

54 주영하, 『음식전쟁, 문화전쟁』, 사계절, 2000년, p.266.
55 박상현, 『일본문화의 패턴』, 박문사, 2017년, p.111.

31일에 '도시코시소바' 곧 '해 넘기기 메밀국수'를 먹는 의미가 잘 드러나 있다.

메밀국수[56]

'도시코시소바'를 정확히 번역하면 '온메밀국수'가 되어야 할 것 같다.

『우동 한 그릇』의 줄거리는 대체로 아래와 같다.[57] 삿포로에 있는 한 메밀국수 가게인 북해정北海亭에 철 지난 체크무늬 반코트를 입은 엄마가 아들 둘을 데리고 들어왔다. 아이 엄마는 메밀국수 한 그릇만 달라는 것이다. 세 사람이 와서 1인분만 주문한다. 돈이 없었기 때문이다. 아이 엄마 사정을 고려해서 주방에 있던 가겟집 남편은 세 사람이 먹을 수 있도록 아무 말 없이 한 그릇 반의 메밀국수를 만들어주었다. 다음해 마지막 날에도 아이 엄마는 아이들과 함께 북해정을 찾았고, 또 메밀국

56 https://ja.wikipedia.org/wiki/%E8%95%8E%E9%BA%A6
57 박상현, 『일본문화의 패턴』, 박문사, 2017년, pp.255-261.

수 한 그릇을 주문했다. 다다음해 연말에도 세 모자는 북해정에 들렀다. 이번에는 메밀국수 두 그릇을 시켰다. 어느덧 북해정을 운영하는 부부는 연말이 되면 기쁘고 설레는 마음으로 이 세 모자를 기다리게 됐다. 그런데 어느 해부터인가 아이 엄마와 아이들이 연말인데도 북해정에 오지 않게 됐다. 메밀국수 가게 주인 부부는 이제나저제나 세 모자를 기다렸다. 드디어 10여 년이 지난 어느 연말에 엄마는 장성하여 취업한 아이들을 데리고 북해정을 찾았다. 그리고는 메밀국수 세 그릇을 주문했다.

『우동 한 그릇』에는 가난한 세 모자에 대한 메밀국수 가게 부부의 세심한 배려가 잘 나타나 있다. 일본식 배려 곧 모테나시もてなし가 돋보이는 몇몇 장면을 들어보면 다음과 같다.[58]

【장면①】
두 명의 아들과 함께 북해정에 들어온 아이 엄마는 메밀국수 한 그릇만 주문한다. 세 사람인데도 말이다. 주방에서 있던 가겟집 남자 주인은 손님과 홀에서 일하는 아내 모르게 1인분이 아니라 1인분 반의 메밀국수 면을 끓는 물에 넣는다. 자신의 선행과 배려를 상대방에게 티 내지 않는다. 오른손이 하는 일을 왼손이 모르게 하라는 격이다.

【장면②】
다음해의 섣달그믐 저녁에도 아이 엄마는 아들 둘을 데리고 북해정

58 박상현, 『일본문화의 패턴』, 박문사, 2017년, pp. 257-261.

을 찾았다. 작년과 같이 또 메밀국수 한 그릇만 삶아달라고 말한다. 가겟집 안주인은 주방에 있는 남편에게 귀엣말로 서비스 차원에서 메밀국수 3인분을 만들어주자고 권유한다. 그러자 남편은 안 된다고 단호하게 거절한다. 그렇게 하면 오히려 손님들이 불편하게 여길 수 있다면서 말이다. 그 대신 작년처럼 우동 한 그릇 반을 내준다. 가겟집 안주인이 메밀국수 3인분을 만들어달라고 했던 것은 손님의 처지가 안타까워서였다. 한국이라면 여주인과 같은 배려가 더 일반적이었을 것이다. 하지만 남편 생각은 달랐다. 그렇게 노골적으로 배려하는 것에 반대했다. 상대방의 자존감을 생각했기 때문이다.

【장면③】

그 다음해 섣달그믐부터는 북해정의 안주인과 바깥주인이 세 모자를 기다리게 됐다. 메뉴에 있는 '메밀국수 200엔'이라는 표시를 '메밀국수 150엔'으로 고치면서 말이다. 사실 그해 여름에 메밀국수 값이 150엔에서 200엔으로 올랐지만 세 모자를 위해 오르기 전 가격표로 바꿔놓았다. 감동적인 장면이다. 가겟집 주인은 세 사람이 돈이 없어서 메밀국수를 1인분만 시킨다는 것을 잘 알고 있었다. 상대를 위한 이런 티 안 나는 세심한 배려가 돋보인다.

북해정의 주인은 세 모자를 위해 2번 테이블을 깨끗이 치웠다. 예약석이라는 팻말을 테이블 위에 놓은 채. 2번 테이블은 세 모자가 늘 식사하던 테이블이었다. 그들을 생각해서 2번 테이블을 특별히 준비해놓은 것이다. 세 모자만을 위한 테이블이라……. 상대방에 대한 대접이 이 정도라면 예술이라고 말할 수 있지 않을까?

【장면④】

그 다음해 설달그믐에 세 모자가 북해정을 찾았다. 경제적으로 좀 여유가 생겼는지 이번에는 메밀국수 2인분을 주문했다. 그들을 2번 테이블로 안내하면서 세 모자 모르게 여주인은 예약석 팻말을 슬그머니 감췄다. 메밀국수 2인분 주문을 받은 가겟집 남자는 메밀국수 3인분의 면을 삶았다. 북해정 부부는 상대방에 대한 배려가 당사자에게 부담으로 느껴지지 않도록 세심한 배려를 했다. 돈만 벌기 위해서라면 그렇게 할 수 없었을 것이다. 메밀국수는 단지 설달그믐에 먹는 음식이 아니었다. 메밀국수는 세 모자와 북해정 부부를 잇는 커뮤니케이션 그리고 배려의 매개물이었다.

【장면⑤】

그 다음해 설달그믐의 일이다. 세 모자가 궁핍했던 이유는 아이들의 아빠가 교통사고를 냈고, 그것으로 많은 빚을 졌기 때문이었다. 엄마는 열심히 일해서 드디어 오늘 빚을 모두 청산했다고 아이들에게 알려준다. 이에 큰 아들과 둘째 아들도 엄마에게 고백한다. 둘째인 준淳이 학교 작문 시간에 〈메밀국수 한 그릇〉이라는 작문을 썼다는 것이다. 북해정 부부가 맛있는 메밀국수를 만들어주면서 우리에게 열심히 살 수 있는 용기를 북돋아 주었다는 내용이라고 했다. 그리고 막내아들 준은 장래에 일본 제일의 메밀국수 가게를 열겠다고 썼다고 한다.

세 모자가 나눈 이와 같은 이야기를 북해정 부부도 다 듣고 있었다. 하지만 부부는 그들에게 모습을 드러내지 않는다. 계산대 깊숙한 곳에 웅크린 채 흘러내리는 눈물을 수건으로 닦고만 있었다. 상대방의 개인적 이야기에 끼어들지 않는, 들어도 못 들을 척 해주는 북해정 부부의 배려가 느껴진다.

【장면⑥】

또다시 섣달그믐이 찾아왔다. 하지만 세 모자는 북해정을 찾지 않았다. 그렇게 10여 년이 지났다. 북해정은 날로 번창했다. 내부 수리도 깨끗이 다시 했다. 테이블과 의자를 새로 바꿨다. 다만 예외가 있었다. 세 모자가 앉던 2번 테이블과 의자는 옛날 그대로 뒀다. 언젠가 다시 올지 모르는 세 모자를 위해서였다. 상대방의 추억을 소중히 간직해주는 북해정 부부의 마음이 보인다. 얼마 전의 일이다. 학부를 졸업한 대학에 오랜만에 가게 됐다. 청춘을 보낸 곳이기에 감회가 새로웠다. 그런데 이게 웬일인가? 대학이 너무 낯설었다. '내가 나온 대학인가?'하는 의구심이 들 정도였다. 추억이 깃든 옛 건물은 온데간데없고 새로운 건물이 많이 들어섰기 때문이다. 세 모자에 보인 북해정 부부의 배려가 어떤 것인가를 알 수 있다.

구로다 가쓰히로는 한국에서 『우동 한 그릇』이 인기가 있는 것은 "역시 일본인이야, 한국인이라면 저렇게 못하지!"[59]
라는 생각이 있기 때문이라고 한다. 하지만 나는 그렇게 생각하지 않는다. 『우동 한 그릇』에는 일본인의 배려가 잘 묘사되어 있다. 명작이다. 잘 기획된 작품이다. 현실에 있을 것 같지만 사실 현실에서는 좀처럼 보기 힘든 장면이다. 따라서 여기에 드러나 있는 일본 정취와 미의식

---

59 구로다 가쓰히로, 『좋은 한국인, 나쁜 한국인』, 고려원, 1994년, p.31.

그리고 일본인의 배려는 상상 속에 있는 것이지 현실에는 있기 어렵다. 그래서 이데올로기적이고 주술적이다. 따라서 '역시 일본인이야, 한국인이라면 저렇게 못하지!'라는 평가에는 일본이 만든 신화와 주술에 한국인이 감염됐다는 것을 말한다. 좀 심하게 말하면 한국인에게 '내면화된 식민지성'이 아직 남아 있다는 것이다.

예를 들면 이렇다. 내가 일본 여인과 결혼했다고 하면 꼭 듣는 질문이 있다. 상대는 부럽다는 표정을 지으며

"좋겠어요! 일본 아내는 남편을 하늘처럼 잘 받든다면서요. 출근하는 남편을 위해 현관에서 큰 절도 한다면서요. 목욕물도 알아서 받아 놓고."

그럼 나는 잠시 침묵한 후, 무표정으로 다음과 같이 대답한다.

"그런 일본 여인이 있으면 저에게 소개시켜 주실래요! 저도 한번 꼭 만나보고 싶네요!"

어머니는 지금도 확신하고 있다. 아들이 대학 입시에서 성공한 것은 어머니의 '엿' 덕분이라고. 주술에 대한 어머니의 믿음은 지금도 이어지고 있다. 그 주술이 깨지는 것을 원하지 않기에 아들은 지금도 그저 침묵을 지키고 있다.

제11절 해몽을 믿습니까

간밤에 꿈을 꿨다. 앞니가 빠지는 꿈이었다. 일어나자마자 컴퓨터를 켰다. 검색창에 '앞니가 빠지는 꿈'이라고 넣어 보았다. 좋지 않은 꿈이라고 나왔다. 위쪽 앞니가 빠지면 부모님이나 자신보다 나이가 많은 친인척에 좋지 않은 일이 생기고, 아래쪽 앞니가 빠지면 자신보다 연하인 친인척에 불길한 일이 생긴다고 적혀 있었다. 기분이 썩 좋지 않았다. 바로 그때였다. 휴대폰에 문자 메시지가 왔다. 아침 7시였다. '이렇게 이른 시간에 문자 메시지를 보낸 사람은 누구일까'하고 잔뜩 긴장한 채, 휴대폰을 쳐다봤다. 세입자였다. 세면대에 있는 온수 나오는 호스가 망가졌으니, 수리를 해달라는 내용이었다. 앞니와 관련한 일반적인 해몽과는 다르기에 일단 안심했다. 하지만 비용을 지불해야 하니 그리 유쾌한 일은 아니었다. 그렇다면 해몽은 맞은 것일까?

한국인도 점占에 관심이 많지만 일본인도 점에 무척 관심이 많은 것 같다. 무슨 띠干支, えと인가로 점을 치기도 하고, 좋아하는 동물이 무엇인가로 점을 보기도 한다. 수상手相도 있고, 관상도 있다. 결혼을 앞둔 청춘 남녀는 점에 특히 많은 관심을 가지고 있는 것 같다. 언제, 어디서, 이상적인 배우자를 만날 수 있는지 점쟁이에게 묻는다. 물론 반신반의하겠지만.

그런데 점 중에서 가장 보편적인 점은 꿈 해몽일 것 같다. 이것을 일본어로는 유메우라나이夢占い라고 한다. 꿈 해몽이라는 것은 결국 꿈이

앞으로 일어날 일을 미리 알려준다, 곧 꿈의 예지를 믿는 것이다.[60] 그 꿈이 일어날 일을 정확히 말해주든 혹은 거꾸로 말해주든 말이다. 일본어에 마사유메正夢라는 말이 있다. 꿈에서 본 것이 실제 그대로 일어나는 것을 의미한다. 사카유메逆夢라는 말도 있다. 꿈에서 본 것이 현실에서 거꾸로 일어나는 것을 뜻한다.

수상 전문점

동경의 이케부쿠로에서 촬영한 것이다. 이 점집은 수상 전문점이다. 여기서는 수상으로 숙명을 알 수 있다고 한다. 그리고 수상을 봐서 상대방에게 행운이 들 수 있도록 도와준다고 한다.

---

60 『침묵』이라는 작품으로 우리에게 잘 알려져 있는 엔도 슈사쿠도 꿈의 예지를 믿는 듯하다. 성경에도 주님의 천사가 요셉의 꿈에 나타나 예언하는 장면이 있다.
엔도 슈사쿠, 『유쾌하게 사는 법, 죽는 법』, 시아, 2008년, p.47.
오정희, 『오정희의 이야기 성서』, 여백, 2012년, pp.95-232.

일본인이 꿈 해몽에 관심이 많다는 것은 하쓰유메初夢라는 말에서도 잘 알 수 있다. 하쓰유메라는 것은 새해의 1월 1일에서 2일 사이, 혹은 2일에서 3일 사이에 꾼 꿈을 가리킨다. 그리고 그 꿈으로 한해의 길흉을 점친다. 하쓰유메로 좋은 것은 후지산富士山이나 매鷹나 가지茄子가 등장하는 꿈을 꾸는 것이라고 한다.[61] 우리식으로 말하면 돼지꿈인 것이다. 후지산을 꾸는 것이 좋은 꿈인 것은 '후지'가 불사不死라는 한자의 일본어 발음과 같기 때문이라고 한다. 매가 나오는 꿈이 좋은 것은 매鷹를 일본어로 '다카'라고 발음하는데, 그것이 '높다'라는 의미의 '다카高'를 연상시키기 때문이다. 가지茄子가 길몽인 것은 가지의 일본어 발음인 '나스なす'가 '이루다'를 의미하는 '나스成す'와 발음이 동일하기 때문이라고 한다. 같은 발음에 의한 연상 적용인 셈이다.

좋은 꿈꾸기를 바라는데 그치지 않고, 좀 더 나아가 좋은 꿈을 꾸기 위해 적극적으로 주술을 걸기도 한다. 대표적인 주술은 칠복신七福神을 실은 보물선이 그려진 배 그림을 배게 밑에 깔로 잠으로써 길몽을 꾸도록 하는 것이다. 칠복신이란 복을 가져다준다고 하는 에비스恵比寿,[62] 다이코쿠덴大黒天, 후쿠로쿠쥬福禄寿, 비샤몬덴毘沙門天, 호데이布袋, 쥬로진寿老人, 벤자이덴弁財天을 가리킨다.

---

61 일본하면 '후지산'이 떠오른다. 그럼 언제부터, 왜 '후지산'은 일본의 상징이 됐고, 그것은 어떤 역할을 해왔을까? 그럼 우리의 백두산은? 권혁태는 자연은 자연 그 자체로 존재하는 것이 아니라 '만들어진 자연'으로 존재할 뿐이라고 한다.
권혁태, 『일본의 불안을 읽는다』, 교양인, 2010년, p.244.

62 일본 맥주에 'YEBISU'라는 브랜드가 있다. 맥주캔에는 복스럽게 생긴 에비스가 그려져 있다.

후지산, 매, 가지

오른쪽 중앙에 후지산, 왼쪽 상단에 매, 오른쪽 하단에
가지가 보이는 여행사의 광고 포스터.

칠복신을 실은 보물선이 그려진 배

서울에 소재한 일본문화원에서 설 풍경전이 있었다. 그것을
선전하는 포스터다. 중앙에 칠복신을 태운 배가 보인다.

그런데 꿈과 주술이 결부되어 있는 사례를 고대 일본에서도 확인할수 있다. 『만엽집』에는 꿈과 관련된 노래가 적지 않다. 예를 들면 다음과같다.

권13·3280
사랑스런 남편은 기다려도 오시지 않습니다
하늘을 저 멀리 바라보니
밤도 많이 깊었습니다
밤늦게 폭풍이 부니
멈춰 서서 기다리는 저의 소매에
내리는 눈은 얼어붙고 말았습니다
이제 새삼스럽게 당신이 오실까
나중에 만나자고
달래는 마음을 지니고
양 소매로 마루를 털고 닦아
현실에서는 당신을 만나지 못하지만
꿈에서나마 만나게 모습을 보여주세요
며칠 밤이나 계속

위 작품에서 화자話者는 여성이다. 현실에 좀처럼 만날 수 없는 상대를꿈에서나마 보고 싶다고 간절히 기원하고 있다. 그런데 그냥 기원만하는 것이 아니다. "양 소매로 마루를 털고 닦"는 주술을 하면서 상대와만날 수 있기를 바라고 있다.

나는 꿈이 미래에 일어날 일을 그대로 알려주거나, 미래에 생길 일을 거꾸로 알려준다고 믿지 않는다. 꿈 신앙이 없다. 꿈은 그냥 꿈에 불과하다고 생각한다. 하지만 예외가 있다. 지도교수를 꾸는 꿈이다. '지도교수를 꾸면 반드시 좋은 일이 생긴다'고 믿고 있다. 아니, 믿으려고 한다. 여기에는 사연이 있다. 일본에서 나를 지도해준 교수님은 엄격하기로 유명했다. 발표를 하다가 몇 번이나 눈물을 흘린 적도 있다. 지금도 가끔 발표를 잘못해서 혼나는 꿈을 꾸거나, 박사학위논문을 쓰지 못해서 쩔쩔매는 꿈을 꾸기도 한다. 지도교수의 꿈이 길몽이 된 것은 국비유학 신청과 관련이 있다. 일본 유학 당시 사비유학으로 시작했었다. 당연히 경제적으로 어려움이 컸다. 그래서 박사과정 때, 국비유학을 신청했다. 그런데 발표 당일 지도교수의 꿈을 꾸었고, 그날 국비유학생으로 선발됐다. 이후 지도교수의 꿈을 꾸면 반드시 좋은 일이 생길 것이라고 스스로 믿게 됐다. 아니, 스스로 믿으려고 노력했다.

최근에 지도교수의 꿈을 꾸지 못하고 있다. 오늘은 배게 밑에 지도교수의 사진을 놓고 잘까 한다. 지도교수의 꿈을 꾸고 싶어서다. 그런데 지도교수의 꿈을 꾸면 어떤 좋은 일이 생길까?

제12절 빨간 끈으로 이어진 인연

우여곡절 끝에 아내와 연애를 막 시작했을 때다. 아내는

"이제 우리는 빨간 끈으로 이어졌어요!

라고 말했다.

곧바로 물어봤다.

"빨간 끈으로 이어졌다는 것이 무슨 말이에요?"

아내는 대답했다.

"인연을 맺게 됐다는 것이에요."

몇 년 전에 개봉된 일본 애니메이션에 신카이 마코토 감독의 〈너의 이름은君の名は〉이 있다. 이 애니메이션은 꿈을 중요한 모티브로 하고 있다. 신카이 마코토 감독에게 영감을 준 것은 『고금화가집古今和歌集』이라는 칙찬집에 수록되어 있는 오노 고마치의 다음과 같은 와카다. 『고금화가집』은 10세기 초에 천황의 명으로 편찬된 시가집이다.

552
그리워하며
잠들었기에
임이 보이셨는가
꿈夢인 줄 알았다면
깨지 않았을 텐데[63]

이 와카에 대해 『고금화가집』을 우리말로 번역한 구정호는 다음과
같이 해설한다.

꿈에서의 만남을 주제로 하는 연작聯作의 정취를 띤다. 꿈이란 예부
터 신비스러운 것으로 여겨졌다. 꿈을 통하여 계시를 받기도 하고
잠재의식이 꿈으로 발현되기도 한다. 위 노래는 후자에 속하는
것으로 잠에서 깬 직후의 마음을 노래하였다. 그 사람을 마음속으로
생각하면서 잤기 때문에 꿈에 보였으리라. 그것이 꿈인 줄 알았다면
깨지 않았을 것이라고 노래하고 있다. 『만요슈万葉集』의 '당신 생각만
하며 잠들어서일까 (우바타마노) 밤잠 이루지 못하고 매일 꿈에서
보네'(권15·3738번)와도 비슷한 노래이다.[64]

여기서 연작이라는 것은 552번 와카 외에 비슷한 모티브를 가진 노래
가 2개 더 있다는 말이다. 다음과 같은 작품이다.

553
선잠 속에서
그리워하는 임을
보고난 후에
꿈이라 하는 것을
의지하게 되었다.[65]

63 구정호 역, 『고킨와카슈』(하), 소명출판, 2010년, p.51.
64 구정호 역, 『고킨와카슈』(하), 소명출판, 2010년, p.51.
65 구정호 역, 『고킨와카슈』(하), 소명출판, 2010년, p.52.

554
견디기 어렵게
임 그리워질 때면
(우바타마노)
밤에 잘 때 입는 옷을
뒤집어 입고 자네[66]

또한 구정호는 552번 노래와 비슷한 것이 『만요슈』 곧 『만엽집』 권15·
3738번에 이미 보인다고 지적한다. 사실 『만엽집』에는 현실에서 만날
수 없는 상대를 꿈에서나마 만나게 해달라고 노래하는 작품이 다수
있다. 앞서 인용한 적이 있지만 권13·3280번 와카도 여기에 들어간다.

권13·3280
사랑스런 남편은 기다려도 오시지 않습니다
하늘을 저 멀리 바라보니
밤도 많이 깊었습니다
밤늦게 폭풍이 부니
멈춰 서서 기다리는 저의 소매에
내리는 눈은 얼어붙고 말았습니다
이제 새삼스럽게 당신이 오실까
나중에 만나자고
달래는 마음을 지니고

66 구정호 역, 『고킨와카슈』(하), 소명출판, 2010년, p.52.

양 소매로 마루를 털고 닦아
현실에서는 당신을 만나지 못하지만
꿈에서나마 만나게 모습을 보여주세요
며칠 밤이나 계속

신카이 마코토 감독이 일본의 고전에서 창작 모티브를 찾을 수 있었던 것은 그가 대학에서 일본문학을 전공했기 때문일 것이다.

앞에서 언급한 적이 있지만 사실 애니메이션 〈너의 이름은〉은 제목부터가 고전적이고, 와카和歌적이다. 학생들이 가끔 묻곤 한다. 〈너의 이름은〉의 원제목이 '기미노나마에와君の名前は, きみのなまえは'가 아니라 왜 '기미노나와君の名は, きみのなは'인가요? 좋은 질문이다. '기미노나마에와'라고 하면 7음절이 된다. 이러면 안 된다. 5음절이어야 한다. 그래서 '기미노나와'라고 해야 한다. 와카는 5음·7음·5음·7음·7음으로 되어 있고, 5음절로 시작하기 때문이다.

그런데 애니메이션에는 초반 장면에 여자 주인공인 미쓰하みつは와 남자 주인공인 다키たき가 빨간 끈, 정확히 말하면 빨간 머리끈으로 이어져 있는 장면이 나온다. 이 장면은 이들이 인연을 맺게 된다는 것을 암시하고 있다.

빨간 끈이 운명적 만남을 의미한다는 속신은 빨간색에서도 알 수 있듯이 중국적 발상이다. 주영하는 『음식전쟁, 문화전쟁』에서 동지팥죽 이야기를 하면서 빨간색(붉은색)에 대해 다음과 같이 말한다.

많은 사람들이 붉은 팥을 쓰는 것은 잡신을 물리치기 위해서라고 이해한다. 그러나 전통적으로 중국인들이 지닌 이러한 관념은 우리에게 어울리지 않는다. 동지에 팥죽을 쑤어 먹는 풍습은 중국 남방에서 전해져 온 것이다. 팥시루떡을 제물로 사용하는 것은 신령을 맞이하기 위한 것으로, 고대인들은 붉은색을 신령이 좋아하는 색이라 여겼을 가능성이 많다.[67]

빨간 끈으로 이어진 주인공[68]

애니메이션 초반부터 빨간색 머리끈이 등장한다. 두 사람의 인연을 강하게 암시한다.

또한 맺기 곧 '무스비結び'라는 말도 자주 나온다. 끈이 나와 상대를 맺어준다는 생각은 『만엽집』에도 자주 등장한다. 주로 이성을 그리워하는 장면에서 나온다. 예를 들면 다음과 같다.

67 주영하, 『음식전쟁, 문화전쟁』, 사계절, 2000년, p. 284.
68 https://search.yahoo.co.jp/image/search?rkf=2&ei=UTF-8&p=%E5%90
%9B%E3%81%AE%E5%90%8D%E3%81%AF#mode%3Ddetail%26index%3D
41%26st%3D1452

권12·2951
쓰바시장의
번화한 거리에서
남녀의 짝짓기 파티인 가원을 했을 때에
매어준 이 끈을
푸는 것은 애석하다

위 작품에서 화자話者는 짝짓기 파티에서 맺어진 인연을 상징하는 끈을 절대 풀지 않겠다고 말한다. 절개를 지키겠다는 것이다.

빨간 끈은 아니지만 '맺기'를 할 수 있는 허리띠 같은 것도 남녀 간의 인연을 나타내준다. 김선자는『김선자의 중국신화이야기』(2)에서 중국 운남의 여강 지역에 모여 사는 마사이족은 남여가 서로 마음에 들면 남자가 여자 집에 와서 하룻밤을 보낸다고 한다. 그때 여자는 진정으로 남자가 마음에 들면 자신이 차고 있던 허리띠를 풀러 준다고 한다. 인연을 맺은 정표인 것이다.[69]

또한 실도 비슷한 역할을 했던 것 같다. 장영희는『살아온 기적, 살아갈 기적』에서 다음과 같은 로맨틱한 이야기를 들려준다.

자기 짝을 찾는 것은 인간의 뜻이 아니란다. 아기를 낳게 해주는 삼신할머니 알지? 삼신할머니가 엉덩이를 때려 아이들을 세상 밖으로 내보낼 때 새끼발가락에 보이지 않는 실 한쪽 끝을 매어 둔단다. 그리고 또 다른 쪽은 그 아이의 짝이 될 아기의 새끼발가락에 매어

69 김선자,『김선자의 중국신화이야기』(2), 아카넷, 2004년, pp. 336-337.

두는 거야. 두 사람이 어떤 삶을 살고 아무리 멀리 떨어져 살아도
…… 언젠가는 둘이 만나서 사랑을 하게 되고 시집 장가를 가고,
그렇게 영원히 함께 묶여 있는 거야."⁷⁰

"이제 우리는 빨간 끈으로 이어졌어요!"
라는 아내의 말은 마법과 같았다. 역시 속신의 힘은 강한 것 같다. 우리가
결혼까지 한 것을 보면.

---

70 장영희, 『살아온 기적, 살아갈 기적』, 샘터, 2009년, p.150.

제2장
———

금 기

제1절 금기의 역사

우라시마 타로浦島太郎가 있었다. 우라시마 타로는 젊은 어부였다. 어느 날 낚시를 하다가 아이들에게 괴롭힘을 당하는 거북을 발견하고는 거북을 구해준다. 그런데 그 거북은 용왕의 딸이었다. 이후 용궁에 초대된 우라시마 타로는 그곳에서 잘 지내다가 그가 살았던 마을로 돌아가게 되는데, 그때 용왕의 딸은 어떤 일이 있어도 절대 열어보지 말라며 이상한 상자 하나를 주는데…….[1]

일본인이라면 누구나 알고 있는 우라시마 타로 전설이다. 이 전설은 일본의 고대 시가집인 『만엽집』에도 실려 있을 정도로 그 역사가 깊다. 『만엽집』 9권·1740번에는 우라시마 타로 전설이 노래로 재현되어 있는데, 상당히 긴 노래다. 여기서는 상자를 열기 전후부터 인용한다. 상자를 열지 말라는 금기, 곧 삼가야 할 행동[2]을 하고만 우라시마 타로는

---

1 쓰보타 죠우지, 『일본의 옛날이야기집』, 제이앤씨, 2002년, pp.126-130.

어떻게 됐을까?

　　9권 · 1740
　　……

　　아내가 말하기를
　　신선 세계에
　　다시 돌아와서는
　　지금과 같이
　　만나려고 한다면
　　이 빗 상자를
　　열지 마오 절대로
　　그렇게까지
　　약속하였던 것을
　　스미노에住吉에
　　돌아와 가지고는
　　집을 보아도
　　집이 보이지 않고
　　마을을 보아도
　　마을도 안 보여서
　　이상히 여겨
　　……
　　이 상자를요

2　고종석, 『국어의 풍경들』, 문학과지성사, 1999년, p. 213.

열어서 본다면은
원래와 같이
집은 있겠지 하고
예쁜 빗 상자
조금 열어봤더니
……
젊디젊었던
피부도 주름지고
검디검었던
머리도 희어졌네
드디어 후엔
숨조차 끊어지고
마지막에는
목숨이 끊어졌네
…… 3

상자를 열지 말라는 금기를 어긴 우라시마 타로는 결국 죽게 된다.
금기는 그만큼 강력했다.

---

3 이연숙 역, 『한국어역 만엽집』(7), 박이정, 2014년, p.109.

우리시마 타로[4]

우라시마 타로와 같은 서사 구조를 갖은 이야기는 동아시아에 널리 퍼져 있다.

금기의 힘을 알려주는 것에 〈세 마리의 원숭이상(像)〉을 빼놓을 수 없다.

세 마리의 원숭이상[5]

세 마리의 원숭이상 가운데 이것이 가장 유명하다.

---

4 http://hukumusume.com/douwa/pc/jap/07/01.htm
5 https://ja.wikipedia.org/wiki/%E6%97%A5%E5%85%89%E6%9D%B1%E

눈을 감고 있고, 귀를 막고 있고, 입을 가리고 있는 세 마리 원숭이가 있다. 인상적이다. 일본의 일광동조궁日光東照宮이라는 신사에 있는데, 이 원숭이상은 인생의 예지叡智를 보여주고 있다고 한다.[6] 이때 예지는 금기의 다른 표현이다.

하르트무트 크라프트는 『터부, 사람이 해서는 안 될 거의 모든 것』에서 세 마리 원숭이상에 대해 다음과 같이 말한다.

> "아무것도 보지 말고, 듣지도 말며, 말하지도 말라"는 세 마리 원숭이상은 꽤 널리 알려져 있다. 그 원숭이들은 서로 가까이 붙어앉아서 자신들이 피하고 싶어 하는 것들을 몸짓으로 보여준다. 그 점에서 이 원숭이상은 터부라는 주제에 잘 들어맞는다. …… 세 마리 원숭이상의 포즈와 관련해서 더 나아가면 '인지 터부'라는 개념으로 묶을 수 있는, 인간의 오감과 관련된 터부들이 있다.[7]

우리시마 타로나 '보지도 말고, 듣지도 말며, 말하지도 말라'는 세 마리 원숭이상이 말하는 금기는 흥미롭다. 그런데 흥미로운 금기만 있는 것은 아니다.

유학 갔을 때다. 연구실에는 조수助手라는 선생님이 있었다. 우리나라 조교와는 다르다. 박사학위를 받은 사람이 대다수였다. 주로 강의를

7%85%A7%E5%AE%AE

6 옛날에 시집살이의 고단함을 상징적으로 나타내는 '귀머거리 3년, 벙어리 3년, 장님 3년'을 연상하게 한다.

7 하르트무트 크라프트, 『터부, 사람이 해서는 안 될 거의 모든 것』, 열대림, 2005년, pp.73-75.

하지만 연구실 행정도 맡았다. 유학 초기였다. 어느 날 조수 선생님이 나에게 자신을 소개하라고 해서 이름을 말했더니, 빨간 펜으로 내 이름 석 자를 썼다. 순간 깜짝 놀랐다. '빨간색으로 이름을 쓰다니……. 이것은 금기인데!'

교정지에서 빨간 펜으로 잘못된 곳을 수정하는 상황이었다면 충분히 이해할 수 있었다. 하지만 지금은 그런 상황이 아니었다. 처음으로 대면하는 유학생의 이름을 적는데, 아무렇지도 않게 빨간 펜으로 이름을 적었다.

그때 나는 이미 '죽었다!' 마치 길고 힘든 앞으로의 유학생활을 예언이라도 하는 듯했다!

물리학자인 정재승도 미국 유학시절에 비슷한 경험이 있었던 것 같다. 그는 『열두 발자국』에서 아래와 같이 소개한다.

> 미국에 연구원으로 처음 유학을 갔을 때 얘기입니다. 첫날 대학교에 서류를 제출하는데, 행정 직원이 제 이름을 빨간색 펜으로 적는 거예요. 그래서 제가 "어어, 왜 빨간색으로 이름을 쓰세요? 검은색 펜 줄까요?"했더니 그분이 저를 황당한 표정으로 보면서 "빨간색으로 이름을 쓰면 안 되나요?"라고 묻는 거예요. 그래서 제가 이걸 어떻게 설명해야 할지 몰라 당황하면서 이렇게 대답했습니다. "그러면 제가 죽습니다!"(웃음) 그랬더니 그분이 황당한 표정으로 장난 치지 말라는 듯이 아무렇지 않게 제 이름을 빨간색으로 쓴 거죠.[8]

---

8 정재승, 『열두 발자국』, 어크로스, 2018년, p.160.

일본에서도 붉은 색으로 이름을 쓰는 것은 좋지 않다는 인식이 없지는 않다. 하지만 적어도 우리 연구실 조수 선생님은 별로 신경 쓰지 않았다. 금기를 금기로 생각하지 않았다. 이것도 금기에서 벗어나는 한 방법이라고 생각했다.

매일 아침 초등학생과 유치원 딸아이를 학교까지 데려다주고 출근한다. 언젠가 아내가 이렇게 말했기 때문이다.

"학기 중에는 당신이 아이들 등교와 하교를 맡아주세요. 대신 방학하면 내가 할게요!"

아내도 대학에서 근무한다. 그런데 신촌 근처라서 아이들의 학교와 좀 거리가 있다. 이런 상황을 생각하면 아내 말에 일리가 있었다. 그래서 내가 아이들의 등교와 하교를 담당하게 됐다. 그런데 애초 약속과 달리 방학에도 아이들의 등·하교를 내가 맡고 있다. 이렇게 몇 년 하다 보니 학기 중이든 방학이든 아이들의 등·하교는 아빠 일이 되어 버렸다. 관성이 됐다. 그리고 이것을 깨는 것은 마치 금기를 깨는 것 같이 되어 버렸다.

김선자는 『변신이야기』에서 금기는 아름다운 유혹이라고 말하면서 금기를 어기는 것은 억압에서 벗어나 자유의지로 나아가는 것이라고 강조했다.[9]

그렇다! 금기, 깨면 더 이상 금기가 아니다. 유학 시절에 연구실 조수 선생님이 나에게 가르쳐준 지혜다. 지금 그 지혜가 필요할 때다.

그런데 지금에 와서 '아이들의 등·하교는 아빠 담당'이라는 것을 깼을 때, 어떤 결과가 돌아올까? 이 금기, 깨야 하나? 말아야 하나?

---

9 김선자, 『변신이야기』, 살림, 2003년, pp. 46-53.

'십계명十誡命'

하느님 이외에 다른 신들을 섬기지 말라

우상을 만들지 말라

신의 이름을 함부로 부르지 말라

안식일을 지키라

부모를 공경하라

살인하지 말라

간음하지 말라

도둑질하지 말라

거짓으로 증언하지 말라

남의 것을 탐내지 말라[10]

어렸을 때 잠시 교회를 다닌 적이 있다. 다녔다기보다는 마시러 갔고, 먹으러 갔다. 교회에 가면 음식을 주었기 때문이다. 어렸을 때 잠시 교회를 다닌 적이 있다. 다녔다기보다는 누군가를 보러 갔다. 목사님이나 전도사님이 아니었다. 평소 관심이 있었던 여자 아이가 교회를 다녔기 때문이다. 어느 날이었다. 목사님이 창세기 3장 1~24절에 나오는 구절을 말씀하셨다. 아담과 하와가 '선악을 알게 하는 나무'와 '생명나무'

---

10 구약전서의 출애굽기와 신명기에서.

의 실과를 따 먹어서는 안 된다는 금기를 어기고 에덴동산에서 쫓겨났다
는 내용이었다.

또한 목사님은 소돔과 고모라를 말씀하시면서, 롯의 아내는 하나님의
금기를 어겨서 소금 기둥이 되었다고 말씀하셨다. 잘 알려져 있듯이
그 내용은 아래와 같다.

창세기 19장 12절~38절
그 사람들이 롯에게 이르되 이외에 네게 속한 자가 또 있느냐 네
사위나 자녀나 성 중에 네게 속한 자들을 다 성 밖으로 이끌어
내라
그들에 대한 부르짖음이 여호와 앞에 크므로 여호와께서 우리로
이곳을 멸하러 보내셨나니 우리가 멸하리라
롯이 나가서 그 딸들과 정혼할 사위들에게 고하여 이르기를 여호와
께서 이 성을 멸하실 터이니 너희는 일어나 이곳에서 떠나라 하되
그의 사위들은 농담으로 여겼더라
동틀 때에 천사가 롯을 재촉하여 가로되 일어나 여기 있는 네 아내와
두 딸을 이끌라 이 성의 죄악 중에 함께 멸망할까 하노라
그러나 롯이 지체하매 그 사람들이 롯의 손과 그 아내의 손과 두
딸의 손을 잡아 인도하여 성밖에 두니 여호와께서 그에게 인자를
더하심이었더라
**그 사람들이 그들을 밖으로 이끌어 낸 후에 이르되 도망하여 생명을
보존하라 돌아보거나 들에 머무르거나 하지 말로 산으로 도망하여
멸망함을 면하라**
롯이 그들에게 이르되 내 주여 그리마옵소서

종이 주께 은혜를 입었고 주께서 큰 인자를 내게 베푸사 내 생명을 구원하시오나 내가 도망하여 산까지 갈 수 없나이다 두렵건대 재앙을 만나 죽을까 하나이다

보소서 저 성은 도망하기에 가깝고 작기도 하오니 나를 그곳에 도망하게 하소서 이는 작은 성이 아니니이까 내 생명이 보존되리이다

그가 그에게 이르되 내가 이 일에도 네 소원을 들었은즉 네가 말하는 그 성을 멸하지 아니하리니

그리로 속히 도망하라 네가 거기 이르기까지는 내가 아무 일도 행할 수 없노라 하였더라 그러므로 그 성 이름을 소알이라 불렀더라

롯이 소알에 들어갈 때에 해가 돋았더라

여호와께서 하늘 곧 여호와에게로서 유황과 불을 비같이 소돔과 고모라에 내리사

그 성들과 온 들과 성에 거주하는 모든 백성과 땅에 난 것을 다 엎어 멸하셨더라

롯의 아내는 뒤를 돌아본 고로 소금 기둥이 되었더라[11]

---

11 한영성경협회, 『한·영성경전서』, 생명의말씀사, 2001년, pp. 23-24.

소금 기둥이 된 롯의 아내[12]

이 장면은 여러 영화에서 종종 나온다.

　김선자는 『김선자의 중국신화이야기』(2)에서 신화 속에서 '말하지 말
라' 혹은 '돌아보지 말라'는 금기를 어겨 돌이나 나무, 심지어는 바람으로
변해 버리는 이야기가 자주 나타나는 것을 보면 이것 역시 금기의 위반에
대한 신의 징벌로 해석할 수 있다고 말한다.[13] 곧 신의 경고를 어겼다는
것이다.
　어렸을 때 잠시 다닌 교회에는 맛있는 음식과 마음이 가는 여자 아이가
있었지만, 더 이상 가기 어려웠다. 어린 마음에 '내가 과연 성경에 나오는
수많은 금기를 지킬 수 있을까?'하는 걱정과 함께 내가 교회에 오는
진짜 이유를 하나님이 아실 것 같아 두려웠기 때문이었다.

12　http://cafe.daum.net/ekansghkcksqks/lU3V/77?q=%EC%86%8C%EB%8
　　F%94%EA%B3%BC+%EA%B3%A0%EB%AA%A8%EB%9D%BC&re=1
13　김선자, 『김선자의 중국신화이야기』(2), 아카넷, 2004년, p. 265.

712년에 성립된 『고사기』에는 우미사치히코海幸彦와 야마사치히코山幸彦의 신화가 나온다. 일본인이라면 누구나 아는 신화다. 이들은 아마테라스오오미카미天照大神의 증손자이다. 우미사치히코가 형이고, 야마사치히코가 동생이다. 이 신화에서 야마사치히코의 아내는 출산을 하는 자신의 모습을 보지 말라고 하지만 야마사치히코는 이 금지를 지키지 못하고 보고 만다. 놀랍게도 아내는 커다란 상어였다. 자세한 내용은 다음과 같다.

바다의 신의 딸인 토요타마히메노미꼬토가 몸소 남편을 찾아와 말하기를, "저는 벌써 아이를 가졌읍[14]니다. 지금 낳을 때가 되었읍니다. 이를 생각건대, 천신天神의 자손을 바다에서 낳을 수는 없어 이렇게 찾아왔읍니다."라고 하였다.

그리하여 곧 해변에 가마우지의 날개로 지붕을 잇고, 산실産室을 만들었다. 그런데, 그 산실의 지붕을 잇기도 전에 진통이 심하여 참을 수가 없었다. 그리하여 산실로 들어가 이윽고 해산을 하려고 했을 때, 그 남편에게 말하기를, **"모든 다른 나라의 사람들은 아이를 낳을 때가 되면, 자기 나라의 모습으로 아이를 낳읍니다. 그러므로 저도 지금 원래의 모습으로 아이를 낳고자 합니다. 원하옵건대, 저의 모습을 보지 말아 주십시오."**라고 하였다.

이에 **호오리노미꼬토**(야마사치히코. 인용자)**는 그 말을 이상히 여겨,**

14 원문 그대로.

출산하는 모습을 몰래 들여다본즉, 도요타마히메가 아주 큰 상어가 되어 엉금엉금 기며 몸을 틀고 있었다. 이를 보고 깜짝 놀라 두려워하여 물러나 도망쳤다. 그리하여 토요타마히메미꼬토는 자기 남편인 호오리노미꼬토가 들여다보았다는 사실을 알고 매우 부끄럽게 생각하여 곧 아이를 낳고 말하기를, "저는 늘 바닷길을 통하여 이 나라를 다니고자 했습니다. 하지만, 나의 모습을 보았다는 것은 저로서는 부끄러운 일입니다."라고 하며 곧 바다로 통하는 길을 막고, 자기의 나라로 돌아가 버렸다.[15]

출산의 모습[16]

아내가 상어로 변해 있고, 상어에서 아이가 태어나고 있다.

15 노성완 역, 『고사기』(상), 예전, 1987년, p.196.
16 https://search.yahoo.co.jp/image/search;_ylt=A2RCL7BRYzFdXXAAkD
SU3uV7?p=%E5%B1%B1%E5%B9%B8%E5%BD%A6&aq=-1&oq=&ei=UTF-
8#mode%3Ddetail%26index%3D25%26st%3D792

성경이나 『고사기』에 나오는 금기 관련 이야기를 보면 금기는 인류의 역사와 함께하는 것 같다. 그런데 이것이 역사로만 끝나는 것이 아니라 지금도 일상생활에 뿌리 깊게 남아 있다는 점이 흥미롭다.

어렸을 때다. 부모님은 문지방을 밟으면 안 되고, 밤에 손톱이나 발톱을 깎아서는 안 되고, 밤에 휘파람을 불어서는 안 된다고 말씀하셨다. 그 이유에 대해서는 아무 말도 없었다. 하지만 나는 딸아이들에게 이와 같은 말은 하지 않는다. 금기는 지키지 않으면 더 이상 금기가 되지 않기 때문이다. 그 대신 나는 새로운 금기로 다음과 같은 말을 매일, 그것도 귀에 못이 박히도록 두 딸에게 반복해서 말한다.

"절대 뛰지 마라! 충간소음으로 아래층 사람이 뛰어올라올지 모른다!"

하지만 아이들도 나를 닮았나 보다. '지키지 않는 금기는 금기가 아니다!' 아이들은 매일 뛰어다니고, 아래층 사람도 매일 뛰어올라온다.

■제3절■ 금기어

지금은 그렇지 않지만 나와 결혼하기 전까지만 해도 일본인 아내는 한국 결혼식을 이해하지 못했다. 일본인이 한국 결혼식에서 이해하지 못하는 것 중에 대표적인 다음과 같다.

첫째, 별로 친하지도 않은 사람도 결혼식에 부르는 것.

둘째, 하객이 결혼식을 끝까지 보지 않고 도중에 식사하러 가는 것.

셋째, 식장에서 케이크를 자를 때, '커팅'한다는 말을 쓰는 것.

넷째, 결혼식을 마칠 때, '이것으로 결혼식을 마치겠습니다'와 같은 멘트를 쓴다는 것.

　첫째, 우리는 평소 친하지 않은 사람이라도 결혼식에 초대한다. 이것을 계기로 상대와 좀 더 친해질 수 있다고 생각하기 때문이다. 한 마디로 말하면 한국 결혼식은 잔치다. 그것도 동네잔치! 따라서 이런 날에는 하객이 많이 오면 많이 올수록 좋다. 물론 간혹 참석 인원수로 자신의 사회적 지위와 체면을 내세우고 싶은 사람도 있기는 하지만 말이다. 반면에 일본에서는 아주 친한 사람이 아니면 결혼식에 초대하지 않는다. 그래서 우리처럼 몇 백 명의 하객이 모이는 결혼식은 좀처럼 구경하기 힘들다. 일본에서는 친한 사람만 초대하여 그들과의 교류와 유대를 더욱 심화해 간다.

　둘째, 한국에서는 결혼식을 끝까지 지켜보는 사람은 친인척이거나 아주 친한 사람이다. 일반적으로는 신랑과 신부 등에게 인사를 하고, 이로써 흔히 말하는 '얼굴 도장'을 찍고 결혼식을 보다가 도중에 식사하러 간다. 나도 그렇다. 다시 말하면 상대를 축하하는 마음을 표시함과 동시에 인간관계를 위해 결혼식장에 참석하는 것이다. 반면에 일본에서는 소수 인원만 참석하고, 게다가 지정석이기에 도중에 이석하는 것은 어렵다.

푯말이 놓여 있는 좌석

좌석에는 참석자의 이름이 적혀 있다. 따라서 참석한다고
해놓고 불참하거나, 참석하지 않는다고 해놓고 당일 갑자
기 참석하면 곤란하다.

셋째와 넷째는 한·일 간의 언어문화의 차이에서 발생한다고 생각한
다. 앞에서 이미 말했듯이 일본인은 한국 결혼식에서 케이크를 자를
때 '커팅'한다는 말을 쓴다거나, 결혼식을 끝낼 때 '이것으로 결혼식을
마치겠습니다'와 같이 말하는 것을 이해하지 못한다.

일본어에 '이미코토마忌み言葉'라는 말이 있다. 그 장소에 어울리지 않
는 말은 삼간다는 의미다. 재수 없는 말이기 때문이다. 우리말에도 '말이
뿌리가 된다'는 표현이 있는데, 일본에서는 '말이 뿌리가 된다'는 믿음이
신앙 같이 강하다. 고토다마言靈 곧 언령신앙이 있기 때문이다. '말의
힘'을 신앙과 같이 깊게 믿는 것이다. 그래서 결혼식에서 케이크를 커팅
할 때, '자르다'는 표현인 '커팅'을 쓰지 않는다. 그 대신 '칼을 넣는다'는
의미로 '입도入刀'라는 말을 쓴다. 또한 결혼식을 끝낼 때, '이것으로 결혼

식을 마치겠습니다' 같은 표현은 쓰지 않는다. 앞으로 새로운 인생을 살아갈 신랑과 신부에게 '마치다'라는 표현은 재수 없는 표현이라고 여기기 때문이다. 그 대신 '열다' 혹은 '시작한다'라는 의미로 '히라쿠開く'라는 표현을 사용한다.

이와 같이 결혼식 때 쓰는 표현에 일본인이 신경을 쓰는 것은 일본 결혼식에는 스피치가 많다는 특징 때문이다. 신랑과 신부를 소개하는 친구나 직장 동료, 선배와 후배, 직장 상사 등의 스피치가 계속 이어진다. 이것은 결혼식 후에 거행되는 피로연에서 특히 그렇다. 그렇다 보니 그 장소에 적합하지 않는 표현 곧 '이미코토마'에 신경을 쓸 수밖에 없다.

결혼식과 피로연에서 가능한 한 피해야 하는 표현을 정리해보면 대체로 다음과 같다.

첫째, 불행을 연상하게 하는 말은 피해야 한다. 질리다飽きる, 퇴색하다褪せる, 아프다痛い, 끝おしまい, 떨어지다落ちる, 쇠퇴하다衰える, 끝나다終わる, 빠지다欠ける, 슬프다悲しむ, 시들다枯れる, 붕괴하다崩れる, 지우다消す, 파괴하다壊す, 마지막最後, (관심 등이)가라앉다冷める, 떠나다去る, 죽다死ぬ, 버리다捨てる, 장례식葬式, 지다散る, 쓰러지다倒れる, 애도하다弔う, 말도 안 된다とんでもない, 흘려보내다流す, 없애다無くす, 사망하다亡くなる, 눈물涙, 병病気, 내리다降る, 부처・사자仏, 멸망하다滅びる, 패하다負ける, 짧다短い, 병들다病む, 패하다敗れる, 나누다割る, 나쁘다悪い 등.

둘째, 헤어짐 혹은 이혼을 연상시키는 말은 피해야 한다. 잃다失う, 끝나다終わる, 되돌리다返す, 돌아가다帰る, 끊다切る・断る, 끊어지다切れる, 떠나다去る, 버리다捨てる, 내다出す, 도망가다逃げる, 내보내다放す, 헤어지다離れる, 풀리다ほころびる, 돌아가다戻る, 인연을 끊다離縁, 이혼離婚, 헤어지다

別れる 등.

셋째, 두 사람의 관계를 악화시키는 말은 피해야 한다. 질리다飽きる, 엷다薄い, 싫다嫌う, 소원疎遠, 참다耐える, 울다泣く, 식다冷える, 다투다もめる 등.

넷째, 중복되는 말 곧 같은 말의 반복은 피해야 한다. 반복은 '결혼을 다시 한다' 곧 재혼을 연상시키기 때문이다. 종종しばしば, 때때로時々 등이 여기에 들어간다.

위와 같은 표현을 쓸 수 없기 때문에 결혼식이나 피로연에서는 대체 표현을 써야 한다. 완곡 표현17을 써야 하는 것이다.18 예컨대 1989년에 쇼와천황이 세상을 떠났을 때, '죽다亡くなる'라는 표현 대신에 '숨으셨다お隠れになった'라고 표현했다.

그렇다면 완곡 표현에는 어떤 것이 있을까? 주요 대체 표현은 다음과 같다.

'케이크를 자르다'는 케이크에 칼을 넣다ケーキにナイフを入れる, 입도入刀
'끝나다'는 열겠습니다お開きにする, 맺습니다結ぶ
'돌아가다'는 실례하다失礼する, 귀가하다帰宅する
'사망하다'는 천국에 있다天国にいる, 서거하다ご逝去する
'종종'은 자주よく, 항상いつも

---

17 다니엘 롱·오하시 리에, 『일본어로 찾아가는 일본문화탐방』, 지식의날개, 2012년, pp.170-171.

18 기자 출신 언어학자인 고종석은 장애인을 신체장애자와 같이 바꾸는 것에 반대한다. 곧 금기어를 완곡어로 바꾸는 것에 반대한다는 말이다. 완곡어에 사회적 불평등이나 불의가 존속한다면 표현을 아무리 다듬어도 의미가 없기 때문이라고 한다. 흥미로운 지적이다.
고종석, 『국어의 풍경들』, 문학과지성사, 1999년, p.190.

아내와 전통 결혼식을 했다. 아내가 한국의 전통 결혼식을 고집했던 것은 꽃가마를 타고 싶었기 때문이다. 하지만 안타깝게도 당일 결혼식장 사정으로 결국 꽃가마를 탈 수 없게 됐다. 아내는 이것을 늘 서운하게 생각하고 있다. 언젠가 아내의 소원을 들어주고 싶다. 한 번 더 결혼식을 하는 것이다. 상대가 바뀌지 않았으니, '이미코토바'(결혼식 등에서 삼가야 하는 말)를 지키지 못한 탓은 아니다.

아, 참!

그런데 한 가지 중요한 것을 확인하지 못했다. '결혼식 당일 꽃가마를 탈 수 있는지 없는지'가 아니다. '아내는 나와 다시 결혼식을 하고 싶어할까?'다. 우선 이것부터 확인해야겠다.

제4절 금기 숫자

일본에서 『만엽집』으로 박사학위를 받았다. 『만엽집』은 일본에서 가장 오래된 시가집으로 약 7~8세기에 성립됐다고 한다. 여기에는 4,500여 수의 와카가 수록되어 있다. 와카는 5음·7음·5음·7음·7음으로 구성된 정형시다. 『만엽집』에 실려 있는 와카 곧 노래는 우리의 향가郷歌와 같다고 보면 된다. 이들 와카는 내용상 사랑을 읊은 노래, 죽음을 읊은 노래, 그 밖의 노래 등으로 크게 세 가지로 구분할 수 있다. 최근에 『만엽집』이 한국에서도 널리 알려지게 됐다. 일본의 새 연호인 '레이와슈和'가 『만엽집』에게 왔기 때문이다. 하지만 사실 이 '레이와'라는 용어는 『만엽집』 이전에 중국 고전에서 이미 볼 수 있다. 『만엽집』은 원본 『만엽집』이 남아 있지 않은 관계로 본문을 확정 짓는 것이 쉽지 않다. 또한 아직도 해독이 어려운 노래가 적지 않게 남아 있다. 1,000년 이상 된 작품이기에 당연하다면 당연할 수 있다. 명확하지 않은 것은 작품 해석만이 아니다. 누가 편찬했는지도 불분명하다. 다만, 여러 가지 정황상 오토모노 야카모치가 최종적인 편찬자로 추정될 뿐이다. 그리고 『만엽집』이라는 서명이 무슨 의미인지도 명확하지 않다. '만万'이라는 숫자가 들어 있는 것을 근거로 '많은 노래를 담은 시가집'이다, 혹은 '만대万代에까지 널리 수용되기를 바라는 의미가 들어간 시가집이다' 같은 추측이 있을 뿐이다.

실제로 '만'이라는 한자에는 '대단히 많은 것'이라는 의미가 들어 있다. 그래서 그런지 일본어에 '야오요로즈노카미八百万神'라는 말이 있다. '8백만의 신'이라는 것이다. 일본의 신을 말할 때 쓰는 표현이다. 신神이 8백만이 있다는 뜻이 아니라, 신이 많다는 의미다.

일본어에 '천우학千羽鶴'이라는 말이 있다. 일본어로는 '센바즈루'라고 읽는다. 가수 전영록이 부른 곡에 〈종이학〉이라는 노래가 있다. 다음과 같다.

〈종이학〉
난 너를 알고 사랑을 알고
종이학 슬픈 꿈을 알게 되었네
어느 날 나의 손에 주었던
키 작은 종이학 한 마리

천 번을 접어야만 학이 되는 사연을
나에게 전해주며 울먹이던 너
못 다했던 우리들의 사랑 노래가
외로운 이 밤도 저하를 별 되어
아픈 내 가슴에 맺힌다

　종이학을 일본어로 '오리즈루折り鶴'라고 하고, 종이학 천 마리를 하나
로 묶은 것 곧 '천우학'을 일본어로 '센바즈루'라고 말한다. 일본에는
종이학을 천 마리 접으면 소원이 이루어진다는 속신이 있다. 이때 '천千'
이라는 한자에도 '많다'는 의미가 들어 있다. 종이학 한 마리를 접는
것은 어렵지 않지만, 그것을 천 마리나 접는 것은 쉬운 일이 아니다.
또한 '치도세千歲, ちとせ'라는 말도 있다. 홋카이도에는 치도세千歲공항과
신치도세新千歲공항이 있다. 이렇게 명명한 것에는 '천'에 많다는 의미,
'세'에 세월의 의미가 있기 때문이다. 곧 치토세에는 '오랜 세월'이라는
의미가 있기에 지명 등에 붙인 것이다.
　'치토세아메千歲飴, ちとせあめ'라는 말도 있다. 이 '치토세아메'는 홍백紅
白의 색을 띠는 가래엿이다. 그런데 이 가래엿에 '천千'이라는 글자를
넣어 굳이 '치토세'라고 부른 것은 이 가래엿에 '오래도록 건강히'라는
의미를 부여하기 위해서다. 일본에는 '시치고산七五三'이라는 풍습이 있
다. 우리의 돌잔치와 비슷하다. 남자 아이는 3살과 5살에, 여자 아이는
3살과 7살에 하는 통과의례로 신사 등에 가서 아이가 건강하게 자라기를
기원한다.

치토세아메[19]

'시치고산' 때 주로 주고받는다.

시치고산 기념사진

모델이 되어준 딸아이들에게 고마움을 표한다.

19 https://search.yahoo.co.jp/image/search?p=%E5%8D%83%E6%AD%B3
%E9%A3%B4&aq=-1&ai=RBGdCCfgTGOoRT0iQ_ClPA&ts=3674&ei=UTF-8
&fr=top_ga1_sa#mode%3Ddetail%26index%3D12%26st%3D396

'센닝바리千人針'라는 것도 있다. 한 장의 천cloth(옷감)에 천 명의 여성이 빨간 실로 한 땀 한 땀 수를 놓은 것이다. 전장에 나가는 병사의 무운武運과 무사귀환을 비는 일종의 부적이다. 청일전쟁 때부터 시작하여 러일전쟁, 중일전쟁, 태평양전쟁 때까지 이어졌다. 여기서도 굳이 '천'이라는 한자를 쓴 것도 결국 '많은 사람'의 기원이 담겨 있다는 의미를 담고 싶었기 때문이다.

센닝바리[20]

호랑이 모습이 그려진 센닝바리. 오른쪽 하단에 무운武運이라고 적혀 있다.

이와 같이 한자 숫자에 담겨 있는 의미를 살려서 명명하는 경우와 더불어 한자 숫자의 소리를 중시하는 경우도 있다. 예를 들면 일본

20 https://search.yahoo.co.jp/image/search?p=%E5%8D%83%E4%BA%BA%E9%87%9D&ei=UTF-8&aq=-1&oq=%E5%8D%83%E4%BA%BA%E9%87%9D&ai=o8QWwb2ESX2FHI6xugWIMA&ts=3499&fr=top_ga1_sa#mode%3Ddetail%26index%3D5%26st%3D132

동전인 5엔円이 그렇다. 일본에서는 새해에 마트에 가면 점원이 손님에게 일본돈 5엔을 공짜로 주는 경우가 종종 있다. 5엔의 일본어 발음은 '고엔'인데, 이것이 일본어의 인연ご縁 발음과 같기 때문이다.

5엔과 인연[21]

연말연시에 5엔 곧 인연을 드린다고 쓰여 있다.

또한 일본에서 매월 29일은 불고기 먹는 날이다. 아마도 이것은 불고기집의 상술에서 시작된 것 같다. 29二九를 일본어로 '니に·쿠く'라고 소리낼 수 있는데, 이 '니쿠'라는 발음이 고기를 의미하는 '육肉, にく'과 같기 때문이다.

그런데 이와 같은 것은 애교로 웃으면서 받아들일 수 있다. 하지만 다음과 같은 사례는 그렇지 못하다. '이미카즈忌み数, いみかず' 곧 불길한 숫자다. 일본인이 꺼리는 숫자로 예컨대 4와 9가 있다. 4는 한자 숫자

21 https://search.yahoo.co.jp/image/search?p=%E6%AD%A3%E6%9C%88
+%E4%BA%94%E5%86%86+%E3%81%94%E7%B8%81&aq=-1&ai=XtGQFV
PAS5uyjydQrDhnOA&ts=3699&ei=UTF-8#mode%3Ddetail%26index%3D5
%26st%3D132

'사四, し'의 발음이 죽을 '사死, し'의 발음과 같기 때문이다. 이것은 우리나라도 그렇다. 그래서 4층을 'F층'이라고 다르게 발음하는 경우가 종종 있다. 꺼리기 때문이다.

29일은 불고기 먹는 날

매월 29일은 불고기 먹는 날. 90분 동안 마음껏 먹을 수 있다고 적혀 있다.

일본인은 9도 꺼린다. 금기인 것이다. 9의 한자는 '구九'이고 그 발음은 '구く'다. 일본인이 한자 '구九'를 꺼리는 이유는 그 한자음 발음이 일본어의 '괴롭다'의 의미를 가지는 '구루시이苦しい, くるしい'를 연상시키기 때문이다.[22]

22 잘 알려져 있듯이 서양에서는 13이 꺼려지는 숫자다. 반면 12는 행운의 숫자로 여겨진다.
요네하라 마리, 『마녀의 한 다스』, 마음산책, 2009년, p.17.

미신이라고 치부하면 그만이지만 사회적으로 그리고 문화적으로 정착되어 버리면 떨쳐버리기가 쉽지 않다. 용기가 필요하다. 모든 금기가 그렇듯이!

무사도 정신이 보이지 않는 일본 정부

존경하는 교수에 임마뉴엘 페스트라이쉬(한국명 이만열)가 있다. 많은 사람들은 그를 예일대 학부 출신, 하버드대 박사로 기억하고 있지만, 나는 『한국인만 모르는 다른 대한민국』, 『인생은 속도가 아니라 방향이다』, 『한국인만 몰랐던 더 큰 대한민국』 같은 멋진 대중서를 쓴 교수로 기억한다. 또한 한국의 가능성을 한국의 전통, 예를 들어 선비정신 같은 데서 찾고 있는 학자로 기억한다.

며칠 전 임마뉴엘 페스트라이쉬 교수에게서 연락이 왔다. 조만간에 한국을 떠나 미국으로 귀국한다는 것이었다. 충격이었다. 그와 같은 지성인이 한국에 남아서 좀 더 바람직한 대한민국의 미래를 위해 많은 발언과 실천을 해주길 기대했기 때문이다.

서울에서 그를 마지막으로 만났던 날, 마침 나는 집에서 아이들을 돌봐야 했다. 어쩔 수 없이 양해를 구해 집 근처 레스토랑에서 식사를 함께한 후, 그 주변에 있는 키즈카페에 갔다. 거기서 우리는 2시간 넘게 여러 가지 이야기를 나눴다. 그 가운데 가장 기억에 남는 것이 두 가지 있었다. 하나는 우리나라 대학의 교수평가 시스템이었고, 다른 하나는 일본인의 감정 표현이었다. 그는 일본의 동경대학교에서 유학한 경험이 있기에 일본에 대해서도 잘 알고 있었다.

임마뉴엘 페스트라이쉬와 놀고 있는 아이들

임마뉴엘 교수는 선비정신 같은 전통에서 한국의 가능성 을 찾고자 한다.

그는 한국 대학의 교수평가 문제점으로 평가 기준이 논문 업적 평가에 너무 치우쳐 있다는 점을 꼽았다. 저서, 교양서 같은 것을 평가하지 않는다는 말이다. 또한 대중과의 소통을 위한 강연도 평가에 들어가지 않는 점도 아쉬워했다.

한편 일본인의 감정 표현에 대해서는 한국인과 비교해서 이렇게 말했다.

"한국인은 화가 나면 금방 알 수 있지만, 일본인은 감정을 잘 드러내지 않아 알기 어렵다. 예컨대 일본 정부가 미국 정부에 대해 어떻게 생각하는지 알기 어렵다. 알 수 있는 것은 그들이 행동으로 나왔을 때다. 그것이 두렵고 무섭다."

그래서 그런지 서양인은 일본인의 표정을 노멘能面 같다고 한다. 무표정이고 가면을 쓰고 있는 것 같아서 잘 모르겠다는 말이다. 예를 들어 얼굴 표정을 연구하는 비언어커뮤니케이션의 세계적인 전문가인 폴 에그먼조차도 그의 책『언마스크, 얼굴표정 읽는 기술』에서 일본인의 표정을 읽기 어렵다고 말한다.[1]

노멘[2]

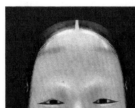

인상적인 표정이다.

그런데 일본문학작품 가운데 일본인의 감정 표현에 대해 잘 묘사한 작품이 있다. 1916년 9월에 아쿠타가와 류노스케가 발표한 단편소설

1 폴 에그먼조, 『언마스크, 얼굴표정 읽는 기술』, 청림출판, 2014년, pp.35-261.
2 https://ja.wikipedia.org/wiki/%E8%83%BD%E9%9D%A2

〈손수건ハンカチ〉이 그것이다. 이 작품에서 주인공은 동경제국대학東京帝
国大学 법대 교수인 하세가와 긴조다.

그가 집에서 쉬고 있던 어느 날이었다. 니시야마 아쓰코라는 사람이
그를 방문했다. 그리고는 자기 아들의 죽음을 하세가와 교수에게 담담하
게 전해준다. 아들이 하세가와 교수의 제자였기 때문이다. 이 작품에서
주목하고 싶은 것은 하세가와 교수에게 죽은 아들의 소식을 전할 때
보여준 니시야마 아쓰코의 얼굴 표정과 행동이다.

좀 길지만 중요한 부분이기에 인용한다.[3]

······ 선생(하세가와 긴조 교수를 가리킴. 인용자)은 책을 내려놓고 방금
시중드는 아이가 가져온 명함을 보았다. 상아빛 종이에 작게 니시야
마 아츠코[4]라고 씌어 있었다. 아무래도 지금까지 만난 적이 있는
사람 같지는 않다. 교제 범위가 넓은 선생은 등나무 의자에서 일어
서며 그래도 혹시나 하는 마음에서 머릿속의 인명부를 한번 주욱
훑어보았다. 그러나 역시 이렇다 할 얼굴도 기억도 떠오르지 않는
다. 그래서 책갈피 대신 명함을 책 사이에 끼워서 등의자 위에
놓고 선생은 들뜬 듯한 모습으로 성글게 짠 비단 홑겹 옷의 매무새를
고치며 잠시 코앞의 기후 호롱을 다시 바라보았다. 누구나 그렇겠지
만 이런 경우에는 기다리고 있는 손님보다도 기다리게 하는 주인
쪽이 더 마음이 급한 법이다. 다만 평소 근엄한 선생의 일이니까
그러한 그의 행동이 미지의 여자 손님에 대해서만 그런 것이 아니라

---

3 번역문에 가끔 좀 어색한 표현이 있기는 하지만 그대로 인용한다.
4 '니시야마 아츠코'로 아니라 '니시야마 아쓰코'로 표기해야 하지만, 원문 그대로 인용한
다. 이하, 같음.

는 것은 일부러 강조할 필요도 없을 것이다.

드디어 선생은 응접실의 문을 열었다. 안으로 들어가서 누르고 있던 손잡이를 놓는 것과 의자에 앉아 있던 사십 정도 되는 부인이 일어선 것이 거의 동시였다. 손님은 선생의 분별력이 따를 수 없을 만큼 품위 있고 고상한 군청색 여름 기모노를 입고 있었는데, 기모노 위에 입은 검은색 얇은 비단 하오리(기모노 위에 입는 코트 모양의 덧옷)의 가슴 부분만 좁게 열린 곳에 오비(일본옷 허리띠)를 고정시키는 시원한 해초 모양의 비취 장신구가 돋보였다. 머리를 기혼여성의 머리 스타일로 틀어 올린 것은 이런 자질구레한 것에 별반 관심이 없는 선생에게도 금방 알 수 있었다. 일본인 특유의 둥근 호박색 피부를 가진 현모양처로 보이는 부인이었다. 선생은 얼핏 보는 순간 이 손님의 얼굴을 어디선가 본 적이 있다고 생각했다.

"제가 하세가와입니다."

선생은 상냥하게 인사했다. 그렇게 말하면 만난 적이 있다면 저쪽에서 말을 꺼낼 것이라고 생각했기 때문이다.

"니시무라 겐이치로가 제 아들입니다."

부인은 또렷한 음성으로 이렇게 이름을 말하고, 그리고서 정중하게 인사했다.

니시무라 겐이치로라면 선생도 기억하고 있다. 역시 입센이나 스트린트베르크의 평론을 쓰는 학생 중의 한 사람으로 전공은 분명 독일법률이었던 것 같은데 대학에 입학하고 나서도 자주 사상문제를 가지고 선생에게 드나들었다. 그러던 것이 금년 봄, 복막염에 걸려 대학병원에 입원했다고 해서 선생도 근처에 가는 길에 한두 번 병문안을 가준 적이 있다. 이 주인의 얼굴을 어디선가 본 적이 있다고 생각된 것도 우연이 아니었다. 그 눈썹이 짙고 활기 넘치는 청년과 이 부인과는 일본 속담에 붕어빵ㅠㅡ이라고 형용하는 것처럼 놀라우리만큼 꼭 닮았던 것이다.

"아, 예 니시야마군의 어머니 되십니까. 그러세요."

선생은 혼자 끄덕이며 작은 테이블 맞은편에 있는 의자를 가리켰다.

"저리 앉으시죠."

부인은 우선 갑자기 방문하게 된 것을 사과하고 나서 다시 정중하게 절을 하고 선생이 가리키는 의자에 앉았다. 그러면서 옷소매에서 뭔가 하얀 것을 꺼냈는데 손수건인 것 같다. 선생은 그것을 보자 재빨리 테이블 위의 조선부채를 권하면서 부인 맞은편 의자에 앉았다.

"집이 아주 좋으시네요."

부인은 약간 과장되게 방안을 둘러보았다.

"아녜요. 넓기만 하고, 전혀……."

이러한 인사말에 익숙한 선생은 방금 시중드는 아이가 가져 온 홍차를 손님 앞에 고쳐놓으면서 곧 화제를 상대방 쪽으로 돌렸다.

"니시야마군은 좀 어떤가요. 상태가 좋아지고 있나요."

"네에."

부인은 조심스럽게 양손을 무릎 위에 포개어 놓으면서 잠시 말을 끊었다가 조용히 역시 가라앉은, 거리낌 없는 어조로 말했다.

"실은 오늘도 아이 일로 찾아뵈었는데요. 아들아이가 결국 세상을 떠났어요. 생전에 여러 가지로 선생님께 신세를 져서……."

부인이 차를 들지 않는 것을 사양하는 것이라고 해석한 선생은 이때 마침 홍차 잔을 입으로 가져가려는 참이었다.

억지로 자꾸만 권하는 것보다는 자기가 먼저 마시는 게 낫다고 생각했기 때문이다. 그러나 아직 찻잔이 부드러운 콧수염에 다다르기 전에 부인의 말은 돌연 선생의 귀를 위협했다. 차를 마셨던가 마시지 않았던가. - 이런 생각이 청년의 죽음과는 완전히 독립해서 한 순간 선생을 어지럽혔다. 그러나 언제까지나 들어 올렸던 찻잔을 그대로 내려놓을 수는 없었다. 그래서 선생은 과감하게 꿀꺽 반쯤 마시고 약간 눈썹을 모으며 쉰 듯한 목소리로 "저런!" 했다.

"병원에 있는 동안에도 아들아이가 선생님 얘기를 많이 해서요. 바쁘실 거라고 생각은 했습니다만 알려드릴 겸 감사하다는 말씀을 드리려고……."

"무슨 말씀을요."

선생은 찻잔을 내려놓고 그 대신 푸른 색 납을 입힌 부채를 들며 아연실색해서 이렇게 말했다.

"그렇게 됐군요. 이제부터가 한창 나이인데……. 저는 병원에도 다시 가보지 못하고 해서 이젠 거의 나았을 거라고만 생각하고 있었습니다. 그럼 언제였나요, 세상을 떠난 게?"

"어제가 꼭 이레째 되는 날이었어요."

"그럼 병원에서?"

"네."

"정말 놀랍습니다."

"어쨌건 손을 쓸 만큼은 썼는데도 그렇게 된 거니까 체념할 수밖에 없겠는데 그래도 저렇게까지 되고 보니까 걸핏하면 푸념이 나와서 안 되겠어요."

이러한 대화를 주고받는 동안 선생은 의외의 사실을 깨달았다.

그것은 이 부인의 태도나 거동이 조금도 자기 아들의 죽음을 얘기하고 있는 것 같지 않다는 사실이다. 눈에는 눈물도 글썽이지 않았다. 목소리도 평상시 대로다. 게다가 입가에 미소까지 띠고 있다. 얘기를 듣지 않고 외모만 보고 있다면 누구나 이 부인은 일상적인 평범한 얘기를 하고 있다고밖에 생각하지 않을 것임에 틀림없다.-선생에게는 이것이 이상했다-

…… 어떻게 하다가 조선 부채가 선생의 손에서 미끄러져서 탁하고 모자이크로 된 마룻바닥에 떨어졌다. 대화는 물론 일각의 단절을 허용하지 않을 정도로 절박한 것도 아니었다. 그래서 선생은 상반신을 의자에서 앞으로 내밀어 아래를 향하고 바닥 쪽으로 손을 뻗쳤다. 부채는 작은 테이블 아래 슬리퍼에 감춰진 부인의 하얀 다비(버선) 옆에 떨어져 있었다.

그때 선생의 눈에는 우연히 부인의 무릎이 보였다. 무릎 위에는 손수건을 쥔 손이 얹혀 있었다. 물론 이것만으로는 발견도 아무것도 아니다. 그러나 선생은 동시에 부인의 손이 격하게 떨리고 있는 것을 보았다. 떨면서 그것이 감정의 격동을 억지로 억누르려고 하는 탓인지 무릎 위의 손수건을 양손으로 찢어질 듯이 꽉 쥐고 있는 것을 알았다. 그리고 나중에 주름투성이가 된 비단 손수건이 가녀린 손가락 사이에서 마치 미풍에 나부끼기라도 하듯이 수를 놓은 테두리를 떨게 하고 있는 것을 깨달았다. 부인은 얼굴로는 웃고 있었지만 실은 아까부터 전신으로 울고 있었던 것이다.

부채를 집어 들고 얼굴을 들었을 때 선생의 얼굴에는 지금까지 없었던 표정이 있었다. 보아서는 안 될 것을 보았다는 경건한 기분과 그러한 의식에서 오는 어떤 만족이 다소의 연기演技로 과장된 것 같은 매우 복잡한 표정이었다.

"정말 마음 아프신 건 저같이 자식이 없는 사람도 헤아릴 수 있습니다."

선생은 눈부신 것이라도 보듯이 약간 과장되게 목을 뒤로 젖히며 감정어린 목소리로 이렇게 말했다.

"감사합니다. 하지만 새삼스럽게 무슨 말을 해도 돌이킬 수 없는 일인 걸요."

부인은 약간 머리를 숙였다. 밝은 얼굴에는 의연하게 여유로운 미소가 감돌고 있었다. ……[5]

아쿠타가와 류노스케[6]

아쿠타가와 류노스케는 작품을 쓸 때, 일본 고전에서 창작 모티브를 찾곤 했다.

5 조사옥 편, 『아쿠타가와 류노스케 전집』(1), 제이앤씨, 2009년, pp.149-154.
6 https://ja.wikipedia.org/wiki/%E8%8A%A5%E5%B7%9D%E9%BE%8D%E4%B9%8B%E4%BB%8B#/media/ファイル:Akutagawa.ryunosuke.jpg

그녀가 귀가한 후, 하세가와 긴조는 상념에 잠긴다. 그는 니시야마 아쓰코 부인의 감정을 절제하는 모습을 회상하고, 거기서 일본 여성의 무사도 정신을 발견한다. 그리고 거기에 나타나 있는 도덕상을 정리하여 세상에 널리 알리려고 한다. 이하 상세한 내용은 아래와 같다.

선생은 그 희미한 빛 속에서 아까부터 왼쪽 무릎을 오른쪽 무릎 위에 얹고 머리를 등의자 뒤에 기대며 멍하니 기후 호롱의 빨간 등을 바라보고 있었다. 전에 읽던 스트린트베르크도 손에는 들었지만 아직 한 페이지도 읽지 못한 것 같다.

그도 그럴 것이 선생의 머릿속에는 **니시야마 아츠코 부인의 당찬 거동이 아직도 가득했기 때문이다.**

선생은 식사를 하면서도 부인(외국인 부인이다. 인용자)에게 그 자초지종을 얘기해 주었다. 그리고 **그것을 일본 여성의 무사도**武士道**라고 칭찬했다.** 일본과 일본인을 사랑하는 부인이 이 이야기를 듣고 동정 안 할 리가 없었다. 선생은 부인이 열심히 들어 준 것을 만족하게 생각했다. 부인과 아까 왔던 니시야마 아츠코 부인과 그리고 기후 지방의 호롱불-지금은 이 세 가지가 어떤 윤리적 배경을 가지고 선생의 의식에 떠올랐다.

선생은 얼마나 오랫동안 이렇게 행복한 회상에 젖어 있었는지 모른다. 그런데 문득 어느 잡지로부터 원고를 청탁받은 사실이 생각났다. 그 잡지에서는 「현대 청년에게 보내는 글」이라는 제목으로 각 분야의 대가들에게 일반 도덕상의 의견을 주문하고 있는 것이었다. '오늘 있었던 일을 소재로 해서 곧 소감을 써 보내야지.' 이렇게 생각한 선생은 잠시 머리를 긁적였다.[7]

아쿠다가와 류노스케는 소설 〈손수건〉에서 니시야마 아쓰코라는 인물을 등장시켜 무사도武士道 정신에 대해 설명하고 있다. 이때 무사도 정신이란 슬픔 감정을 타인에게 드러내지 않고 속으로 삭이는 인내심 그리고 절제심 등을 의미한다.

니토베 이나죠[8]

일본이 자랑하는 외교관이다. 일본 지폐 5천 엔의 모델이기도 하다.

7 조사옥 편, 『아쿠타가와 류노스케 전집』(1), 제이앤씨, 2009년, p.155.
8 https://ja.wikipedia.org/wiki/%E6%96%B0%E6%B8%A1%E6%88%B8%E7%A8%B2%E9%80%A0#/media/ファイル:Inazo_Nitobe.jpg

잘 알려져 있듯이 일본의 무사도를 체계화하여 세계에 알린 사람은 니토베 이나죠新渡戶稻造다. 유럽에 체재했을 때, 그는 '서양에서 기독교가 종교 교육과 도덕 교육을 담당해왔는데, 일본에서는 종교와 도덕을 어떻게 배우는가?'라는 질문을 받았다고 한다. 그 질문에 답하고자 한 것이 1900년에 미국에서 출간한 『무사도Bushido: The Soul of Japan』다. 물론 이것은 보편성을 가지는 무사도가 아니라 니토베 이나죠가 생각하고 그려낸 '무사도'인 것은 말할 필요가 없다. 여하튼 니토베 이나죠의 『무사도』에는 인내, 극기 등과 같은 덕목이 포함되어 있다. 그런 의미에서 아쿠타가와는 니토베의 영향을 받았다고 생각된다.

2019년 7월이 되자마자 아베 신죠 수상이 이끄는 일본 정부는 반도체 소재 등의 수출 규제로 한국에 대한 경제 제재를 시작했다. 그 배경에 대해서 한국 언론은 '일본 국내 정치용이다', '한국경제 성장에 대한 위기감 때문이다'[9], '현재의 한국정부를 붕괴시키기 위해서다', '징용공 관련 역사문제에 대한 경제 보복이다' 같은 여러 가지 추측을 내고 있다. 그 모든 추측의 집합이 이번 경제 제재라고 생각한다. 우리 정부에게 아쉬운 것은 이와 같은 경제 제재가 구체화되기 전에 반드시 그 전조가 보였을 것인데, 그것을 알아차리지 못했다는 점이다. 예컨대 홍세화는 한겨레신문에 기고한 「관제 민족주의의 함정」이라는 글에서

문재인 정부는 한국이 국제법을 위반했다고 주장하는 아베 정권의 경제도발 가능성을 8개월 전부터 인지하고 있었다. 그럼에도 모든

---

9 베이징대 교수 진징이는 「동북아 혼돈이 질서로 가는 길」에서 현재 미국과 중국 간의 무역전쟁은 중국의 경제적 성장에 대한 미국의 공포에서 비롯됐다고 지적한다. 한겨레신문(2019.8.26.)

외교력을 한반도 평화프로세스에 집중하면서 이를 무시했다.[10]

라고 지적한다. 사실 이런 지적은 홍세화만이 아니다. 적지 않은 지식인과 전문가도 같은 견해다. 하지만 그렇다고 해서 한국에 대한 아베 정권의 경제 제재가 정당화 되는 것은 물론 아니다.

한편 일본 정부에게 아쉬운 점은 '일본인들이 자랑하는 무사도 정신을 왜 지금 발휘하지 못하는가'다. 이때 무사도 정신이란 예礼와 신信 등을 의미한다. 또한 이번 일본 정부의 조치는 일본에서 무사도 정신을 지속적으로 강조하는 후지와라 마사히코[11]의 무사도 정신에도 어긋난다. 그는 『국가의 품격』에서 측은지심이 있고, 비겁하지 않고, 명예를 존중하고, 성실하고, 정의로운 것을 무사도 정신이라고 지적했다.[12] 우치다 준조도 『일본정신과 무사도』에서 무사도는 공공성을 중시한다고 말했다.[13] 다시 강조하지만 안타깝게도 한국에 대한 일본 정부의 조치에서는 그 어느 것도 느껴지지 않는다. 그러기에 이번 일본의 경제 제재에 대해 한국에서는 일본의 배신이라는 말이 나오는 것이다. 배신은 일본어로 '우라기리裏切り'다. 곧 등에다 칼을 꽂는 것이다. 무사도에서도 이것은 가장 좋지 못한 행동으로 취급하지 않는가! 나아가 아베 정부는 한국에 대한 뿌리 깊은 무시와 멸시를 가지고 있는 것 같다. 그렇지 않고서야 어떻게 그런 행동을 할 수 있겠는가!

---

10 한겨레신문(2019.8.9.)

11 귀환 서사인 『흐르는 별은 살아 있다』를 쓴 후지와라 데이의 아들이다.

12 후지와라 마사히코, 『국가의 품격』, bookstar, 2006년, p.67.

13 우치다 준조, 『일본정신과 무사도』, 경성대학교출판부, 2012년, p.20.

이마뉴엘 페스트라이쉬 교수는 앞에서

"한국인은 화가 나면 금방 알 수 있지만, 일본인은 감정을 잘 드러내지 않아 알기 어렵다. 예컨대 일본 정부가 미국 정부에 대해 어떻게 생각하는지 알기 어렵다. 알 수 있는 것은 그들이 행동으로 나왔을 때다. 그것이 두렵고 무섭다."

라고 말했다.

그나저나 천만다행이다. 일본인 아내는 감정 표현을 아주 잘한다. 그것도 너무 잘한다. 그래서 대단히 알기 쉽다. 적어도 배신은 하지 않을 것 같다. 안심이다.

일본 정부에
어떻게 대응해야 하나

2019년 7월 초에 아베 신죠 수상이 이끄는 일본 정부는 한국에 수출하는 반도체 관련 3개 소재를 허가 품목으로 지정하고, 한국을 수출절차 우대국 곧 화이트리스트에서 제외했다. 일본 정부의 경제 제재에 한국 정부는 일본을 세계무역기구WTO에 제소하는 한편 한일군사정보보호협정GSOMIA 종료를 결정했다. 또한 수출절차 우대국에서 일본을 빼는 것으로 일본 정부에 대응했다.[1] 한국 정부로서는 대일 협상 카드로 쓸 수 있는 거의 모든 것을 썼다고 생각된다. 그럼에도 일본 정부는 관계를 회복하려는 움직임을 거의 보이고 있지 않고 있다.[2]

그럼 왜 일본 정부는 한일韓日 관계 회복에 적극적이지 않을까? 첫째, 이번 경제 제재 조치로 일본이 입을 경제적 피해가 크지 않을 것이라고

---

1 본서를 기획했을 때는 '일본 정부에 어떻게 대응해야 하나'라는 장章은 구상하지 않았다. 한일 간의 대치 국면이 장기화 될 가능성이 농후해진 현실에서 일본연구자의 한 사람으로 해야 할 역할을 생각하게 됐다. 이 글을 준비하게 된 배경이다. 한일 갈등이 조속히 해결되길 바란다.
2 거꾸로 일본 정부는 한국 정부가 관계 회복에 미온적이라고 생각할 수도 있다.

판단하기 때문이다. 둘째, 졸저『일본문화의 패턴』에서도 밝혔듯이, 일본문화에는 일관성의 법칙이 강하게 작용하는 경향이 있다.[3] 설사 잘못된 판단이더라도 이미 시작한 것을 도중에 그만두지 못하는 경향이 있다는 말이다. 그리고 이런 일관성의 법칙이 이번 경제 제재에도 그대로 적용될 가능성이 크다. 셋째, 현 일본 정부가 가지고 있는 역사관 때문이다. 재레드 다이아몬드도 그의 최신 저작인『대변동』에서

> 일본도 독일처럼 행동했더라면, 예컨대 일본 총리가 난징을 방문해서 중국인들 앞에 무릎을 꿇고 일본이 전시에 자행한 학살에 대한 용서를 구한다면, 일본이 전시에 저지른 잔혹 행위를 고발하는 사진과 자세한 설명 글을 전시한 박물관과 기념관 또는 전쟁 포로수용소가 일본 전역에 있다면, 일본 학생들이 시시때때로 일본 내에 있는 그런 곳을 견학하고 일본 밖에서는 난징과 산다칸 그리고 바탄과 사이판 같은 그런 곳을 방문한다면, 또 일본이 전쟁으로 입은 피해보다 자국이 다른 국가에 가한 잔혹 행위의 피해를 묘사하는 데 더 많은 노력을 기울인다면 한국인과 중국인도 일본의 진정성을 인정하며 받아들일 것이다.[4]

라고 지적하듯이, 현 일본 정부는 태평양전쟁에 대해서는 다소 반성하고 있지만, 식민지 지배에 대해서는 반성하고 있지 않다. 따라서 강제징용 관련 대법원 판결이라는 역사문제에서 시작된 한국에 대한 경제 제재를

---

3 박상현,『일본문화의 패턴』, 박문사, 2017년, pp.65-99.
4 재레드 다이아몬드,『대변동』, 김영사, 2019년, p.390.

지금에 와서 그만두는 것은 자기부정에 해당한다. 경제 제재 철회가 어려운 이유다. 따라서 역사 인식에서 출발한 이번 한일 긴장 관계는 쉽게 풀리지 않을 것 같다. 장기화 될 수밖에 없다.[5]

그렇지만 인접 국가와 긴장 관계를 계속 유지하는 것은 사실 우리에게도 피곤한 일이다. 어떻게 하면 지금 같은 갈등 관계에서 한시라도 빨리 벗어날 수 있을까?

한일 갈등을 해결할 수 있는 방법으로 미국의 중재 혹은 한일 정상회담 같은 외교적 방법이 있다. 먼저 미국의 중재를 생각해보자. 한국은 지금까지 미국의 중재를 여러 차례 요청했지만 미국은 적극적으로 나서지 않고 있다. 미국에게 한국은 중요한 우방이다. 하지만 미국에게 일본은 경제적으로나 군사적으로 더 중요한 국가다. 미국이 이번 한일 갈등에 가능한 한 개입하지 않으려는 이유가 바로 여기에 있다. 설사 미국 중재로 한일 갈등이 일시적으로 봉합되더라도 그 보답으로 미국에게 지불할 대가는 적지 않을 것이다. 따라서 미국에 중재를 기대하는 것은 어렵고, 중재 요청 그 자체에도 신중해야 한다고 생각한다. 둘째, 한일 정상회담이다. 10월에 있을 나루히토德仁 천황[6] 즉위식에 즈음하여 한일 정상회담을 열어서 현 갈등을 해결하는 방법이다. 예컨대 강창일 한일의원연맹 회장은 한겨레신문과의 인터뷰에서

일본이 외교 협상에 나오지 않을 수 없다. 지금 상태가 계속되면 한국도 더 큰 피해를 볼 수 있지만, 일본 경제도 그렇게 단단하지

---

5 나는 예언자가 아니다! 내 추측이 틀려서 이번 긴장 관계가 빨리 해소되길 바란다.
6 여기서 사용하는 '천황'이라는 용어는 외교용이다.

않다. 이대로는 상처만 남는 치킨게임이 되기 때문에 아베 총리가 결국 협상에 나오지 않을까 기대한다. 더구나 앞으로 도쿄 올림픽과 북핵 문제 등 한국과 일본이 협력할 부분이 많이 있다.[7]

고 말한다. 강 의원의 예상대로 되길 간절히 바란다. 하지만 이것도 현실적으로 어려워 보인다. 우리는 대통령제이고, 상대는 의원내각제이기 때문이다. 아베 수상은 자신이 책임을 질 수 있는 사항이 아니라고 말하면서 의제 자체를 회피할 가능성이 없지 않다. 따라서 외교적 방법으로 한일 간의 긴장을 해소하는 것은 여러모로 힘들어 보인다.

그렇다면 남겨진 갈등 해결 방안은 무엇일까? 첫째, 민간의 힘과 민간 교류 활성화다. 예컨대 와다 하루키 동경대 명예교수와 우치다 마사토시 변호사 등 일본의 학자, 변호사, 언론인, 의사, 전직 외교관, 시민단체 활동가 등이 '한국이 적인가'라는 주제로 인터넷 사이트에서 하고 있는 서명 운동이 대표적인 민간의 힘이다. 한편 한국의 시민 단체와 대학에서는 일본의 진보적인 지식인을 초대하여 그들의 말을 듣거나 한일 관계 개선을 위한 토론회와 세미나 등을 개최하고 있다. 이와 같은 민간의 힘과 민간 교류 활성화는 필요하다. 하지만 한일 갈등 해소에 즉각적으로 도움을 주기에는 역부족이다.

둘째, 일본 제품 불매 및 일본 여행 자제 운동이다. 이 운동은 한국 시민들이 소비 및 여가 생활에서 있을 수 있는 불편을 기꺼이 감수하면서도 자발적으로 벌이고 있다는 면에서 주목할 만하다. 일본 정부는 이 운동에 민감할 수밖에 없다. 이번 경제 제재로 한국이 입을 피해보다는

---

7 한겨레신문(2019.8.31.)

혹시라도 있을 수 있는 일본의 경제적 손실에 더 촉각을 세우고 있기 때문이다.[8] 실제로 일본 제품 불매 이후 일본 맥주와 자동차 등의 판매가 상당히 부진하다고 한다. 또한 한국 관광객 감소로 규슈九州와 대마도対馬 등의 일본 지역 경제가 적지 않은 피해를 입고 있다고도 한다. 이런 사실은 일본 정부에게 이번 한일 갈등으로 일본 경제가 입은 직접적인 손실을 수치로 명확히 보여주고 있다. 적지 않은 압박을 느끼고 있을 것이다. 따라서 일본 제품 불매 및 일본 여행 자제 운동이 현 갈등을 해결하는 데 가장 유효한 방법이라고 생각한다.[9]

그렇다면 일본 정부에게 그들이 예상하지 못했거나 예상은 했지만 그것보다 더 큰 경제적 타격을 입히는 것은 왜 중요한가? 그렇게 해야만 한국에 대한 반도체 관련 3개 소재 허가 및 수출절차 우대국 제외가 실질적으로 작동하지 못하게 되기 때문이다. 제도는 있지만 실제로는 기능하지 못하게 만드는 것이다. 다시 말하면 일본 정부가 한국에 대한 경재 제재를 엄격히 실행하면 그에 상응하는 경제적 손실이 반드시 온다는 것을 명확히 보여줘야 한다. 이것이야말로 일본 정부에게 경제 제재를 실제로 실행할 수 없도록 만드는 명분을 주는 것이다.[10]

---

8 일본인의 행동패턴에는 이익보다 손실을 적극적으로 피하려는 경향이 있다. 곧 손실 회피 문화형이다.

9 2011년 3월 11일에 발생한 동일본대지진으로 파생된 방사능 유출 문제도 일본 정부로 서는 약한 고리다. 방사능 오염수 관련 문제를 국제적으로 여론화하는 것도 이번 한일 갈등 관계를 해결하는데 도움을 줄 수 있다. 한마디로 말하면 일본 정부에 한국을 건드 리면 국제적으로 시끄러워진다는 것을 보여줄 필요가 있다.

10 이번 일본 정부의 경제 제재는 오판이었다. 첫째, 역사적 및 경제적 오판이다. 이것은 지난 식민지배에 대한 무반성에서 온 결과이기도 하다. 일본 제국주의가 당시 조선을 식민 지배하려고 할 때, 극소수이기는 하지만 이것에 반대하는 목소리도 있었다. 반대 목소리를 냈던 사람들은 조선의 역사가 유구하고, 그 문화가 창대하기에 설사 식민 지 배를 하게 되더라도 결국에는 일본에 큰 피해가 올 것이라고 지적했다. 이번 경제 제재

한국을 위해서도, 일본을 위해서도 당분간은 일본 제품 불매 및 일본 여행 자제 운동은 지속되어야 할 것 같다.[11]

도 같은 결과를 불러일으킬 것 같다. 한국인의 1인당 국민소득이 3만 달러를 넘었고, 그에 걸맞은 구매력도 가지고 있다. 일본 정부는 한국인의 구매력을 과소평가했던 것 같다. 둘째, 문화적 오판이다. 일본 정부는 모든 한국인이 '반일反日 유전자'라도 가지고 태어난 것처럼 생각하고 있지만, 현실은 다르다. 일본어와 일본문화 그리고 일본인에게 호감을 갖고 있는 평범한 한국인도 적지 않다. 이번 경제 제재로 그들을 일본어와 일본문화 그리고 일본인으로부터 돌아서게 했다. 일본에게는 큰 손실이다.

11 한일 갈등이 잘 해결되어 편한 마음으로 일본 제품을 구입하고 일본 여행도 자유롭게 다닐 수 있게 되길 바란다.

저자ㅣ**박 상 현**

일본 홋카이도北海道대학교에서 역사지역문화학 전공으로 문학박사 학위를 취득했고, 현재
경희사이버대학교 일본학과에 재직하고 있다. 대학생 때부터 '한일 관계 개선을 위해 무엇을
할 수 있을까?'라는 질문을 평생의 과제로 삼고 있다. 그 과정에서 일본인 아내와 두 딸을
얻었다. 주제가 컸던지, 아직도 그 해답을 제대로 찾았다고는 말하기 어렵다. 일생의 작업이
될 것 같다. 주요 저서로는 『한국인에게 '일본'이란 무엇인가』(문화체육관광부 우수학술도서, 개정판
『한국인의 일본관』), 『일본문화의 패턴』 등이, 번역서로는 『일본 국문학의 탄생-다카기 이치노스
케의 자서전-』 등이 있다.

알 수 없었던, 그러나 꼭 알아야만 하는

일본인의 행동패턴 ㅣ 일반 시민에서 아베 수상까지

초 판 인 쇄	2019년 11월 21일
초 판 발 행	2019년 11월 29일
지 은 이	박상현
발 행 인	윤석현
발 행 처	도서출판 박문사
책 임 편 집	안지윤
등 록 번 호	제2009-11호
우 편 주 소	서울시 도봉구 우이천로 353 성주빌딩 3층
대 표 전 화	02) 992-3253
전 송	02) 991-1285
전 자 우 편	bakmunsa@hanmail.net

ⓒ 박상현 2019 Printed in KOREA.

ISBN 979-11-89292-51-5   03910   정가 19,000원